LES ORIGINES

DE

LA CONNAISSANCE

PAR

R. TURRÓ

Professeur au Laboratoire Municipal de Barcelone

PARIS

LIBRAIRIE FÉLIX ALCAN

108, BOULEVARD SAINT-GERMAIN, 108

LES ORIGINES
DE
LA CONNAISSANCE

LES ORIGINES
DE
LA CONNAISSANCE

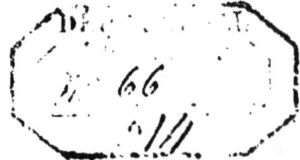

PAR

R. TURRÓ

Professeur au Laboratoire Municipal de Barcelone.

───✧───

PARIS
LIBRAIRIE FÉLIX ALCAN
108, BOULEVARD SAINT-GERMAIN, 108

1914

LES ORIGINES
DE LA CONNAISSANCE

CHAPITRE PREMIER

ORIGINE PHYSIOLOGIQUE DE LA FAIM

Définition de la faim. L'excitation qui la détermine ne vient pas de l'estomac. La cause déterminante de la faim, c'est l'appauvrissement du milieu interne, effet de la nutrition cellulaire. — Constitution du milieu interne. Proportion que ses éléments constitutifs gardent entre eux. — Nature du réflexe trophique. L'autorégulation des processus nutritifs montre que le réflexe trophique s'adapte qualitativement et quantitativement à l'appauvrissement du milieu interne. — Spécificité de la sensibilité trophique. Rapport de cette sensibilité avec la sensibilité sécrétoire. — Conditions physiologiques faisant naître la sensation de faim. Hypothèse de Léopold Lévi sur l'origine de la faim. La faim et le réflexe trophique.

Au sens ordinaire ou empirique du mot, la faim exprime le besoin d'introduire dans l'organisme quelque chose qui lui manque, c'est-à-dire ce qu'on appelle un *aliment*, s'il s'agit de corps solides, dissous ou non, une *boisson*, s'il s'agit de liquides.

La sensation de la faim provient, semble-t-il, de l'estomac, comme si c'était de l'estomac que partait l'excitation périphérique qui la fait naître. Il n'en est rien. En effet, des expériences ont montré que l'ablation de l'estomac chez les chiens ne supprime pas le besoin de nourriture, ni n'en modifie le rythme. Chez l'homme, dans tous les cas de gastropathie où l'on a pratiqué avec succès de grandes sections de l'estomac, la faim s'est fait sentir après comme avant. Même constatation après la section des nerfs pneumogastriques. Ces expériences et d'autres devenues classiques prouvent que la sensation localisée dans l'estomac ne saurait se confondre avec celle de la faim, puisque celle-ci subsiste ou réapparait indépendamment de celle-là.

D'où vient donc la sensation de faim? Elle vient du besoin de réparer les pertes de l'organisme. Un organisme, en effet, ne peut vivre qu'en se dépensant, qu'en perdant de sa substance. Aussi Cl. Bernard l'a-t-il comparé au Minotaure qui se dévorait lui-même. Cette dépense ne s'effectue pas seulement dans quelques parties de l'être vivant, elle a lieu jusque dans les dernières unités qui le composent et qui sont les cellules. Mais la dépense n'est pas toute la vie, elle n'en est qu'un aspect; un autre aspect de la vie, c'est celui de la reconstruction. Si en effet l'organisme se dépense dans son ensemble et dans chacune de ses parties, c'est également dans chacune de ses parties et dans son ensemble qu'il se reconstruit. Cette reconstruction exige des matériaux, non des matériaux quelconques, mais des matériaux appropriés. Où les prendra-t-il, l'être vivant? Il ne les prendra pas directement dans la nature, mais en lui-même, c'est-à-dire dans ce milieu interne où se trouvent toutes les cellules et où chacune d'elles cherche de quoi réparer ses pertes.

Naturellement, le milieu interne n'est pas un magasin inépuisable; ses approvisionnements doivent se renouveler, et cela dans des conditions déterminées, sinon il ne serait plus en état d'alimenter normalement l'activité des cellules. Or c'est ce qui arrive en effet; le milieu interne ne renferme pas toujours, soit comme qualité, soit comme quantité, les réserves suffisantes pour satisfaire les avidités cellulaires, et c'est alors que se fait sentir ce besoin psychique que nous appelons faim. La sensation de faim a donc pour cause générale l'appauvrissement du milieu interne, et par suite la détresse des cellules. Mais, comme on le verra plus loin, les approvisionnements du milieu interne ne sont pas tous de même espèce ; ils sont variés et spécifiquement différents. D'où la possibilité d'appauvrissement en plusieurs sortes, et, par suite, la possibilité de plusieurs sortes de faim.

Que ce déficit intérieur soit comblé par un mécanisme physiologique approprié, comme c'est le cas de la vie intra-utérine, alors l'impulsion qui porte l'animal à chercher au dehors ce qui lui manque au dedans (protéines, hydrates de carbone, eau ou sel) ne se réveillera pas. Pour le moment, ce mécanisme imaginaire n'étant pas à notre service, nous éprouvons le besoin de prendre de la nourriture et de modifier, selon les cas, la qualité et la quantité de cette nourriture.

Nous borner à *constater* un phénomène que nous observons dans la conscience, ce serait vouloir ignorer à jamais les causes et les conditions déterminantes. Si au contraire nous cherchons le rapport d'une sensation avec les conditions extérieures dont elle dépend, nous nous mettons sur la voie qui pourra nous découvrir le mécanisme mystérieux de ce phénomène. Telle est la méthode que nous appliquerons dans ce travail sur la sensation de faim. Et, puisque la faim est déterminée par un appauvrissement du milieu interne, c'est donc la nature ou la constitution de ce milieu interne, c'est le mécanisme de son appauvrissement et de sa régénération qu'il nous importe avant tout d'étudier.

Le muscle qui se contracte, la glande qui sécrète, le neurone qui travaille, vivent aux dépens de leur propre substance dans la transformation ininterrompue de la matière. Sous cette transformation continuelle subsiste quelque chose (organe, tissu, cellule, molécule biogénique), qui, tout en dépensant sa propre substance, se reconstruit continuellement, en s'assimilant des matériaux convenables, que ses affinités électives lui font puiser dans le milieu où il se trouve. Matière empruntée au milieu et élaborée sur le type spécifique de la cellule qui s'en empare; matière élaborée et transformée jusqu'à perdre sa constitution primitive : telle est la représentation du mouvement nutritif. Une molécule formée de telle sorte qu'après avoir cédé tant de carbone, tant d'oxygène, tant d'azote, elle tende à se les réincorporer aux dépens de son milieu, tout en gardant sa structure antérieure, telle est la représentation de l'appareil qui engendre le mouvement indéfini de la vie.

En un mot, la vie, réduite à sa fonction fondamentale, c'est la nutrition. Par l'anabolie la molécule biogénique se reforme constamment à mesure que par la catabolie, source de produits nouveaux, elle tend à changer sa composition. Pour cette incessante élaboration qui répare ses pertes, la molécule biogénique doit, dans le milieu où elle travaille, trouver à tout prix les éléments réparateurs, faute de quoi elle ne pourrait satisfaire son avidité ni maintenir son mouvement nutritif. La nutrition suppose la présence d'une matière première élaborable, tout comme la flamme suppose dans l'air la présence d'un élément comburant. Que cette matière première fasse défaut, qu'elle soit insuffisante, ou non convenablement préparée, la nutrition sera suspendue, ralentie ou troublée.

Le milieu interne ne se forme pas uniquement à la suite d'absorptions intestinales; sa composition est aussi l'effet d'une élaboration physiologique, d'une véritable fonction glandulaire de l'épithélium intestinal, du foie, de la rate, du pancréas, etc. La catabolie apporte à ce milieu les produits qu'élabore la nutrition cellulaire sous forme soit de sécrétions internes, soit de substances nuisibles aux unités biologiques dont elles procèdent, mais que d'autres utilisent comme éléments réparateurs. Entre les produits de la digestion gastro-intestinale et la forme chimique où se trouvent ces mêmes produits lorsqu'ils deviennent partie intégrante du milieu interne, il y a une distance immense, un processus très compliqué de transformations intermédiaires.

Ainsi les albumines ingérées, transformées en albumoses, propeptones, peptones et même amines acides, en traversant l'épithélium intestinal et les ganglions lymphatiques, redeviennent albumines, mais en faisant partie du sujet. Le glucose qui est incorporé au milieu interne n'y entre pas tel qu'il est absorbé; il procède du glycogène dédoublé par l'hydrolyse en quantité fixe, normalement invariable. Le fer et l'iode, pour enrichir le sang, doivent subir, soit dans la glande thyroïde, soit dans la rate, certaines combinaisons avec des albuminoïdes. Par ailleurs, les produits de la désintégration cellulaire entrent dans le milieu interne sous forme de produits solubles. Ainsi des dérivés de l'hémoglobine, assimilés par le foie, sont utilisés par la fonction biliaire.

En résumé, la composition du milieu interne, véritable aliment cellulaire, au lieu d'être le résultat direct de l'absorption, est essentiellement le produit d'une collaboration physiologique des éléments les plus divers. Les fonctions de ces groupements de cellules homogènes (les tissus), seraient impossibles, si certains tissus ne fournissaient à d'autres les éléments réparateurs que l'absorption intestinale est impuissante à leur donner. De même qu'il y a entre les différentes parties de l'organisme une solidarité qui unit et harmonise leurs fonctions différentes, de même il y a une solidarité chimique en vertu de laquelle certaines fonctions en supposent d'autres.

Le milieu interne dans lequel se trouve la cellule étant ainsi constitué, il se produit des phénomènes de nature zymotique : hydratation, déshydratation, oxydation, gélification, solubilisation, synthèse, etc., dont l'ensemble forme le métabolisme et dont aucune notion ne parvient à la conscience.

Dans les conditions normales, les divers éléments du milieu interne gardent entre eux des proportions définies; si ces proportions s'altèrent, de graves désordres fonctionnels en résultent. De même que l'augmentation ou la diminution de l'oxygène de l'air trouble l'hématose respiratoire, de même l'altération quantitative des éléments qui constituent le milieu interne amène une altération dans la cellule qui doit s'y saturer, et cette altération se répercute sur les terminaisons nerveuses qui sont en rapport avec la cellule. De là résulte une excitation qui, par des voies encore mystérieuses, va réveiller l'activité d'un ou plusieurs organes capables de fournir les substances qui manquent, ou bien les diastases qui doivent les préparer en transforformant des matériaux de réserve. Cette excitation nerveuse qui pourvoit à la reconstitution du milieu interne, s'appelle en physiologie *réflexe trophique*.

Comme l'expérience le montre, les processus de la nutrition sont savamment coordonnés. En vertu de cette coordination, dont la violation entraînerait des effets pathologiques désastreux, les organes sollicités ne transmettent au milieu interne qu'une ration proportionnée à sa consommation. Ces organes paraissent doués d'intelligence et avoir l'intuition de la mesure voulue. Toutefois cette intelligence n'est qu'apparente; il n'y a là réellement que des actions nerveuses spécifiques, une solidarité fonctionnelle entre des réflexes. Leur adaptation à une fin, loin d'être de l'intelligence, n'est au fond qu'un déterminisme physiologique.

L'adaptation des réflexes trophiques est quantitative et qualitative. Nous en voyons la preuve dans l'autorégulation des processus nutritifs.

Supposons, en effet, que l'exercice d'un muscle se prolonge au point de consommer le glucose en circulation. Le besoin de réparer cette perte constitue un stimulant qui agira à distance et directement sur les cellules qui élaborent ou emmagasinent le glycogène, ou bien, ce qui est plus probable, sur les organes qui peuvent dégager les enzymes hydrolytiques qui doivent dédoubler ce glycogène. L'excitation initiale qui détermine ce réflexe trophique, quelles que soient les voies qu'elle prenne, quels que soient les organes qu'elle actionne, est due à un appauvrissement du milieu interne, lequel, par suite, ne peut plus satisfaire l'avidité chimique du biogène. Tant que persisteront cette avidité du biogène et le déficit du milieu interne, il persistera cette action nerveuse à distance dont le but est d'apporter le glucose au milieu interne jusqu'à en combler le déficit. Ce résultat une fois obtenu, et le biogène une fois saturé, le réflexe trophique n'aura plus de raison d'être. Or, ce qui nous fait découvrir dans ce réflexe une excitation spécifique et une action centrifuge autorégulatrice, c'est que son rôle est de fournir le glucose au milieu interne dans la mesure exacte où celui-ci le réclame; une fois cet effet réalisé, l'excitation initiale qui mettait en jeu le réflexe trophique cesse *ipso facto*. De la sorte, entre l'activité de certains éléments cellulaires dont le rôle spécial est de restituer au milieu interne le principe qui lui a été enlevé, d'une part, et, d'autre part, l'activité d'autres éléments cellulaires qui appauvrissent le milieu interne, il s'établit une adaptation quantitative et qualitative, c'est-à-dire un harmonieux *consensus* fonctionnel.

Supposons maintenant que, par un abaissement persistant de la température ambiante, l'organisme soit forcé de développer plus de calories qu'auparavant, afin de se maintenir à la température constante qui lui est propre. Les éléments thermogènes qui seront utilisés dans ce but seront de préférence les graisses, puisque, à poids égal, elles donnent plus de calories. Par suite, une combustion active dans la trame cellulaire aura bientôt épuisé les graisses en circulation. Si donc aucune action à distance n'allait solliciter les organes qui élaborent les lipases, les graisses de réserve resteraient emmagasinées et le milieu interne serait dépourvu de cet élément de combustion précisément lorsqu'il lui serait le plus indispensable.

Or, nous savons par l'expérience que ces graisses de réserve sont réellement mobilisées et qu'elles affluent au milieu interne au fur et à mesure de ses besoins. L'adaptation de ce réflexe est d'abord qualitative en ce qu'il fournit l'élément voulu et non un autre; ensuite quantitative en ce qu'il le fournit dans la mesure exacte où le réclame l'excitation périphérique, porte-voix des éléments cellulaires qui en ont besoin. Dans le cas d'un abaissement considérable de la température ambiante, la fusion des graisses utilisées pour alimenter le foyer organique sera considérable. Dans le cas d'un abaissement moindre, la consommation au profit du milieu interne sera moindre.

Ce que, à titre d'exemple, nous venons de dire au sujet du glucose et des graisses, doit s'étendre à tous les produits qui entrent dans la constitution du milieu interne. Tous les phénomènes qui se développent dans l'économie d'un organisme tendent à nous montrer que les fonctions de ses divers organes sont très étroitement solidarisées. Dans l'état actuel de la science nous ne pouvons connaître le mécanisme grâce auquel les sécrétions internes du thymus, de la glande thyroïde, de l'hypophyse, des capsules surrénales, etc., influent sur le développement des processus nutritifs; mais que cette influence existe, qu'elle soit savamment réglée, cela est hors de doute. Tout nous porte à le penser : de même que le rythme et l'énergie de la fonction cardiaque s'adaptent aux nécessités de l'organisme; de même que les sécrétions de l'appareil digestif s'adaptent à la nature chimique des aliments qu'elles doivent digérer; de même que les mouvements intestinaux s'adaptent à la nature physique du bol alimentaire; de même les organes de la sécrétion interne doivent s'adapter aux nécessités de la nutrition en fournissant au milieu interne les diastases qui peuvent le disposer convenablement à l'échange intercellulaire. Montrer comment se réalisent ces adaptations, nous ne pouvons le faire, dans l'état actuel de nos connaissances. De Cyon[1] l'a esquissé pour

1. *Les Nerfs du cœur*, Librairie F. Alcan, Paris.

les adaptations cardio-vasculaires, Pawlow[1] pour les adaptations des glandes digestives, et de nombreux physiologistes pour les adaptations gastro-intestinales. Cependant il nous suffit de faire observer en bloc les effets qu'entraîne sur la nutrition générale l'atrophie de la glande thyroïde, par exemple ; on comprendra par là qu'à l'état normal le stimulus que sa sécrétion détermine s'adapte parfaitement aux nécessités de la nutrition. Qu'on administre du corps thyroïde au myxœdémateux : sa nutrition languissante se tonifie, prend de la vigueur ; elle se ralentit de nouveau, quand on suspend la médication. On dirait que son action sur le métabolisme est comparable, jusqu'à un certain point, à celle des sucs gastrique et pancréatique sur les substances qu'ils digèrent. En effet, le corps thyroïde active le cours des tranformations jusqu'aux derniers produits résiduels (urée et acide carbonique) et son absence ralentit ce même cours, ou le déforme ; tout comme si le milieu interne était en dehors des conditions voulues pour pouvoir fournir à l'élément cellulaire les matières qu'il doit élaborer et consommer. Nul doute que l'action exercée par la sécrétion thyroïdienne sur des produits particuliers ne soit spéciale. Administrée à l'époque de la grossesse, elle détermine un développement démesuré du fœtus. Dans le cas du goitre exophtalmique, elle détermine une hyperthyroïdisation avec des accidents pathologiques qui peuvent devenir très dangereux.

Ce que, en prévision des démonstrations expérimentales futures, nous disons des sécrétions internes, peut se dire aussi de tous les produits cataboliques utilisables, en raison de la solidarité fonctionnelle qui relie entre elles les diverses activités de l'organisme. Aucun organe particulier n'est assez autonome pour jouer son rôle en toute indépendance. Depuis le foie qui reçoit et transforme les produits de l'absorption intestinale jusqu'à la moins active, la plus

---

1. *Le Travail des glandes digestives*, Paris, 1901.

humble fibre du tissu conjonctif, tous les éléments cellulaires contribuent, chacun à sa manière, à créer un milieu au sein duquel ils vivent et aux dépens duquel ils s'alimentent. Quand ils n'y trouvent plus leur aliment propre, ils s'en ressentent, et c'est cet état que nous avons dénommé plus haut l'excitation trophique.

La sensibilité trophique n'est pas indifférente, elle ne réagit pas sous l'action d'un agent quelconque, mécanique, physique ou chimique; elle ne réagit que sous les modifications du milieu interne; c'est une sensibilité chimique qui sait tenir compte des diverses substances entrant dans la constitution spéciale de ce milieu. Si la sensibilité trophique était indifférente, si elle était satisfaite par toutes sortes de substances, on ne s'expliquerait plus l'uniformité constitutionnelle du milieu interne, ni par conséquent cette autorégulation des processus nutritifs, qui se trouve maintenant hors de toute discussion. Tous les faits observés démontrent que, quand la glycose circulante est dépensée, cette perte est réparée aussitôt; quand la chaleur interne fait défaut, les graisses de réserve sont mobilisées; si les éléments plastiques manquent, les tissus les fournissent sous une forme ou sous une autre, comme ils cèdent l'eau et le sel au milieu interne quand il les réclame. L'équilibre entre la composition du milieu interne et celle des éléments cellulaires est, à coup sûr, soumis à des conditions physico-chimiques; mais ceci ne prouve rien contre l'existence d'un mécanisme trophorégulateur grâce auquel la dépense d'une substance donnée est comblée par l'action réflexe qui en provoque le renouvellement.

A cet égard, la sensibilité trophique est comparable à la sensibilité sécrétoire, attendu qu'entre les excitations qui naissent des modifications survenues dans le milieu interne et les produits que lui apporte l'action centrifuge pour réparer ses pertes, on aperçoit le même rapport que l'école de Pawlow établit entre la nature chimique de l'aliment et la qualité de la sécrétion qui doit le digérer.

Quand le chyme, par exemple, que l'estomac verse dans le duodénum, excite les terminaisons périphériques de la sensibilité sécrétoire, comment réagit celle-ci? par une réaction *élective*, tenant compte de la composition du chyme, puisque à tant de matières protéiques elle fournit tant de trypsine; à tant de graisse et de matière amylacée, elle fournit tant d'amylase et tant de lipase. Même adaptation qualitative et quantitative entre la sécrétion gastrique et la nature de l'aliment, entre la sécrétion salivaire et les qualités physiques de l'aliment qu'il s'agit d'amollir pour en faciliter la déglutition; cette adaptation est d'une surprenante exactitude.

Or, une adaptation semblable se révèle entre les éléments cellulaires appauvris et les organes qui peuvent les approvisionner. Les premiers, par le réflexe trophique, actionnent les seconds, et les seconds répondent quantitativement et qualitativement aux besoins des premiers.

Ces idées sur la nature de la sensibilité trophique ne sont, pour le moment, qu'une hypothèse, car nous ne pouvons faire, sur la constitution si complexe et si peu connue du milieu interne, des expériences aussi précises que celles de Pawlow sur l'ingestion des aliments, avec des aliments dont la composition lui était parfaitement connue d'avance. Si nous pouvions tirer du milieu interne un produit donné, et si nous connaissions d'avance les éléments cellulaires qui ont élaboré ce produit, sans nul doute nous constaterions par quelle sorte d'opération ces éléments cellulaires rétabliraient le milieu interne dans l'uniformité de sa constitution. Ne pouvant donc actuellement étayer cette hypothèse sur l'expérience, nous l'appuyerons du moins sur le fait si éloquent de l'autorégulation des processus nutritifs. Une cellule ne répare ses dépenses qu'en empruntant au milieu interne les principes dont elle a besoin, et pourtant la composition du milieu interne demeure invariable. Qui donc lui fournit si à propos les principes empruntés, et non d'autres? La sensibilité trophique; c'est là sa fonction spéciale. Supposons que ce lien entre les diverses fonctions de l'organisme n'existe pas, supposons que les excitations reçues par les racines des nerfs implantés dans les cellules et transmises par eux aux centres trophiques ne soient pas spécifiées ; comment expliquer alors que, lorsque le milieu interne cède les principes a, b, c, d,... n, l'action réflexe de la sensibilité trophique les lui restitue ? Que si l'on voulait nier cette restitution élective par le réflexe trophique, comment pourrait-on expliquer le fait absolument exact de l'invariabilité du milieu interne ?

Si donc les éléments nerveux qui commandent les glandes digestives leur font sécréter un produit zymotique dont la quantité et la qualité s'adaptent à la nature de l'aliment à élaborer, tout nous porte à croire que la sensibilité trophique adapte la nature de l'action centrifuge à la nature de l'excitation périphérique, établissant ainsi une solidarité fonctionnelle entre les diverses parties de l'organisme. La géniale découverte de Pawlow sur la spécificité des nerfs et des centres de la sensibilité sécrétoire doit s'étendre aux centres et aux nerfs de la sensibilité trophique, puisqu'entre le mécanisme de la première et le mécanisme de la seconde il y a un rapport fondamental ; si la première tient compte de la nature chimique de l'aliment qu'il s'agit de digérer, la seconde tient compte également de la nature de l'élément qu'il s'agit de fournir à la cellule.

Grâce au réflexe trophique, l'organisme vit à ses propres dépens. Que ce réflexe fournisse au milieu interne le glucose qui lui manque, soit par dédoublement du glycogène, soit par d'autres moyens indirects et plus compliqués ; que les tissus lui fournissent l'eau, les sels, les plasmes pour le régénérer et maintenir l'uniformité de sa constitution, rien de plus naturel. Cependant, comme le mouvement vital entraîne une perte effective, l'élimination d'un *quantum* chimique, il n'est pas moins naturel que cette autophagie incessante finirait par épuiser l'organisme, par rompre la continuité du processus nutritif. Cette eau, ces sels, ces plasmes que les cellules cèdent au milieu ambiant, doivent, sous une forme ou sous une autre, leur être restitués, sinon elles succomberaient d'inanition.

L'excitation trophique naît de la cellule quand celle-ci ne trouve plus dans le milieu interne les principes dont elle a besoin; elle s'arrête dès qu'ils s'y trouvent. Mais si les régions cellulaires, dont le rôle est de combler le déficit du milieu interne, sont elles-mêmes en déficit, l'excitation trophique ne pourra pas s'arrêter. D'accord avec la théorie de Pflüger, nous devons admettre que cette excitation, du seul fait de sa permanence, au lieu de se limiter au circuit du réflexe qu'elle parcourait, s'engagera dans des voies plus hautes. Bientôt l'appauvrissement du milieu interne fera apparaître cette excitation dans la conscience, comme un cri de détresse exprimant un besoin que le travail silencieux de la nutrition est impuissant à satisfaire par les seules ressources de l'organisme. Telle est la situation intérieure qui fait naître la sensation de faim.

En réalité la sensation de faim est dans la sphère psychique ce que le réflexe trophique est dans la sphère végétative. Le manque d'eau, de glucose, de sels, dans le milieu interne, éveille l'avidité des cellules pour ces substances; mais cette sorte de faim cellulaire demeure inconsciente, tant qu'elle est satisfaite sans retard par les seules ressources de l'organisme. C'est lorsque l'organisme est en déficit, que l'avidité cellulaire, n'étant plus rassasiée, ne tarde pas à se manifester dans la conscience par la sensation de faim. La sensation de faim, on le verra bientôt, n'est pas un besoin quelconque, un besoin amorphe; c'est un besoin concret de prendre des aliments capables de fournir au milieu interne les substances qui lui manquent, c'est-à-dire, tant d'hydrate de carbone, tant de substances protéiques, tant d'eau, tant de sel, etc. De même, en effet, que le réflexe trophique n'apporte pas au milieu interne un bloc quelconque de substances, mais telle et telle substance propre à en combler le déficit chimique; de même la faim, sensation consciente, est une tendance spécifique, guidant l'animal dans le choix des aliments capables de subvenir à son appauvrissement intérieur; c'est une tendance élective. Ainsi la différenciation fonctionnelle qui caractérise si parfaitement les centres subalternes, agents du réflexe autorégulateur du milieu interne, se rencontre également dans les centres psycho-trophiques. Ceux-ci sont placés à un rang supérieur où retentissent les besoins de ceux-là et d'où ils reçoivent les secours appropriés.

Léopold Lévi a dit que *la faim est la sensation consciente d'un appel très pressant adressé au centre général qui commande l'activité diastasique centralisée dans le bulbe.*

Selon nous la faim n'aurait pas lieu *avant*, mais *après* le fonctionnement du système trophorégulateur. Ce système est-il formé d'un ensemble de centres hiérarchisés et subordonnés à un centre supérieur, ou non? Cela est peu important. Il arrive un moment où l'organisme qui s'épuise ne peut plus approvisionner par l'action diastasique le milieu interne dans lequel s'approvisionnent à leur tour les cellules : l'unique moyen de remédier à ce déficit, c'est de réincorporer à l'organisme les éléments qui lui font défaut. Cette tendance psychique qui pousse à chercher au dehors ce qui manque au dedans, à s'emparer des substances alimentaires, voilà ce qui constitue la sensation de faim, écho d'une détresse physiologique et en même temps aube d'une vie psychique.

CHAPITRE II

NATURE DE LA SENSATION DE FAIM

Faim globale. — Sa décomposition en sensations élémentaires. — La soif. — La soif dans la chlorurémie et l'hyperglycémie. — Régulation de l'eau dans le milieu interne. — La soif est une sensation élémentaire *sui generis*. — Effet de la déchloruration du milieu interne. — Spécificité de la faim du sel, de la chaux et autres minéraux. — Pourquoi les enfants aiment-ils tant les douceurs? — Théorie physiologique de l'appétit pour les graisses. — L'appétit pour les substances protéiques est une faim spécifique. — De même pour l'appétit des hydrates de carbones. — La faim, dans son acception générale, est une somme de tendances trophiques électives. — La balance nutritive et la spécificité des sensations trophiques. — L'instinct trophique considéré expérimentalement.

Quand on parle de la faim, on la considère comme une sensation uniforme qui pousse l'animal à prendre des aliments afin de réparer ses déperditions, et c'est ainsi, en effet, qu'elle se présente à la conscience. Pour nous, nous ne la considérons pas comme un fait psychique primitif, sans antécédent causal, comme un don naturel ou un instinct dont la finalité serait de prévenir les effets de l'inanition. Notre devoir est d'étudier la sensation de faim par rapport à ses causes, c'est-à-dire aux excitations qui la produisent.

Si l'on cherche l'origine de la faim, on la trouve dans l'appauvrissement du milieu interne, devenu incapable de fournir aux cellules les substances réparatrices. Quand la dépense organique est générale et harmonique, elle porte à la fois et proportionnellement sur l'eau, les sels, les graisses, les substances protéiques, les hydrates de carbone. Cette dépense globale dans le milieu interne s'accuse dans la sphère psychique sous forme de faim globale. Cette sensation complexe ne saurait être décomposée par l'introspection ; elle apparaît comme une force irrésistible qui nous pousse à manger. Mais si, laissant ce point de vue subjectif, nous considérons les diverses substances alimentaires, alors nous remarquons que cette force interne est une résultante dont l'analyse physiologique révèle les composantes : elles ne sont autres que les faims particulières provenant des divers déficits substantiels qu'éprouve le milieu interne, déficits que doivent combler les diverses substances ingérées.

Instruits par leurs parents et par leur propre expérience, les animaux absorbent de l'eau, des sels, des hydrates de carbone, des substances protéiques, et ils les absorbent dans une mesure donnée, selon leur espèce. Comment ont-ils appris, dans cette conscience inférieure où s'accuse la faim, que ces corps contiennent, au moins virtuellement, les substances que réclame, à la suite de son appauvrissement, le milieu interne? Comment ont-ils appris qu'il faut absorber 40 ou 80 grammes de viande et 300 ou 400 grammes de légumes pour réparer exactement leurs déperditions?

Tel est le vrai problème psycho-physiologique de la faim. La nature de cette sensation, nous ne pouvons la connaître sans connaître ses causes, c'est-à-dire les excitations qui la déterminent. Si l'on ne considère la soif que comme une impulsion à boire, on ne s'expliquera jamais quand ni comment se réveille cette sensation. De même pour la faim : si on ne la considère que comme une impulsion à manger, on ne s'expliquera pourquoi jamais cette impulsion varie avec l'âge, le climat, les professions, etc. Pour étudier scientifiquement la faim et la soif, il faut en rechercher les causes, en découvrir le mécanisme. Or, on ne s'engagera dans la voie vraiment scientifique qu'en rattachant ces impulsions aux modifications qualitatives et quantitatives du milieu interne. Les premières tentatives en ce sens ne sauraient, dans l'état actuel de nos connaissances, être couronnées d'un très grand succès; le succès complet, la notion rigoureusement scientifique ne viendront qu'avec le temps, qu'avec la connaissance plus approfondie, plus détaillée des processus nutritifs. Pour le moment, la seule chose possible, c'est de montrer que la sensation de faim se rattache à des faits d'ordre expérimental.

Quand les tissus et le milieu interne sont déshydratés fortement par l'effet de la polyurie, d'une abondante diaphorèse, d'épanchements séreux, d'une puissante exosmose intestinale, comme celle du choléra asiatique, alors il se fait sentir une impulsion à chercher au dehors un élément particulier, l'eau. La pénurie d'eau est l'origine physiologique de la soif, mais la quantité d'eau nécessaire au milieu interne est relative; elle se règle sur la présence de certains éléments qui, normalement, gardent entre eux une proportion définie. Ces éléments, nous en connaissons deux : le sel et le glucose.

Si, par voie gastrique ou sous-cutanée, ou au moyen d'une injection intra-veineuse, on augmente la quantité de sel dans le milieu interne, une soif apparaît, d'autant plus intense que le sel est plus concentré. L'excitation trophique qui en résulte, comme si les tissus sentaient cet excès de sel, réclame de l'eau en quantité suffisante pour rétablir la proportion normale.

L'hyperglycémie, semble-t-il, détermine la soif de la même manière que la chlorurémie. Le besoin de rétablir la proportion normale de glucose dans le milieu interne pousse l'individu à boire. Dans ce cas comme dans le précédent la soif ne paraît pas due à la polyurie.

On n'a pas soif parce que la diurèse augmente; la diurèse est consécutive à une plus grande absorption d'eau, et l'on absorbe plus d'eau à cause de la soif provoquée par l'excès de sel ou de glucose dans le milieu interne.

Il est très possible que d'autres corps plus complexes

déterminent les mêmes effets. Ainsi, à la suite d'un copieux repas, lorsque les produits de l'absorption intestinale sont versés par la veine porte dans le milieu interne, brusquement se fait sentir une soif, le plus souvent intense. On dirait que les cellules ont averti le sensorium de l'impérieuse nécessité de diluer ces produits afin de conserver à ce même milieu une certaine fluidité. La diminution de cette fluidité, due à mille causes diverses dont l'étude nous détournerait de notre sujet, paraît être la cause déterminante de la soif. Que cette diminution soit amenée, par exemple, par la diurèse, la diaphorèse, ou toute autre cause, les tissus cèdent leur eau au milieu interne ; cette cession, en s'accentuant, constitue une privation cellulaire, une soif qui appelle l'ingestion d'une quantité d'eau nécessaire pour rétablir l'équilibre. De tout cela, il s'ensuit que la genèse de la soif s'explique, en définitive, par une condition toujours identique, la concentration du milieu interne, concentration que le travail musculaire, ou nerveux, ou n'importe quelle désintégration plasmatique, détermine aussi bien que la chlorurémie ou l'hyperglycémie.

L'avidité de la cellule pour l'eau commence par mettre en jeu les mécanismes trophorégulateurs. Mais comme la cellule, pour poursuivre son travail de transformation, ne peut pas facilement recouvrer l'eau cédée, sa détresse détermine une excitation trophique qui vient, pour ainsi dire, s'exprimer dans la conscience par ce cri : il me faut *cette substance*. Qu'on ne confonde pas cette désignation spécifique avec l'évocation d'images qui viennent des sens externes et auxquelles nous reconnaissons l'eau. Cette désignation spécifique, n'est selon nous, qu'une impulsion primitive vers une substance déterminée, et non vers une autre, impulsion née du trophisme organique, et qui ne tardera pas à s'associer aux images des sens périphériques. Associée aux sens externes, à quoi pousse cette impulsion? A boire l'eau afin de se rassasier. Or il est clair qu'on n'est rassasié ni parce que les yeux ont vu l'eau, ni parce que le sens thermique en a apprécié la fraîcheur, ni parce que le toucher en a constaté la présence, mais parce que cette eau est réellement entrée dans le milieu interne et a calmé l'excitation trophique. Cette impulsion est donc *sui generis*, préexistant aux sensations externes; elle est comme l'appel vivant d'une substance particulière et spéciale; c'est un besoin d'eau, voilà toute la signification du mot « soif ». Supposons un animal privé des sens externes, il éprouverait la sensation de soif de la même manière (c'est le cas du chien de Goltz), et il serait facile d'apaiser cette soif par l'injection sous-cutanée ou intra-veineuse d'eau, ou au moyen d'énèmes, et pourtant la présence extérieure de ce liquide serait complètement ignorée. Donc, indépendamment des qualités que les sens externes nous révèlent dans l'eau, le milieu interne accuse dans la sensibilité trophique le besoin spécial de cette substance; c'est donc bien là une impulsion primitive, irréductible, vers une substance également irréductible aux qualités sensibles.

Comme la soif, le désir du sel est une sensation trophique primitive. Habitué à employer le sel comme condiment, l'homme sait combien, faute de sel, un aliment fade est désagréable. Dans ce cas, néanmoins, ce n'est pas le désir du sel qui n'est pas satisfait. Pour se rendre compte de ce qu'il y a de si caractéristique, il faut soumettre l'individu au régime de la déchloruration, auquel les médecins ont si souvent recours pour le traitement des œdèmes. On voit apparaître alors un désir unique et violent, celui du sel. Une femme épileptique, qu'on avait soumise à ce régime d'une manière absolue afin de la saturer de bromure, éprouvait un si vif besoin de sel qu'elle en prenait à poignées quand elle pouvait échapper à la surveillance. De nombreux cas semblables pourraient être cités. La déchloruration devient intolérable pour les malades, précisément à cause de la douleur que réveille cette sensation spéciale.

Chez les brebis et les chèvres, chez les bœufs et les chevaux, le besoin de sel se manifeste avec une intensité irrésistible pour peu qu'on en prolonge la privation. Chez d'autres animaux un mécanisme spécial de nutrition empêche l'apparition de ce besoin; pourtant on en peut facilement remarquer la manifestation à l'aide de certaines modifications dans leur régime alimentaire. D'après Stanley, dans l'intérieur du continent africain, où l'on se procure difficilement le sel, les nègres brûlent certains arbres qui laissent des résidus minéraux abondants, et ils les mangent ensuite avec plaisir.

L'homme éprouve, relativement au sel, ce qu'éprouvent les herbivores suivant qu'ils mangent du fourrage sec ou vert. Tant que le sel est restitué au milieu interne avec d'autres aliments qui le contiennent, nous n'en éprouvons pas un besoin particulier, pas plus que les herbivores n'ont soif tant qu'ils mangent de la verdure. Leur soif, au contraire, est ardente quand ils se nourrissent de graminées. Qui soupçonnerait dans cette impulsion globale qui nous porte à manger pain, viande, légumes, l'existence d'une sensation élémentaire telle que le besoin du sel? C'est pourtant une note qui peut vibrer isolément quand on soumet les processus nutritifs à l'abstinence.

De ce point de vue, on comprend que certains aliments soient recherchés uniquement à cause d'un ou plusieurs principes qu'ils contiennent. De là très probablement vient que l'usage de certaines herbes s'est généralisé afin d'utiliser l'iode ou le fer, les sels de soude ou de potasse qui s'y trouvent. Bunge a finement observé qu'au bout de deux ou trois semaines d'allaitement les lapins épuisent leur réserve de fer; c'est alors qu'ils se mettent au vert. Il est à croire que le manque de ce corps et d'autres probablement soit le mobile trophique qui les porte à changer peu à peu leur alimentation.

Si l'on peut provoquer expérimentalement par l'abstinence une sensation trophique élémentaire, parfois aussi elle se présente spontanément. Vers l'époque de la ponte les poules cherchent dans le sol ou dans les murs de la basse-cour les éléments calcaires dont elles ont besoin. Ce besoin n'est pas ignoré des éleveurs de pigeons ; aussi leur procurent-ils des coquilles d'œufs broyées pour qu'ils puissent le satisfaire. Chez les oiseaux mâles on ne remarque pas cette sensation, dont l'origine périphérique saute aux yeux.

Les sensations élémentaires dont nous venons de parler, quoique peu nombreuses, nous portent à croire que la faim globale est une somme de sensations élémentaires, spécifiquement différentes ; cette différence s'observerait toutes les fois que le déficit de certains principes chimiques serait prédominant dans le milieu interne, car alors on constaterait une tendance spéciale à rechercher les aliments où ces principes chimiques se trouvent sous une forme ou sous une autre.

Les enfants montrent une prédilection exagérée pour les aliments riches en sucre. La faim spéciale pour ce produit, analogue à celle dont nous avons parlé relativement à l'eau, à la chaux, au sel, s'explique d'abord par la grande consommation qu'en font les enfants. Elle s'explique ensuite par la résistance qu'opposent les éléments plastiques qui, à cette période de la vie, doivent subvenir aux besoins de la croissance ; il est illogique de chercher l'origine du glucose, soit dans la transformation des hydrates de carbone, soit dans la scission des substances protéiques qui forment les tissus. Chez l'enfant, les éléments cellulaires tendent à accumuler en grande quantité les produits qu'ils élaborent. Par là ils augmentent en poids et en volume. Telle est la puissante raison pour laquelle chez l'enfant la faim se fait bien plus sentir que chez l'adulte, toutes proportions gardées. Chez l'enfant, dépense de forces considérables ; par conséquent dépense, en proportion, des éléments d'où il les tire. Son budget énergétique doit dépasser celui de l'adulte, et cela pour trois raisons : la première, c'est la croissance : outre la taxe alimentaire qui doit fournir la matière à la croissance, une autre taxe alimentaire doit fournir l'énergie suffisante à élever le potentiel de l'aliment au potentiel de la matière vivante. La seconde raison, c'est la mobilité de l'enfant; la troisième, c'est une plus grande déperdition thermique, car chez lui la surface d'irradiation est plus grande, par rapport au volume. C'est pourquoi son budget alimentaire est proportionnellement plus élevé que celui de l'adulte, et c'est pourquoi, en particulier, son appétit s'adresse aux substances qui cèdent plus facilement leur énergie.

Si la faim se spécialise chez l'enfant en raison de la croissance et de la conservation, il n'en est pas de même chez l'adulte; l'adulte n'a qu'à réparer les pertes subies par les éléments plastiques à mesure qu'ils fournissent le glucose au milieu interne. Si cette faim spéciale de l'enfant n'est pas normalement satisfaite, son organisme se trouve obligé, comme celui de l'adulte, à fournir le glucose au milieu interne. C'est pour cette raison que la faim dont il s'agit ne croît pas jusqu'au paroxysme, comme cela arrive pour le manque d'eau ou de sel. Elle n'en existe pas moins à l'état latent, prête à se réveiller avec force, à la première excitation extérieure. Ainsi voit-on les enfants pauvres appliquer passionnément leur langue sur les vitres des étalages de confiserie. Je n'oublierai jamais ce que j'ai vu un jour sur les quais de Barcelone : un essaim de va-nu-pieds léchaient avec frénésie la mélasse qui, fondue par le soleil, sortait à travers les fentes des tonneaux. C'était la manifestation flagrante de la revanche d'une loi physiologique violée; les adultes en auraient ri parce qu'ils ne sont plus sous l'empire de cette loi; les enfants riches en auraient éprouvé du dégoût parce qu'ils ignorent combien la violation de cette même loi est pénible.

Il convient de généraliser ces aperçus sur l'importante question de la spécialisation de la faim. On observe en effet comment se modifie le régime alimentaire de l'homme sous l'influence du climat. Celui qui passe d'un climat tropical à un pays froid ou *vice versa*, remarque qu'il prend goût à des mets qui auparavant lui auraient répugné. Les habitudes de régime paraissent invincibles; elles se modifient pourtant peu à peu dans un sens ou dans un autre, suivant que la température ambiante baisse ou monte. Le mécanisme physiologique de ces changements est facile à expliquer. Un abaissement persistant de température force l'organisme à développer plus de calories, afin de maintenir sa température intérieure au même niveau. Or les sources de chaleur animale, ce sont les hydrates de carbone, les substances protéiques et les graisses, mais à des degrés divers. Ainsi un gramme d'hydrate de carbone, à l'état sec, donne, selon Rubner (ses chiffres sont très voisins de ceux de Berthelot) 4 100 calories; un gramme d'albumine 4 424, et un gramme de graisse 9 300. Rubner a démontré pareillement que dans l'animal vivant 100 grammes de graisse produisent le même nombre de calories que 243 grammes de viande sèche, 232 grammes d'amidon, 234 grammes de saccharose et 256 grammes de glucose. Ceci posé, on comprend que sous un climat tropical les hydrates de carbone, additionnés d'albumines végétales, suffisent à l'entretien du foyer organique; il est par conséquent tout naturel que les habitants des pays chauds se fassent un régime surtout végétarien. Mais quand il faut lutter contre le froid extérieur, la calorification doit augmenter en proportion; ce qui épuise bientôt dans le milieu interne les éléments de combustion facile. En effet, le jeu du mécanisme trophorégulateur utilise en ce cas les produits de plus grande valeur thermogénique, c'est-à-dire les graisses, car, à poids égal, les graisses fournissent, nous venons de le dire, au moins deux fois plus de calories que les albumines et les hydrates de carbone.

Voyons maintenant comment cette consommation grandissante active la faim, et comment celle-ci se spécialise à mesure que la consommation de certains principes l'emporte sur la consommation d'autres principes.

Du moment que le mécanisme trophorégulateur fait affluer plus abondamment les principes qui alimentent la combustion dans le foyer organique, et qu'il amène par conséquent l'épuisement des cellules, il est tout naturel que le premier effet du froid soit d'ouvrir l'appétit, selon l'expression populaire. Or, en cette circonstance, les principes cédés au milieu interne proviennent des hydrates de carbone, des albumines et des graisses; il est clair, par suite, que la faim qui en résulte poussera à rechercher avec une préférence marquée les aliments où se trouvent plus facilement ces mêmes substances; de sorte que les aliments moins riches, tels que la scarole, le céleri, le brocoli, la betterave, le chou, qui peu auparavant étaient pris avec délices, seront peu à peu et insensiblement supplantés par les graminées, dont la valeur nutritive est plus grande, graminées qu'on assaisonnera avec plus d'huile ou de beurre et qu'on renforcera avec de la viande. Toutefois, si la température extérieure baisse encore, si le besoin de chaleur devient plus intense, cette alimentation elle-même ne pourra plus maintenir l'activité du foyer organique; alors un véritable appétit pour les graisses commencera à apparaître, puis s'accentuera graduellement. En d'autres circonstances cet aliment eût inspiré de l'aversion; le voilà maintenant recherché, comme si quelque chose nous en eût révélé la valeur thermogénique. Simple convention, habitudes acquises, prédispositions phylogénétiques, tout cela explique en partie, mais non totalement, que les Esquimaux fassent de la graisse la base de leur alimentation et qu'ils en absorbent des quantités qui nous paraissent exorbitantes. La véritable raison, c'est que leur organisme manifeste un impérieux besoin de graisse; c'est qu'aucune autre alimentation ne saurait, autant que la graisse, activer le mouvement nutritif en lui fournissant la matière comburante, le glucose. De là un déficit de graisse, qui finit par s'accuser dans la conscience en y provoquant une faim spéciale pour ce produit. Lorsque les choses ne sont pas poussées si loin, le désir de la graisse n'en existe pas moins, mais il ne s'accuse pas comme une faim spéciale: il demeure confondu dans la faim globale qui a pour objet la viande, l'eau, le sel, etc. De même la soif ne s'accuse pas non plus spécialement chez les herbivores quand ils sont au vert, mais réapparaît quand ils mangent sec, parce qu'alors l'aliment ne contient pas la quantité d'eau qui manque au milieu interne. Comment le désir de la graisse va-t-il émerger de la faim globale et apparaître dans la conscience comme une impulsion à part? Ce sera au fur et à mesure de sa consommation grandissante, ce sera quand le besoin de ce produit se fera sentir plus que tout autre dans le milieu interne.

Nous avons déjà dit qu'il en est ainsi pour le sel. Tant que nous prenons cette substance comme condiment du pain, de la viande, du riz, etc., psychologiquement nous ignorons si elle satisfait à un besoin organique; le besoin du sel reste inconscient. Mais privons-nous de sel un certain temps; alors, outre la faim globale, le besoin de sel s'accuse tout particulièrement, il constitue une faim spéciale. De tout cela il s'ensuit que la tendance à ingérer la graisse, le glucose, le sel, est un ensemble de plusieurs tendances spécifiquement différentes; l'introspection ne peut les discerner que dans des conditions exceptionnelles, mais l'analyse physiologique le peut toujours.

Cette spécificité, il convient de l'attribuer à la faim qui a pour objet les albumines et les hydrates de carbone.

On a calculé la proportion que gardent entre elles, chez l'homme, les rations alimentaires de protéines, de graisses, et d'hydrates de carbone; elle est de 100 pour les premières, 45,4 pour les secondes et 374 pour les dernières. Évidemment ces chiffres n'ont qu'une valeur relative, car forcément ils varient selon les besoins de la nutrition. Pour un Esquimau la ration de graisse n'est pas celle d'un habitant des régions équatoriales; en été les hydrates de carbone et les albumines ne se prennent pas dans la même proportion qu'en hiver. Admettons néanmoins que les chiffres cités aient une valeur absolue pour les individus qui vivent dans les mêmes conditions, et voyons comment les besoins de l'organisme s'adaptent au régime alimentaire établi pour les satisfaire.

D'après ce régime, quand on a absorbé 100 unités de protéines, 374 d'hydrates de carbone et 45,4 de graisse, les besoins du milieu interne sont entièrement satisfaits; il n'y a plus de faim pour rien. Modifions maintenant le régime sur un seul point : au lieu de 100 unités de protéines, n'en mettons que 50. Une faim spéciale se réveillera. Pourquoi? parce que le besoin de protéines ne peut en aucune façon être satisfait par les autres substances, vu qu'elles ne contiennent point d'azote. Nous voilà donc encore dans le cas dont nous nous sommes déjà occupé en parlant de l'eau et du sel. Ici l'organisme peut se saturer de graisse et d'hydrates de carbone, mais il ne rencontre qu'une demi-ration de protéines. Où trouver l'autre moitié, indispensable au milieu interne? Les éléments cellulaires en feront les frais, mais ce dépouillement provoquera en eux le besoin d'une compensation. Pour réaliser cette compensation, il faudra modifier le régime, soit par des aliments très riches en protéines, comme la viande, soit par des aliments moins riches en protéines, comme le pain; mais dans ce cas la consommation devra être proportionnellement plus grande. Dans les familles pauvres les mères savent très bien que les enfants mangent plus de pain quand elles leur donnent des choux ou des poireaux, que lorsqu'elles leur donnent des haricots ou des pois chiches. Cet instinct si sage qui porte les enfants à absorber un aliment plus riche en albumine dénonce dans le sensorium psychotrophique l'existence certaine d'une faim spéciale, la recherche d'un aliment déterminé : on dirait l'écho d'expériences antérieures qui leur auraient appris l'insuffisance alimentaire des choux et des poireaux.

La tendance à incorporer cent unités de protéines se montre bien dans les cas que nous venons de citer; il ne faudrait pourtant pas croire que cette faim spéciale persiste lorsque le milieu extérieur ne permet pas de la satisfaire dans la mesure convenable; pourquoi? parce que la pauvreté d'un régime où n'entrent pas 100 unités de protéines n'a pas assez d'effet pour amener la mort. L'individu finit par s'adapter à la misère de son milieu, comme nous le verrons bientôt en traitant de l'autorégulation des sensations trophiques.

Supposons maintenant un régime fournissant à l'organisme 100 unités de protéines avec 200 unités seulement d'hydrates de carbone, au lieu de 374 unités, chiffre normal. Cette fois le problème est plus compliqué que dans le cas précédent. Ni les graisses, ni les hydrates de carbone ne peuvent produire les protéines; mais les protéines peuvent en se dédoublant produire les premières et les seconds; par conséquent de deux choses l'une : ou bien le déficit de ces 174 unités d'hydrates de carbone ne sera pas comblé dans le milieu interne par le dédoublement des protéines, ou bien il sera comblé. Dans le premier cas le déficit en question provoquera une faim spéciale pour ces hydrates; dans le second cas, il n'en provoquera point.

Considérons ce dernier cas. Nous supposons que les 174 unités d'hydrates de carbone sont compensées par une plus grande activité des protéines. Cette compensation supprime tout motif de chercher dans le monde extérieur une nourriture qui puisse fournir ces 174 unités, mais cette plus grande activité des protéines ne va pas sans une plus grande dépense, dépense qu'il faut compenser sous peine d'épuiser la matière assimilable. De là surgira un besoin spécial de substances protéiques et en quantité suffisante à la reconstitution de ces hydrates de carbone, quantité forcément supérieure au chiffre normal de 100 unités. Il y a plus : au lieu de supposer un organisme adapté à un régime privé de 174 unités d'hydrates de carbone, supposons-le adapté à un régime privé de 374 unités d'aliment hydrocarboné; l'organisme n'éprouvera alors aucun désir de cet aliment; le besoin qu'il éprouvera, ce sera d'une ration de protéines suffisante pour fournir 374 unités d'hydrates de carbone. Tel est le cas des carnivores : la quantité de viande qu'ils consomment est bien supérieure à celle que consomment les animaux omnivores. La raison en est que chez les premiers la substance protéique, devant fournir une quantité donnée d'hydrates de carbone, doit en contenir, en proportion, au moins les éléments composants. La faim spéciale qui se fera sentir dans ces conditions aura par conséquent pour objet, non l'aliment hydrocarboné, mais l'aliment protéique.

Si nous supposons maintenant que les protéines, même dans le cas d'une ration supérieure, ne produisent pas les 374 unités d'hydrates de carbone; ce déficit, à coup sûr, se fera sentir dans l'organisme et déterminera dans les centres psychotrophiques une impulsion à chercher au dehors de quoi le combler. Si cette faim particulière ne se manifestait pas, le déficit irait en augmentant progressivement jusqu'à rendre la vie impossible. Effectivement c'est ce que montre l'expérience chez les animaux omnivores : quand par caprice la ration protéique est poussée à l'extrême, on voit surgir naturellement le désir d'une alimentation plus faible; les viandes, dont la vue ouvrait auparavant l'appétit, n'inspirent que dégoût. A l'occasion des grandes fêtes, celle de Noël, par exemple, les familles ont coutume de se livrer aux plaisirs de la table, qui comportent un régime excessivement protéique. Or qu'arrive-t-il? Bientôt l'appétit s'émousse et lorsque la faim renaît, elle pousse à rechercher le riz, les haricots verts, ou toute autre nourriture de ce genre.

Cet ensemble d'observations, auxquelles nous ne pouvons donner ici plus de développement, suffit à démontrer que l'impulsion vague, amorphe, que nous appelons faim globale, n'existe qu'en apparence. Quand les centres trophiques subalternes ne peuvent régulièrement restituer au milieu interne les éléments dépensés, l'excitation périphérique s'engage dans des voies plus profondes, arrive jusqu'aux centres psychotrophiques et y accuse le besoin d'une substance spéciale. C'est ce besoin qui constitue la *sensation d'une faim particulière*. Or le mouvement nutritif entraîne dans l'organisme l'appauvrissement simultané de plusieurs produits différents. Chacun de ces produits a une action particulière qui se répercute jusque dans les centres subalternes de la sensibilité trophique et y détermine une réaction spéciale qui a pour but de restituer au milieu interne les divers éléments dépensés et de rétablir l'uniformité de sa constitution. De plus, quand les éléments cellulaires, appauvris par l'action centrifuge de ce réflexe inférieur si compliqué, accusent leurs pertes dans les centres psychotrophiques, ils les accusent sous forme de besoins spéciaux, réclamant les diverses substances spéciales qui seules peuvent réparer ces pertes. Nous ne pouvons par l'introspection discerner les uns des autres ces besoins spéciaux. On le peut cependant d'une autre façon : c'est en considérant les aliments spéciaux auxquels ils correspondent. On remarque en effet qu'ils n'ont pas pour objet un corps extérieur quelconque, mais uniquement les corps qui peuvent directement ou indirectement être assimilés au milieu interne. Quant aux autres, ils sont placés hors de la catégorie des aliments. Ce caractère électif n'est jamais général; il est concret, déterminé. Pour qu'un corps soit désiré, il ne suffit pas qu'il soit un aliment : il faut qu'il satisfasse à un besoin chimique spécial, besoin dont l'expression psychique est la sensation de faim qui nous porte vers ce corps. Ainsi le fourrage sec, nous l'avons déjà vu, assouvit la faim, mais sans éteindre la soif, faute de contenir l'eau nécessaire; les hydrates de carbone satisfont au besoin d'hydrates de carbone, mais non au besoin de protéines, lequel persiste inexorablement, faute d'être satisfait; les protéines et les hydrates de carbone ne calment point le besoin de graisse quand le foyer organique réclame ce corps pour des nécessités particulières; l'aliment le plus riche est incomplet s'il n'a pas de sel; il ne peut répondre au besoin impérieux que nous avons de ce corps. De tout cela ressort que nous nous illusionnons quand nous considérons la faim comme une impulsion unique à prendre des aliments. Cette impulsion est, au contraire, composée de plusieurs tendances spéciales, nées dans les centres psychotrophiques, et chacune de ces tendances est l'écho d'un déficit spécial survenu dans le milieu interne et dans les cellules. Voilà ce qu'une observation profonde nous a montré.

La différenciation qualitative des sensations trophiques est nécessaire à la vie de l'animal. En effet, un point incontestable en physiologie, c'est que pour équilibrer le budget de la nutrition, il faut, de toute rigueur, que les entrées égalent les dépenses; sinon c'est la banqueroute, c'est la mort dans un délai plus ou moins long. Ce budget ne doit pas être seulement quantitatif, il doit être encore qualitatif. En effet — pour ne considérer la question que dans les grandes lignes —, nous constatons que telles et telles dépenses sont chimiquement différentes; il faut donc leur opposer tout naturellement des recettes également différentes qui puissent leur correspondre. En un mot, la quantité et la qualité des recettes doivent toujours se régler sur les dépenses. Or qu'est-ce qui choisit et mesure les aliments? Qu'est-ce qui porte à les prendre, sinon les sensations trophiques? Si chacune d'elles n'était pas l'expression sentie d'un déficit particulier, comment la qualité et la quantité des aliments s'adapteraient-elles aux dépenses? On ne le voit pas. Cette adaptation, qui est un fait indiscutable, montre jusqu'à l'évidence que les sensations trophiques, afin de pourvoir sagement aux dépenses et de réparer toutes les pertes, poussent à la préhension d'aliments appropriés et non d'autres. Ces sensations, dont la finalité économique montre tant de sagesse, ne surgissent pas dans les centres psychotrophiques grâce à une intervention providentielle : elles sont dues à une excitation cellulaire déterminée par l'appauvrissement du milieu interne. C'est le milieu interne lui-même qui accuse ses propres besoins dans le sensorium trophique; en d'autres termes, c'est la dépense qui mesure la recette;

d'où la parfaite adaptation de celle-ci. Sans cela l'animal ignorerait si son organisme manque d'eau ou de graisse, d'hydrates de carbone ou de protéines ; il réglerait la quantité et la qualité de sa nourriture, non sur les besoins de son organisme, mais sur les caprices d'un appétit extravagant. C'est dire que le mouvement vital ne tarderait pas à s'arrêter, faute d'une nutrition appropriée.

La chimie biologique, en nous montrant la belle régularité avec laquelle fonctionnent les processus nutritifs, soulève un problème qu'elle n'aborde pas elle-même, car ce problème est de nature psychophysiologique. Nous allons l'aborder ici en nous appuyant sur les données mêmes de la chimie biologique. Il suffit de connaître la quantité et la qualité des produits de la désassimilation pour pouvoir calculer la ration des diverses substances qui doivent les remplacer. Mais avant que la science eût fait ces calculs, l'homme et les animaux s'y conformaient sans le savoir. Grâce à un ensemble de tendances électives, ils choisissaient les substances les mieux appropriées, ils se fixaient leur ration alimentaire avec autant de précision que si l'analyse chimique leur en eût révélé les propriétés. Ce fait est trop significatif pour qu'on ne puisse admettre l'existence d'une sorte d'intelligence inférieure où se répercutent les impressions propres aux diverses substances alimentaires, impressions d'où naissent les tendances qui guident l'animal dans le choix de sa nourriture.

On admire la poule qui cherche la chaux, ou l'enfant à la mamelle qui sait rationner son lait mieux que le plus habile chimiste. Mais lorsque par l'analyse on se rend compte des faits jusqu'au dernier détail, on voit que cette chaux s'est en quelque façon montrée à l'intelligence inférieure au moyen d'une impression sensible ; quand nous apprenons que cette ration de lait est déterminée dans le sensorium trophique par l'action excitatrice du milieu interne, nous remarquons que ces phénomènes ne sont ni plus ni moins étonnants que l'impression de la lumière sur la rétine, ou que les vibrations sonores sur le nerf acoustique. De même que le monde extérieur nous révèle sa présence et ses qualités par des impressions, c'est aussi par des impressions que le monde intérieur nous révèle les substances qui lui manquent. Ces connaissances fondamentales, dont nous étudierons comme il convient l'organisation, sont absolument indispensables pour établir un régime qui permette de vivre.

Les centres inférieurs où s'organisent ces connaissances peuvent subir des troubles qui en arrêtent le fonctionnement : le sujet ignore alors ce qui se passe dans son organisme; ses besoins sont pour lui sans intérêt. Tel est le cas de ces pauvres aliénés qu'il faut alimenter à l'aide de la sonde. D'autres fois les centres psychotrophiques sont tellement surexcités qu'ils deviennent la proie du délire; le malade mange sans rime ni raison; ce qu'il prend ne répond pas aux besoins internes. Le fonctionnement de ces centres ressemble aux centres optiques qui projettent leurs images hallucinatoires dans un espace où aucun objet réel ne leur correspond.

Ces considérations, si vagues et si imparfaites qu'elles soient, font comprendre tout de suite que si l'animal se guide avec tant de sûreté dans le choix de sa nourriture, s'il s'en fixe une mesure si juste, c'est qu'il possède dans certains centres toute une organisation d'impressions venues de la trame cellulaire. Ces impressions, étant spécifiquement différentes, deviennent la source de tendances pareillement différentes, qui poussent l'animal à prendre tels ou tels aliments appropriés aux avidités chimiques des cellules. Le menu alimentaire qu'établit la biologie n'aurait pu être établi, la vie elle-même serait impossible, si par cette sorte d'intelligence inférieure l'animal n'avait connu, avant les savants, la qualité et la quantité des aliments qu'il devait ingérer; aliments qu'il ingère par des procédés purement empiriques, sans l'ombre d'un raisonnement proprement dit.

Jusqu'ici on a appelé « instinct » cette intelligence inférieure, attribuant à l'instinct une sagesse intuitive, d'origine mystérieuse, inexplicable comme la force occulte dont on la fait dériver. Si l'on isole la tendance trophique de l'excitation cellulaire qui l'évoque dans la conscience, on méconnaît son origine véritable; le choix d'un aliment adapté aux besoins du milieu interne paraît alors une connaissance innée, quelque chose qui sort d'un fond ténébreux comme un effet sans cause. C'est qu'on a fait fausse route; on s'est placé à un faux point de vue. Pourquoi cette connaissance nous paraît-elle spontanée, innée? Parce qu'on ne la rattache pas à sa vraie cause, sans quoi ce caractère de spontanéité disparaîtrait comme par enchantement. Les faits qui nous occupent sont incontestables; n'en connaissant pas la véritable explication, on fait appel à une cause occulte pour se contenter, provisoirement au moins, d'une explication apparente. Quand on dit que nous mangeons par instinct, que l'instinct nous avertit si un aliment est bon ou nuisible, etc., etc., on parle pour parler. Autant vaudrait dire : nous ne savons pas pourquoi nous choisissons tel ou tel aliment, pourquoi tel ou tel aliment est nuisible.

Il nous suffit, à nous, d'avoir appris par expérience que tel aliment satisfait à un besoin, que tel autre est nuisible, pour n'avoir plus à alléguer l'action d'une force instinctive. Tous les phénomènes du monde paraissent spontanés, tant que leurs conditions déterminantes ne sont pas connues. Les anciens vitalistes, étonnés de voir l'estomac digérer avec tant de perfection en s'adaptant à la nature spéciale des aliments, s'imaginèrent que dans l'estomac se trouvait un *archeum* comparable à un habile cuisinier qui prépare des mets succulents. Depuis Spallanzani jusqu'à Pawlow le progrès scientifique est venu renverser impitoyablement ces explications illusoires. L'instinct trophique est, lui aussi, un *archeum* inutile; il n'y a qu'à l'écarter, qu'à le laisser sur le bord de la route, pour s'appliquer à l'étude des phénomènes auxquels le sens trophique est réductible, et essayer de dégager de ces phénomènes le mécanisme qui les enchaîne les uns aux autres.

CHAPITRE III

AUTORÉGULATION QUANTITATIVE DES SENSATIONS TROPHIQUES

Fixation de la ration alimentaire. — Cette ration varie suivant la nature chimique de l'aliment. — Causes qui troublent la fixation des rations alimentaires. — Ration alimentaire et ration d'ingestion. — Régulation quantitative de la faim chez les herbivores, les carnivores et les omnivores. — La fixation d'une ration correspondant à la valeur nutritive des aliments dépend du souvenir d'expériences passées. — Comment ces souvenirs se modifient quand le mouvement nutritif se modifie. — Adaptation de la nutrition à la pauvreté du milieu interne. — Autorégulation des sensations trophiques quand l'énergie du mouvement nutritif augmente. — Résumé et conclusion.

Physiologiquement, l'excitation trophique ne cesse d'agir sur les terminaisons périphériques tant que les pertes du milieu interne ne sont pas réparées. Ainsi la sensation qu'elle détermine est d'autant plus intense que le milieu interne est plus appauvri; elle est d'autant plus durable que le milieu interne tarde davantage à recevoir la ration alimentaire qui doit le rétablir dans son état normal et saturer les avidités chimiques des cellules. De même que le sens thermique n'accuse pas la température ambiante si elle reste uniforme, mais seulement ses variations, de même la sensibilité trophique n'accuse point l'état chimique normal du milieu interne, mais uniquement les divers déficits qu'il éprouve. Ces déficits, dus à l'action assimilatrice des cellules, sont plus ou moins considérables suivant les substances assimilées; aussi réveillent-ils chacun une faim d'intensité proportionnelle, faim qui persiste autant que le déficit lui-même. Si nous appelons *ration alimentaire* la somme des matériaux qui doivent combler tous ces déficits, il est à remarquer que cette somme est formée de parties d'inégale valeur. Celle du sel n'est pas celle de l'eau, celle des protéines n'est pas celle des hydrates de carbone. Quelques grammes de sel, un peu plus de protéines suffisent à combler le déficit de ces substances; par contre, la quantité d'hydrates de carbone et surtout la quantité d'eau seront plus élevées. C'est pourquoi, rigoureusement parlant, il n'y a pas *une ration*, il y a *des rations* alimentaires, déterminées quantitativement par la nature chimique des aliments. Ainsi l'impulsion qui nous porte à prendre un aliment contenant du sel a pour mesure la quantité de sel dont nous avons besoin, de même que l'impulsion qui porte l'herbivore à manger de l'herbe fraîche a pour mesure la quantité d'eau qu'il désire. Dans le cas où l'eau et le sel ne s'y trouveraient pas en quantité voulue, le désir d'eau et le désir de sel, comme on l'a expliqué plus haut, se feraient sentir isolément, soit à cause du double déficit qui persisterait dans le milieu interne, soit à cause des avidités chimiques non saturées dans les éléments cellulaires. Il en est de même pour ce qui concerne la ration alimentaire réclamée par tout autre déficit spécial que pourrait éprouver le milieu interne, dont, pour le moment, nous sommes loin de connaître tous les secrets.

La fixation de la ration alimentaire, déjà déterminée dans les centres psychotrophiques par l'excitation périphérique, peut subir des troubles quantitatifs par le seul caprice du goût. Tel trouve fades des aliments qu'un autre trouve excellents. Un même mets est trop faible pour celui-ci et trop azoté pour celui-là. Ces sortes de troubles ont pour cause l'appétit. Nous parlerons de l'appétit en temps et lieu. Ici nous étudions la ration alimentaire telle que l'excitation périphérique la détermine dans les centres nerveux correspondants; nous laissons de côté les modifications qu'elle peut subir sous l'influence des centres sensoriels externes.

Le problème étant ainsi posé, nous reconnaîtrons que normalement les centres externes fixent la taxe alimentaire en se réglant sur l'appauvrissement du milieu interne, ni plus ni moins; c'est-à-dire qu'ils nous poussent à prendre de chaque aliment la quantité nécessaire à réparer les pertes. Il ne faut pas confondre la ration d'ingestion avec la ration alimentaire proprement dite : la première se règle sur la seconde, et celle-ci se tire de celle-là quand celle-là est convenablement transformée pour pouvoir pénétrer dans le milieu interne. Un poids relativement faible de viande peut fournir une ration alimentaire suffisante pour réparer les pertes éprouvées. Il faudra au contraire un poids énorme de fourrage pour fournir cette même ration alimentaire.

La quantité de végétaux qu'absorbe un herbivore pour se nourrir est considérable. De cette matière première, augmentée de celle qui entre par la respiration, sont tirées toutes les substances dont se compose la machine physiologique et qui en conservent l'énergie. Ces substances ne sont contenues dans les fourrages que virtuellement et en quantité relativement faible; aussi l'animal est-il obligé d'en ingérer une quantité considérable pour y trouver la ration alimentaire suffisante pour calmer sa faim. De là vient que la faim de l'herbivore persiste des heures et des heures. Elle persiste bien moins quand on donne à l'animal du fourrage sec, lequel, à poids égal, contient plus de matière nutritive. Elle persiste encore moins, si au fourrage sec déjà plus nutritif on ajoute de l'avoine, des fèves, de l'orge, du maïs, du son, etc. On remarque alors que, abstraction faite des causes perturbatrices déjà mentionnées, la ration alimentaire de chacune de ces substances tend à se fixer spontanément suivant sa valeur nutritive, tout comme on le ferait par le calcul en zootechnie. Un cheval, par exemple, mesure sa ration de paille, de seigle, de caroubes, de fèves, etc., comme s'il en connaissait par l'analyse chimique la valeur nutritive ; ces diverses rations ne diffèrent pas sensiblement de celles que lui porte un bon garçon d'écurie.

La ration d'ingestion que prennent les carnivores est relativement petite, mais la ration alimentaire qu'ils en tirent est si abondante qu'ils se contentent ordinairement d'un repas par jour, au lieu que les herbivores sont obligés de manger plusieurs fois. Les carnivores utilisent leur nourriture en très grande partie, témoin leurs résidus excrémentiels si faibles en comparaison de ceux des herbivores.

On observe que les animaux omnivores prennent de chaque aliment ce qu'ils en peuvent consommer. Il suffit de considérer la quantité de légumes frais ou secs, de viande, d'œufs, etc., que prend l'homme, pour voir qu'il est guidé par une sorte d'intuition, fruit d'une expérience constante, de leur valeur nutritive par rapport aux dépenses de son organisme. Tandis qu'il recherche les légumes comme un ruminant, il est plus réservé à l'égard des viandes et des œufs ; ce qu'il en consomme est bien inférieur comme quantité à ce qu'il absorbe en fait de riz, de haricots, de pois chiches, de choux, de laitue.

En résumé, les expériences se sont si bien organisées dans les centres psychotrophiques que l'homme et le reste des animaux, à la vue d'un aliment, savent d'avance la ration qui leur convient, comme si sa valeur nutritive leur était déjà connue. Cette connaissance des valeurs nutritives, d'où vient-elle ? Elle ne vient pas de l'éducation ou d'un enseignement extérieur, mais de l'expérience interne. Ainsi ce n'est pas la mère qui mesure le lait à l'enfant ; c'est l'enfant qui se le mesure lui-même. Ce n'est point par convention qu'on mange la viande, les haricots, dans des proportions si différentes ; c'est le sujet qui de lui-même s'est fixé ces quantités, et il en a été toujours ainsi. C'est le mécanisme physiologique qui proportionne la ration aux besoins intérieurs. Par la répétition, les expériences se gravent dans les centres psychotrophiques sous forme de souvenirs; grâce à ces souvenirs, nous savons, à la vue d'un aliment, quelle quantité nous devons en prendre.

Cette organisation de souvenirs, vraie expression des besoins physiologiques, demeure inaltérée tant que les conditions du mouvement nutritif qui l'ont créée demeurent pareillement inaltérées. Ces conditions viennent-elles à changer? De nouvelles tendances jusque-là inconnues apparaissent; graduellement et insensiblement une faim nouvelle se fait sentir, de nouveaux aliments sont désirés; ou bien, par contre, on éprouve le besoin de renforcer la ration des aliments ordinaires dans des proportions qui auparavant auraient correspondu à une répugnance. Alors les nouvelles expériences commencent à s'organiser, les anciennes s'effacent, les goûts se transforment et l'on s'adapte à une nouvelle alimentation. Qu'on se rappelle en effet ce qui arrive à l'homme passant d'une région tropicale à un pays froid : il est comme désorienté, il ne sait pas ce qu'il doit manger, ni en quelle quantité; la nourriture du nouveau pays ne lui plaît pas, celle du pays qu'il a quitté ne lui plaît pas davantage, car elle ne répond plus à ses besoins actuels. Peu à peu une transaction se fait entre l'ancien régime et le nouveau; mais, faute d'expériences suffisantes sur la valeur nutritive des aliments, il demeure plus ou moins incertain sur le régime à adopter. Cette incertitude porte surtout sur le rythme de la faim. Cette faim réapparaissait dans son pays toutes les six heures, par exemple; maintenant elle réapparaît toutes les quatre heures : il n'y comprend rien. Ces troubles cesseront graduellement à mesure que se réorganiseront ses nouvelles expériences sur la valeur réelle des aliments nouveaux qu'il prend et sur leur adaptation à son état si profondément modifié. C'est ainsi qu'il se crée un appétit carnivore, un goût extraordinaire pour les graisses, tout comme dans son pays il s'était créé des habitudes frugales, végétariennes.

Il semble, au premier abord, que nous subordonnons notre régime alimentaire à certaines sensations que nous aimons provoquer. Si l'on va au fond des choses, on reconnaîtra que notre régime alimentaire doit avant tout répondre aux exigences du milieu interne. Aussi, quand ces exigences se modifient, les goûts se modifient également; il faut qu'ils se réadaptent à l'*impératif* physiologique interne qui s'impose d'une manière irrésistible. Cette réadaptation ne s'opère que lentement, étant le résultat d'une nouvelle réorganisation d'expériences trophiques.

Nous avons vu comment la privation d'un aliment donné réveille une faim spéciale pour cet aliment. Nous avons à voir maintenant comment le manque d'un aliment particulier dans le milieu interne amène le sujet à en limiter la ration, de façon à la proportionner à ce déficit. L'abstinence de sel, de protéines, d'eau, démontre d'une manière frappante la vérité de cette assertion. Quand le déficit de ces substances se prolonge, les mécanismes trophorégulateurs diminuent leur consommation : les tissus semblent devenir avares de l'eau qu'ils contiennent; le rein, producteur naturel de sel, n'en cède plus comme à l'ordinaire, afin d'éviter toute dépense inutile. Dans certains cas de diabète grave, la molécule protéique semble avoir l'intuition qu'elle doit conserver l'élément nitrogène; elle ne tire d'elle-même les hydrates de carbone que dans la mesure la plus parcimonieuse. C'est la raison profonde pour laquelle le besoin de protéines ou de sel n'augmente pas progressivement; il s'atténue bientôt et se manifeste d'une façon plus faible. Une soif de trois jours demande une ration d'eau bien supérieure à celle que demande une soif de douze jours; les noirs de l'intérieur africain n'éprouvent pas le même besoin de sel que nous, et quand la civilisation les aura façonnés à notre régime et aux conditions de notre existence, le besoin de sel sera chez eux tout autre qu'aujourd'hui; la faim de protéine chez celui qui s'est habitué à s'en abstenir partiellement est bien moins vive que chez celui qui est au régime de cette substance et qui en a contracté l'habitude. De tout cela tirons une conclusion : pour fixer la ration d'un produit donné, il ne faut pas (ce serait une erreur grossière) tenir compte seulement de la quantité dont l'organisme a été privé, il faut surtout tenir compte de l'énergie du mouvement nutritif; c'est cette énergie qui en réalité réveille la faim ou la soif. A mesure que faiblit l'échange entre la cellule et le milieu où elle vit, elle accuse plus faiblement son déficit; par conséquent l'excitation trophique provoque dans les centres supérieurs une sensation de faim ou de soif bien plus faible.

L'adaptation graduelle de la nutrition cellulaire à la pauvreté du milieu interne est le résultat d'une abstinence forcée; elle est aussi le résultat d'une débilitation fonctionnelle des centres psychotrophiques, occasionnée par un accident, ou par des troubles pathologiques. Ces deux causes disparaissent-elles? si grand que soit l'appauvrissement du milieu interne, ce n'est pas immédiatement qu'une faim dévorante se fait sentir; l'appétit ne renaît qu'au fur et à mesure de l'énergie que reprend le mouvement nutritif.

Que des préoccupations obsèdent l'esprit, que des peines morales nous accablent, les centres psychotrophiques s'arrêtent, les besoins du milieu interne ne provoquent pas le besoin de nourriture. Dans ces conditions, si l'on mange, l'on mange sans plaisir. Ce manque d'appétit, cette alimentation insuffisante affaiblissent l'organisme; celui-ci, devant vivre à ses propres dépens, pourra bientôt perdre plusieurs kilogrammes. Quand cet état d'inhibition centrale sera passé, réapparaît-t-il une faim proportionnée aux privations internes? Cela semble tout naturel, au premier abord; mais, en fait, il n'en est pas ainsi. Pourquoi? l'énergie du mouvement nutritif a baissé, les avidités chimiques des cellules se sont adaptées à la pauvreté de leur milieu. Malgré tout la vie palpite encore ; le sujet ne refuse pas tout aliment comme pendant la crise. Peu à peu, le milieu interne s'enrichit, les cellules reprennent une vigueur nouvelle, elles veulent rattraper le temps perdu : de là une faim dévorante qui ne cessera que lorsque l'organisme aura reconquis son état normal.

Les mêmes faits s'observent chez les individus soumis à un régime insuffisant; plus ou moins difficilement ils finissent par s'adapter à un tel régime. Mais le sort vient-il améliorer ce régime si dur? peu à peu leurs énergies nutritives se réveillent avec un appétit intense, qui durera jusqu'à ce que l'organisme se soit dédommagé de ses privations.

A la suite des maladies aiguës, une fois que sont calmés les troubles morbides qui endormaient pour ainsi dire l'activité des centres psycho-trophiques, un appétit apparaît, vague mais sensible; bientôt, à mesure qu'augmentent les énergies nutritives de cet organisme déprimé, la faim se fait sentir chaque jour plus forte, jusqu'à ce qu'elle touche son extrême limite. Comme la ration alimentaire versée dans le milieu interne est plus rapidement consommée qu'à l'ordinaire, on éprouve le besoin de multiplier les repas, besoin qui cessera lorsque, l'état normal étant rétabli, la faim aura repris son rythme accoutumé. Cette exaltation trophique a le même mécanisme, au fond, que l'exaltation trophique de ceux qui se sont faits à une abstinence partielle, et toutes les deux s'expliquent comme la faim qui se manifeste dans les périodes de croissance. Les enfants, on l'a déjà vu, mangent relativement beaucoup plus que les adultes, et ce phénomène s'accuse encore lors du développement qui caractérise l'âge de puberté.

C'est donc un fait général et qui ne souffre pas d'exception : en dehors des troubles secondaires de l'appétit, troubles dont nous ne parlerons pas ici, l'intensité de la faim, soit globale, soit spéciale, est en fonction de l'énergie du mouvement nutritif. Quand celui-ci conserve un cours sensiblement uniforme, rien au dehors ni au dedans ne venant le renforcer ni l'affaiblir, l'animal a toujours présente à la mémoire la ration exacte des divers aliments qu'il doit prendre, ration déterminée par l'automatisme, automatisme d'expériences accumulées. Qu'une cause extérieure, comme le froid, agisse sur le foyer organique, ces expériences lui servent peu ou point; il faudra des expériences nouvelles, qui apprendront à satisfaire des besoins nouveaux et qui construiront, forgeront, pour ainsi dire, un nouvel automatisme. Sous l'influence de ces nouveaux besoins, de ces nouvelles expériences, l'animal remarque, sans que sa volonté y soit pour rien, que ses goûts changent, qu'il prend des aliments d'une valeur thermogénique plus élevée, en quantités faibles d'abord, puis graduellement croissantes, jusqu'à ce que l'expérience lui en ait appris la mesure exacte. Tout le contraire arrive lorsque, au lieu du froid, c'est la chaleur qui vient modifier la nutrition; dans ce cas l'animal s'adapte peu à peu à un régime comportant bien moins de calories. Si la cause qui modifie le mouvement nutritif n'est plus extérieure, mais intérieure, c'est toujours de la nature du changement survenu que dépend l'évolution de l'appétit. Lorsque, soit à cause d'un trouble fonctionnel des centres psychotrophiques, soit à cause d'une abstinence partielle imposée, l'organisme ne reçoit plus les éléments restaurateurs nécessaires, la nutrition des cellules finit par s'adapter à la pénurie du milieu interne, l'intensité de la faim se proportionne, non plus à l'appauvrissement intérieur, mais à l'énergie actuelle du mouvement nutritif.

De tout cela il résulte que la richesse ou la pauvreté du milieu interne sont déterminées par la cellule; c'est en effet de la cellule que part toujours l'excitation qui, dans une sphère inférieure, met en jeu le réflexe trophique plus ou moins compliqué grâce auquel le milieu interne revient à son état normal; et c'est cette même excitation qui parvient à évoquer dans une sphère supérieure la sensation de faim dont le rôle est de pourvoir à la restauration quantitative et qualitative des pertes que l'organisme a éprouvées.

CHAPITRE IV

L'EXPÉRIENCE TROPHIQUE

Préhension des aliments. — La préhension et l'expérience dans les actes dits instinctifs. — La préhension primitive ou aveugle. — D'où résulte l'expérience trophique. — Nature de cette expérience. — Étude expérimentale du facteur interne. — Rythme de la faim. — Facteur externe de l'expérience trophique. — Différenciations externes consécutives à des différenciations trophiques préexistantes. — Recherche de la *présence de l'aliment*. — Comment se reforment les expériences trophiques. — Organisation de l'appétit. — La faim cellulaire et l'*appétit*. — Action que l'appétit exerce sur la sécrétion salivaire et gastrique. — Nature des « réflexes conditionnels ». — Réaction de défense de la sécrétion salivaire. — Le suc gastrique d'origine psychique. — Mécanisme de son adaptation aux aliments. — Fixation de la ration d'ingestion par la sensibilité gastrique. — L'extinction de la faim. — L'expérience trophique et l'unité fonctionnelle du sensorium.

L'organisme dénonce, au moyen de la sensibilité trophique qui se manifeste par des sensations de faim et de soif, l'absence des substances dont il a besoin. Si tout se terminait là, ces réactions sensorielles n'auraient aucun but, caractère distinctif du phénomène psychique.

Indubitablement, la soif est une sensation spécifique, comme la faim de telle ou telle autre substance déterminée; mais, entre l'apparition de ces sensations, ou besoins élémentaires, et la connaissance des corps qui peuvent rétablir la composition du milieu interne et les satisfaire, il existe un processus dont il est intéressant d'entreprendre l'étude.

L'observation nous apprend que l'animal, lorsqu'il vient au monde, est capable de certaines coordinations motrices par hérédité, qui sont intimement liées à certains stimulants trophiques.

Le nouveau-né exerce spontanément des mouvements de succion; il coordonne aussi les contractions musculaires, d'où résulte l'acte de la déglutition.

Le jeune oiseau ouvre le bec, quand il perçoit le contact des aliments que la sollicitude maternelle y dépose, et il les avale avec une facilité admirable.

Les petits chiens, et en général tous les mammifères, sous l'influence de stimulants trophiques, allongent le museau comme s'ils cherchaient quelque chose qui est en dehors de leur organisme, bien avant que leurs sens externes leur aient montré l'existence de ce quelque chose.

Comme l'observe avec justesse Helmholtz, l'animal qui vient de naître apporte avec lui des *tendances* antérieures à toute expérience personnelle.

Le besoin trophique existe avant tout rapport avec le monde extérieur, et c'est lui qui pousse l'animal à établir un commerce actif avec le milieu ambiant. A cet effet, l'animal utilise les sens, par lesquels s'accuse la présence de ce milieu; mais, si les sens n'existaient pas, cette impulsion se manifesterait de la même manière.

Le chien décérébré de Goltz mangeait et buvait comme lorsqu'il avait son cerveau; on a vu des ruminants présentant des lésions vastes et profondes de leurs masses encéphaliques, sans que pour cela le rythme de la faim et le mécanisme physiologique qui établit la préhension aient été dérangés chez eux.

Tout cela montre que la puissante force qui pousse l'organisme vers le monde extérieur ne provient pas, comme on le dit, des sens, mais de l'organisme même.

Cette prédisposition congénitale indépendante de toute impression externe ne rend pas le sujet apte à chercher ce qui lui manque, puisque ce qui lui manque ne se révèle à lui ni par l'odeur, ni par la saveur ni par la couleur; c'est un autre être vivant qui supplée à son inexpérience, mettant à sa portée les aliments dont il a besoin; ses pertes nutritives sont réparées et sa faim s'apaise momentanément.

En ne procédant pas à l'étude des processus psychophysiologiques d'après un point de vue génétique, ou selon l'ordre de leur succession, on commet de très graves erreurs, et les questions les plus claires s'obscurcissent.

Ainsi, on suppose que l'animal connaît intuitivement ce qui lui convient, on confond ce qui est le résultat de l'expérience avec la prédisposition innée à la préhension; questions qu'il convient d'éclaircir, au lieu de les expliquer en faisant survenir ce *Deus ex machina* que nous appelons instinct.

Les prédispositions phylogénétiques facilitent l'expérience individuelle de telle façon qu'il devient difficile, dans certains cas exceptionnels, d'expliquer certains phénomènes qui réellement paraissent innés; mais quand on résiste à la séduisante suggestion du merveilleux et qu'on examine froidement les faits, on ne tarde pas à découvrir que dans cette question, sans qu'il soit possible de tout expliquer, on peut éclaircir le mécanisme de bien des faits.

∴

On assure, par exemple, que les poussins, en naissant, connaissent les grains alimentaires. Or, je les ai observés, depuis le moment où ils commencent à piquer la coquille de l'œuf, jusqu'à celui où ils savent garder leur équilibre et marcher, et je me suis convaincu que ces mouvements résultent d'un apprentissage.

Le poussin pique la coquille de l'œuf, pique en l'air, pique le sol avec l'inconscience du nouveau-né qui exécute des mouvements de succion. Pendant ces premiers exercices, il ne distingue pas les grains de semoule, de blé ou de sable ; il ignore l'endroit où sont ces objets et il ne les reconnaît pas à leur forme, mais uniquement à leur couleur. En effet, on voit que de prime abord ils piquent au hasard, et se trompent souvent.

L'acte de piquer, au lieu d'être inné, suppose un apprentissage préalable, très laborieux, de l'appréciation des distances. L'observateur, sur ce point, risque de croire que ces mouvements, primitivement non adaptés à leur objet, sont orientés par l'image visuelle, qu'il se figure dans ces premières périodes de la vie localisée au dehors comme elle le sera plus tard, tandis qu'en observant consciencieusement, il est relativement facile de se persuader que ce sont ces mouvements, ajoutés à la conscience des contractions des muscles moteurs de l'œil, et du muscle ciliaire réglant la convexité du cristallin, qui projettent l'image rétinienne à l'endroit de l'espace où elle est localisée.

Dans les premières étapes de sa vie, le poussin semble aveugle, il commence à se rendre compte que ses images visuelles correspondent à des choses externes ; à mesure qu'au moyen de ses mouvements il apprend que ces choses calment sa faim, il tend à localiser les images rétiniennes à l'endroit qu'occupent ces choses.

Si l'on dépose le poussin, à sa sortie de l'œuf, sur un sol bleu ou rouge, où l'on aura éparpillé de petits grains de semoule, on remarquera qu'il commence par piquer indistinctement les grains et le sol ; mais il ne tarde pas cependant à projeter les images qui correspondent aux corps, et à diriger ses mouvements vers le lieu qu'ils occupent.

Si, dans ces conditions, on transporte l'animal sur un plan jaune-gris, de même couleur que la semoule, on observe qu'il n'en reconnaît plus les grains, et qu'il se remet à piquer au hasard, comme s'il lui manquait la vision du relief ; mais bientôt les stimulants trophiques le poussent à fixer son attention sur ces particules qu'il voit détachées sur un fond que peu de temps avant, quand il se guidait uniquement par la couleur, il n'arrivait pas à discerner.

Si l'on mélange alors les grains de semoule à des grains de riz ou de blé, le poussin se dirige électivement vers les premiers, comme s'il avait acquis par l'expérience la notion que ce sont les premiers et non les seconds qui sont véritablement alimentaires, et cette opération de nature intellectuelle est celle qui lui apprendra que les seconds le sont aussi.

On peut faire, sur ce point, des expériences nombreuses et variées, et de toutes on peut tirer la conclusion que ce n'est pas par une connaissance innée ou instinctive que les substances alimentaires sont reconnues, mais à la suite d'un apprentissage; en outre, il est très douteux que les animaux naissent doués de la vue, c'est-à-dire qu'ils projettent les images rétiniennes, puisque tout tend à démontrer que, tant qu'ils ne savent pas se mouvoir avec coordination et d'une manière adaptée à un but, ils se comportent comme s'ils étaient aveugles, malgré l'impressionnabilité de leur rétine.

Les adversaires de la géniale intuition de Berkeley relative à la nature de la perception visuelle, qui assuraient que les poussins nouveau-nés saisissent les mouches au vol, n'avaient sûrement pas observé que ces animaux ne naissent pas même, comme certains autres, avec le sens de l'équilibre préformé, condition de la possibilité du mouvement volontaire.

J'ai assisté à la naissance de veaux et de chevreaux, et jamais je n'ai pu constater qu'il connussent instinctivement la mamelle de la mère, comme on l'a assuré.

La mère, après les avoir mis au monde, les lèche assidûment et tendrement, pendant quinze ou vingt minutes; pendant cette opération ils se dégourdissent, et il semble qu'ils centrent leur équilibre; et à la fin, ils tâtonnent en l'air avec leur museau.

Ce n'est pas une image visuelle qui les oriente; ce mouvement spontané est fixé par l'impression tactile, car dans l'obscurité ils se comportent de la même manière qu'à la lumière. S'ils se trouvent en contact avec la mamelle, ils la saisissent sans que rien nous indique qu'ils connaissent le tétin; mais comme l'impulsion trophique qui stimule ces mouvements n'est pas satisfaite, tant qu'ils ne réussissent pas à trouver la source nutritive, il se développe une tendance au tâtonnement. Les mouvements de la mère facilitent la solution, et quelquefois il faut les aider.

La préhension du tétin effectuée, le mouvement se fixe et la déglutition se produit comme si l'impulsion motrice, qui incite la première, s'adaptait au but, et qu'après elle doive survenir celle qui actionne les muscles déterminant la seconde; mouvements consécutifs, qui semblent précoordonnés d'avance par les stimulants trophiques.

Par contraste avec les veaux et les chevreaux, qui ouvrent les yeux peu après leur naissance, les jeunes chiens ne les ouvrent qu'après une ou deux semaines; d'autre part, la préhension et la déglutition sont chez eux les mêmes que chez les premiers.

Au début, ils ne connaissent pas la forme du tétin; si l'on substitue un coussin à la mamelle, ils y enfoncent le museau désespérément, avec une insistance qui montre qu'ils ne se rendent pas compte, par le contact, de ce que c'est un objet différent; il n'y a qu'une chose dont ils ont nettement conscience : c'est que la déglutition ne se produit point, puisqu'ils ne fixent pas leur mouvement.

Quand nous examinons de près ces actes instinctifs, nous découvrons une impulsion organique ou purement physiologique antérieure à toute expérience venue de l'extérieur, qui incite à la préhension et à la déglutition; c'est comme une prédisposition des noyaux de certains neurones qui réagissent sous l'effet de certains stimulants trophiques; de plus, cet acte primitif ne doit pas être confondu avec la connaissance de l'aliment, puisque l'animal commence par ingérer, comme le chien décérébré et comme le ruminant qui a perdu ses centres psychiques : sans se rendre compte que ce qu'il ingère réside en dehors de son propre organisme. Cette connaissance viendra seulement après ces actes purement machinaux. Ceux qui affirment autre chose, et qui admettent que ces premières connaissances sont dues à une intuition innée, sont victimes d'une illusion qu'il convient d'exposer. Quand l'observateur voit l'enfant exécuter délicatement des mouvements de succion, le veau et le petit chien allonger le museau comme s'ils cherchaient quelque chose dont ils auraient l'intuition, et le jeune oiseau ouvrir anxieusement le bec, comme si, déjà, il savait qu'il doit recevoir l'aliment que l'organisme réclame, il se trompe manifestement en croyant que ces animaux prévoient les impressions tactiles qui doivent survenir dans le domaine du tact, du goût, de la sensibilité thermique, tels qu'ils les exerceront plus tard. Mais comme le tétin n'a jamais produit aucune impression de saveur, d'odeur, de chaleur ou de froid, il est clair que ces mouvements s'exécutent sans que la conscience en ait la prévision. D'un autre côté, il serait nécessaire d'admettre que le sujet connaît les impressions externes avant que, par des terminaisons tactiles, la forme extérieure du tétin se soit accusée, et avant que, par les nerfs olfactifs et gustatifs, se soient accusées des sensations qui ne peuvent être éveillées que par une impression venue du dehors. Une semblable pré-intuition n'existe pas, et ne peut exister; son énoncé même constitue une absurdité.

Au moment où le psychisme trophique s'ouvre à la vie de relation, le sujet ne prévoit pas le phénomène nouveau que vont accuser les nerfs sensoriels; tout est admirablement prédisposé pour sa réception, mais cette prédisposition ne constitue qu'un des facteurs d'où doit résulter l'expérience; celle-ci n'est complète que lorsque c'est l'impulsion qui meut la préhension; mais les connaissances qui résultent de cette préhension résultent de l'expérience, et non d'intuitions originelles.

Nous ne pouvons concevoir non plus l'impulsion qui meut la préhension comme spontanée, mais comme éveillée par les sensations trophiques qui accusent à la conscience les déficits de la substance des éléments cellulaires.

Nous avons déjà parlé de la nature spécifique de ces sensations.

Indubitablement, le besoin de sel, de protéines ou d'hydrates de carbone, comme le besoin d'eau, est déterminé par des excitations organiques; et, bien que nous ne puissions dire que ces excitations différenciées soient conduites jusqu'au noyau récepteur des centres supérieurs par des nerfs spéciaux, comme nous le disions des excitations extérieures, il est certain, pourtant, que les impulsions qu'elles éveillent dans la conscience sont distinctes les unes des autres; en effet il doit y avoir dans la soif quelque chose de particulier qui nous pousse à absorber de l'eau, et rien que de l'eau; et quelque chose de spécial dans la faim de sel ou de protéines, qui nous pousse à ingérer de préférence les substances capables de fournir au milieu interne ce qui lui convient le mieux.

Physiologiquement, nous devons concevoir les centres psychotrophiques comme répondant aux excitations périphériques qu'ils reçoivent; le mécanisme de leur conduction n'est pas déterminé.

De même qu'on ne peut concevoir l'activité des centres de la sensibilité extérieure, si elle n'est pas liée à l'action périphérique qui la produit, de même on ne peut concevoir les fonctions des centres psycho-trophiques autrement que comme le reflet des actions excitatrices que la nutrition exerce sur elles.

Introspectivement, il est difficile d'imaginer que la soif ou la faim de sel soit indépendante de l'ensemble des images extérieures d'après lesquelles nous nous la représentons, puisque l'introspection accuse l'ensemble des expériences simples ou complexes, et non les éléments isolés dont elles résultent; mais il est évident que l'état de faim existe avant la connaissance des images par lesquelles nous nous représentons les corps qui servent à satisfaire cette faim.

D'autre part, on constate expérimentalement qu'en procédant à l'ablation des centres de la sensibilité extérieure, on n'altère pas l'intégrité fonctionnelle des centres psycho-trophiques, et on n'altère pas non plus le rythme de la faim.

Donc, le sentiment des substances qui manquent à l'organisme est antérieur à toute expérience extérieure, et nous pourrions ajouter qu'il constitue la condition déterminante des expériences qui se produisent au début de la vie.

Psychologiquement, on peut affirmer ou concrétiser la signification du mot *faim* en disant que c'est *la conscience de l'absence des substances en lesquelles le métabolisme nutritif a appauvri l'organisme.*

Avec son apparition s'éveillent des tendances au mouvement, comme si les centres psycho-trophiques étaient intimement liés aux psycho-moteurs, et que les incitations initiales qui réveillent leur activité partaient d'eux.

Ainsi, nous observons que, chez le nouveau-né, chez le jeune chien, chez tous les vertébrés, le stimulant véritablement central qui incite au mouvement procède de la faim; c'est comme une force qui les pousse vers le monde extérieur, avec le dessein manifeste de se l'assimiler.

Cette force irrésistible commence par être aveugle.

Le nouveau-né, comme le jeune chien, va vers l'extérieur, avec l'inconscience de celui qui ne connaît pas encore les corps qui lui profiteront, et qui calmeront ses besoins de nourriture.

Le premier suce avec la même avidité le bout du doigt que l'on insinue entre ses lèvres, et le tétin maternel; le second enfonce avec la même ardeur son museau affamé dans le coussin qu'on lui présente et dans la mamelle. L'un et l'autre ignorent qu'ils doivent trouver quelque chose qui les calme, car ils n'ont pas la moindre idée de ce qu'est l'aliment. Le veau, quand il saisit la mamelle, ignore qu'elle contient un liquide qui doit le nourrir ; le jeune oiseau qui ouvre le bec ignore aussi, quand il avale, ce que la mère y dépose, et ne sait pas qu'ainsi sa faim sera calmée.

Pour arriver à connaître ce qui doit arriver après ces opérations dont le sujet ignore le but, il est nécessaire que ces effets se manifestent à la conscience ; et pour arriver à savoir que la cause de ces effets est la même chose qui détermine une excitation tactile sur les lèvres et la langue, une excitation gustative sur la bouche, une excitation olfactive sur les narines, une impression tactile en certaines régions de la peau et de ses muqueuses, il est nécessaire qu'il préétablisse une connexion centrale entre les délicits qui s'accusent dans ses centres psycho-trophiques et les images que l'action du monde extérieur éveille dans les centres de la sensibilité extérieure ; alors seulement il arrive à savoir qu'il ne pourra satisfaire sa faim sans voir reparaître certaines impressions déterminées, olfactives, gustatives, ou thermiques, et il commencera à avoir l'idée de ce qu'est un aliment.

Par l'action isolée de la sensibilité trophique, le sujet ne saurait jamais qu'il y a dans le monde des choses extérieures capables de satisfaire le besoin de l'organisme ; et il n'arriverait pas non plus à savoir que ce qui impressionne ses sens, sous une forme donnée, contient quelque chose qui les complète ; pour que cette induction puisse être formulée dans l'intelligence, il est nécessaire qu'il s'établisse une relation intérieure entre les indices sensoriels accusés, d'un côté par la sensibilité trophique, de l'autre par les centres de la sensibilité extérieure.

Cette induction primordiale, la plus importante de la vie psychique, est ce qui constitue, dans ses termes les plus généraux, ce que nous désignons du nom d'*expérience trophique*, expérience au moyen de laquelle nous savons quels sont les corps qui, transportés du monde extérieur dans l'organisme, remédient à tel déficit substantiel et non à tel autre.

L'homme, ainsi que les animaux, sait qu'il y a des corps qui sont nutritifs.

Il est clair que jamais on ne pourra attribuer cette qualité à un corps, si la conscience n'a pas appris à le connaître par les sens; mais il est clair aussi que les indices en vertu desquels on connaît le [besoin trophique que satisfait un aliment donné, ne sont pas fournis par les sens.

Le carnivore qui s'assigne sa ration de viande et abandonne le restant ou le garde pour une autre fois, procède comme s'il connaissait la quantité d'aliments qu'il doit ingérer, bien avant que cette quantité soit assimilée par le milieu interne; cette connaissance naît de souvenirs antérieurs; et, quoiqu'il soit certain qu'ils sont évoqués par une excitation périphérique, quand il ingère 200 grammes de viande, par exemple, il procède comme s'il savait déjà que de cette quantité doit sortir une ration alimentaire suffisante à compenser les pertes qu'il a souffertes, longtemps avant qu'il ne les compense.

Les enfants, qui pour souper, mangent des bettes, augmentent en prévision la ration de pain, procédant comme s'ils savaient déjà que les bettes ne peuvent fournir la ration de protéines et d'hydrates de carbone que l'économie exige; et pourtant, les bettes comme le pain n'entreront dans le milieu interne que longtemps après le repas.

L'altéré qui satisfait sa soif ne la satisfait pas pour arrêter l'excitation périphérique qui éveille la sensation de soif dans la conscience, car l'eau absorbée ne passe pas immédiatement dans le milieu interne.

Ainsi l'animal, lorsqu'il ingère un aliment, sait par des souvenirs et des expériences antérieures quel genre de besoin trophique il satisfait et quelle ration alimentaire il fournit.

Des deux facteurs intégraux de l'expérience trophique, nous devons commencer par l'étude du facteur interne. Il nous suffira, pour y arriver, de fournir au sujet un aliment qu'il croit identique à celui auquel il est habitué, et qui cependant ne le soit pas, pour voir son coefficient nutritif diminuer ou augmenter; ensuite, en observant expérimentalement comment la conscience trophique aperçoit la différence, nous nous mettrons à même de comprendre le mécanisme qui forme ces connaissances.

Supposons que, pour l'enfant, on ait fixé à 10 grammes la quantité de lait qu'il doit ingérer pour apaiser sa faim pendant trois heures de sommeil ou d'abandon aux effets de l'euphorie physiologique. Si l'on étend ce lait d'un égal volume d'eau, les sels minéraux, la caséine, la lactose et les globules de graisse fournissent à l'organisme, sous une même unité de volume, la moitié des coefficients alimentaires qu'ils fournissaient auparavant.

En supposant que le sujet ne s'aperçoive pas de la différence des deux laits, par le goût ou par le tact, ou par n'importe quelle autre impression sensorielle, étant donné le peu d'acuité qu'atteignent à cette époque ses sens, il s'assignera la même ration qu'auparavant, en se guidant sur les expériences précédentes.

Pendant que ce lait se transforme sous l'influence de la digestion gastrique, duodénale et intestinale, les rations qu'il avait ingérées antérieurement fournissent les matériaux réparateurs dont il a besoin, comme la circulation placentaire les lui fournissait dans la vie intra-utérine. Mais il arrive un moment où la dernière ration est utilisée par l'absorption intestinale; et comme elle fournit uniquement la moitié des principes fixes fournis par les rations antérieures, il est naturel que le milieu interne accuse dans la conscience le déficit de ces produits, avant le moment où il le faisait ordinairement, puisque la dépense est la même.

La faim réapparaît alors, dans un laps de temps plus court.

Il est clair que ce rythme n'est pas réductible à des périodes fixes, puisque le phénomène physiologique qui le détermine est assez complexe pour ne pas présenter de variations; quoi qu'il en soit, il suffit de pouvoir établir que le rythme de la faim s'abrège, pour comprendre comment et pourquoi se fixe dans la conscience la valeur du coefficient nutritif du lait étendu d'eau.

L'expérience que nous venons de décrire n'est pas une invention : c'est un fait connu de tout le monde, qu'expérimentalement nous pouvons provoquer à notre gré, et toutes les fois que nous voudrons.

Par elle, le sujet procède comme s'il connaissait un phénomène externe, l'appauvrissement du lait en principes fixes, sans qu'il ait eu besoin de recourir aux sens; car, même à supposer qu'il n'en eût pas, le phénomène s'accuserait de la même manière; mais alors on ignorerait quelle chose du monde extérieur détermine ces effets.

Par là on voit que la sensibilité trophique, indépendamment des sensations externes, fournit un des éléments intégraux de connaissance de l'expérience trophique.

En supposant que la mère ne vienne pas en aide à l'enfant après les trois heures, selon l'habitude établie, quand celui-ci accuse le déficit nutritif du lait étendu d'eau, la faim de l'enfant croîtra progressivement; et, lorsque viendra le moment de la tétée, il s'assignera une ration bien supérieure à celle qu'il s'assignait auparavant. La mère s'étonnera de l'étrangeté du fait, parce qu'elle ne sait pas ce que sait l'enfant : la modification chimique intervenue dans la composition de son lait.

Procédons maintenant à l'expérience inverse : augmentons, sous une même unité de volume, le coefficient nutritif du lait, et imaginons que cette modification ne soit pas perçue par le tact inexpérimenté, qui ne constate pas l'augmentation de densité, et par le goût également inexpérimenté, qui n'accuse pas une saveur plus forte. Dans ces conditions, le sujet, ignorant qu'il a besoin d'une quantité moindre, s'assigne la ration à laquelle il était habitué. Comme ses forces digestives s'adaptent à cette plus grande richesse chimique du produit, lorsque vient l'heure à laquelle cet aliment fournit au milieu interne la ration alimentaire nécessaire, la dépense étant égale, il peut suffire pendant un laps de temps plus long à réparer les pertes, et le rythme de la faim se ralentit pour des raisons identiques à celles qui, avant, l'accéléraient. De la répétition de ces actes naîtra une habitude dans la sensibilité trophique, et le sujet s'assignera la ration qui correspond à la richesse chimique de ce lait, opérant avec lui d'une manière tout autre qu'avec le lait étendu d'eau. D'une façon et de l'autre il connaît la valeur alimentaire, non par les effets qu'ils déterminent actuellement dans l'organisme, mais par ceux qu'ils ont déterminés dans des expériences antérieures; et, bien avant que ces faits aient lieu, le sujet procède déjà comme s'il les connaissait, ayant, avec le souvenir, la prévision de ce qui doit arriver.

Les premières fois que les enfants d'une famille pauvre se rassasient de bettes, ils ne sont pas poussés à y joindre de l'huile ou du pain, car ils ignorent qu'elles ne donnent pas par elles-mêmes des substances qui peuvent satisfaire au besoin de graisse et d'albumine; mais, comme l'excitation cellulaire éveille dans la conscience le sentiment de leur absence, cette force, initialement trophique, les pousse à essayer ce qui peut le satisfaire; et si elle réussit, soit par l'enseignement d'autrui, soit par tâtonnement avec l'huile et le pain, ou avec d'autres corps qui produisent les mêmes effets, cette expérience laisse dans la mémoire de l'enfant une trace d'autant plus vive et plus nette qu'elle se montre plus souvent. Dans ces nouvelles conditions, les sujets se trouvent dans la même situation que l'enfant quand il fixe la ration qui correspond au lait pur et celle qui correspond au lait étendu d'eau. L'excitation périphérique n'évoque plus, comme avant, une sensation indéfinie ou globale, mais le souvenir du coefficient des bettes, du pain et de la graisse, et, pour ce motif, associe ces trois produits, fixant comme il peut la ration qui correspond à chacun d'eux.

De même, un cheval habitué au pâturage connaît parfaitement la quantité qu'il doit s'assigner pour ingérer la ration alimentaire dont il a besoin; mais, s'il s'habitue à l'avoine ou aux caroubes, bientôt il se fixera la ration alimentaire qui correspond à l'un ou à l'autre produit. Le jour où il va au pâturage, il passe de longues heures à manger, tandis que le jour où il se trouve à l'écurie avec abondante ration d'avoine ou de caroubes, il abrège la ration, de façon à calmer sa faim bien plus tôt.

Dans toutes ces expériences, que nous pourrions facilement multiplier à l'infini, nous constatons que l'ingestion se règle par les expériences acquises, c'est-à-dire par les souvenirs. Ce qui réveille ces souvenirs, c'est toujours l'excitation périphérique, et par cela même l'intensité avec laquelle ils apparaissent est réglée par elle.

Ainsi, nous voyons que l'enfant commence par s'assigner la même quantité de lait étendu que de lait pur, croyant qu'il se fournit la même ration alimentaire; mais quand vient le moment de l'utiliser, l'excitation cellulaire l'avertit que cette idée est fausse, et accuse le défaut de produits réparateurs, qui va toujours croissant.

Puisqu'il ne connaît pas d'autre aliment, il tend à l'ingérer de telle sorte qu'il augmente en quantité ce qui s'est perdu en qualité; et dans cette période d'essais d'où naît l'expérience, il ne réussit pas à déterminer quelle quantité doit être envoyée à l'estomac pour que, au moment d'être utilisée par la nutrition, elle fournisse la ration alimentaire que l'organisme demande. Pendant que cette expérience s'établit, le rythme de la faim est profondément troublé, l'enfant commence par augmenter la ration d'ingestion; par cette augmentation, il retarde quelque peu la réapparition de la sensation de faim; avec ces tâtonnements successifs, il arrive un moment où l'excitation cellulaire réapparaît toutes les deux heures, par exemple; ce rythme périphérique fixe le souvenir, et lorsqu'il le réveille avec une intensité donnée, l'excitation pousse le sujet à ingérer une quantité fixe de lait.

Ce souvenir, si nous l'envisageons bien, n'est physiologiquement que le sentiment ou la connaissance du coefficient nutritif du lait, puisqu'il permet de savoir que la quantité envoyée à l'estomac au moment A fournira au milieu interne une ration alimentaire suffisante pendant deux heures à partir du moment B.

Par un procédé identique on acquiert la connaissance du coefficient nutritif qui correspond à un lait plus riche en principes fixes. Quand ces connaissances n'existent pas, n'ayant pas été fixées par l'excitation cellulaire, cette excitation réveille également l'activité des centres psychotrophiques en évoquant le sentiment spécifique de besoins qu'on ne sait comment satisfaire. Tel est le cas de l'enfant qui est privé de bettes; la faim spéciale de graisse et de protéines subsiste; et si l'on arrive à savoir que seuls les corps qui contiennent ces substances peuvent satisfaire cette faim, il est nécessaire qu'on les essaye; c'est seulement alors que les éléments vivants accuseront leur présence, établissant une succession intime entre cette admission et l'extinction de l'excitation périphérique qui réveillait la faim. Pour que cela ait lieu, il faut que ces produits pénètrent dans le milieu interne en quantité donnée, fixée d'avance par l'énergie des transformations nutritives; si cette quantité est faible ou insuffisante, l'excitation cellulaire persiste.

Il faut par conséquent, augmenter, l'ingestion, pour que l'afflux de la ration alimentaire au milieu interne augmente à son tour; de là le tâtonnement dans la ration d'ingestion, jusqu'à ce que le sujet ait réussi, avec l'une d'elles, à faire cesser la sensation de faim. La substance ingérée en dix, quinze, vingt minutes, après les mille transformations par où elle passe, soit dans le tube digestif, soit dans les tissus, va réparer les pertes du milieu interne, très lentement, en beaucoup plus de temps que pour l'ingestion; par suite de l'épuisement des principes qui composent la ration alimentaire, ce transport prend fin : et ainsi au bout d'un certain temps la faim réapparaît.

Dans des conditions normales, il est naturel qu'une même ingestion fournisse une même ration alimentaire ; à égalité de conditions physiologiques, il est naturel, aussi, qu'une même ration alimentaire soit épuisée dans le même temps que la ration antérieure ; par suite, on comprend que la faim réapparaisse avec un certain rythme ou à des intervalles fixes, égaux entre eux, et qui ne varieront pas ; il en est de même, d'une part pour les conditions du mouvement nutritif, d'autre part pour les conditions de l'ingestion.

Ainsi donc, il existe un mécanisme physiologique qui détermine d'avance les phénomènes produisant dans la conscience la sensation de la faim.

L'animal, lorsqu'il ingère les aliments, est mû par une impulsion aussi aveugle que violente, et il commence par ignorer que ce sont des aliments ; à mesure qu'il éprouve leurs effets il leur reconnaît une vertu qu'il ne connaissait pas auparavant.

Il ne sait pas à quels besoins trophiques correspond leur composition chimique ; mais, comme le besoin qui n'est pas satisfait continue à se faire sentir douloureusement dans la conscience, il n'a de repos qu'il ne l'ait calmé.

C'est par ce mécanisme qu'il arrive à se rendre compte des propriétés nutritives de l'eau, du sel, du pain, de la viande, du lait, etc.

Il continue ainsi, ignorant encore dans quelle mesure il satisfait ces besoins, et il est nécessaire que cette connaissance lui soit fournie par des sensations. De certains corps comme le sel, dont une minime quantité satisfait le besoin créé par leur absence dans le sensorium trophique, il s'assigne une ration très petite ; au contraire il s'assigne une ration considérable des corps qui, comme l'eau, n'apaisent la soif qu'après une abondante ingestion : il fait même avec les graisses, les hydrates de carbone et les protéines.

En réalité, dans l'élaboration de toutes ces expériences, *le sujet n'est pas actif*; elles se gravent dans le sensorium trophique par l'action périphérique, de la même manière que l'image lumineuse se forme sur la rétine sous l'action d'un agent extérieur. De cette manière, l'animal connaît la qualité alimentaire des corps qu'il ingère, sans se rendre compte du mécanisme physiologique qui le lui a suggéré ; il connaît de même le coefficient de cette qualité, d'après lequel il règle sa ration d'ingestion; tout lui est imposé par l'excitation cellulaire.

De toutes ces expériences organisées dans les centres psychotrophiques, se dégage une connaissance fondamentale, et une croyance que rien ne peut déraciner de l'esprit : c'est que les corps alimentaires possèdent quelque chose qui n'est pas connu des sens externes, car seule la sensibilité trophique les accuse dans la conscience.

Les différenciations trophiques dont nous parlons correspondent à des différenciations externes.

Quand nous avons défini l'expérience trophique, nous avons dit qu'elle se compose de deux éléments essentiels : l'un, interne, par lequel on connaît la qualité de l'aliment, ou bien le besoin qu'il satisfait; l'autre, externe, par lequel on sait quel est l'aliment qui contient, immédiatement ou virtuellement, la substance qui, sous une forme ou une autre, doit pénétrer dans le milieu interne. Si l'enfant était privé de sens, l'ingestion de lait étendu ou de lait très riche en principes fixes produirait sur lui les mêmes effets qu'elle produit actuellement sur lui; mais il ne lui serait pas possible d'apprécier quel est l'un ou quel est l'autre. L'herbe, l'avoine, les caroubes, fixeraient dans le sensorium trophique du cheval les mêmes valeurs qu'actuellement; mais, comme il serait privé des impressions sensorielles externes, il lui serait impossible de discerner à quels corps elles correspondent.

Ce fait établi, un nouveau problème se présente : comment les différenciations trophiques correspondent-elles à certaines différenciations sensorielles? Comment nous représentons-nous le corps alimentaire?

Sur ce point, nous ne pouvons aborder la question sans avoir à lutter contre un préjugé profondément enraciné.

La croyance traditionnelle est que les fonctions des sens naissent *préformées* et que, par conséquent, les actions de voir, de sentir, de toucher, d'entendre et de goûter sont des actes naturels, immédiats, spontanés, qui représentent directement dans la conscience l'action externe. Contre cette assertion *nativiste* s'est levée l'école *génétique*, qui soutient, principalement pour le tact et la vision, que les sensations ne naissent pas spontanément excentriques, mais que cette excentricité résulte de processus psycho-moteurs qui s'associent à elles.

Ne voulant pas toucher, pour le moment, à cette question amplement étudiée ailleurs, je me bornerai à faire constater que, devant l'observation expérimentale, on ne peut soutenir sérieusement que les fonctions sensorielles naissent préformées; bien au contraire, les faits nous montrent avec une éloquence incontestable qu'elles sont formées lentement par le travail de l'expérience.

Si l'on prend les faits tels qu'ils sont, et non tels que les interprète une tradition séculaire, il est indiscutable qu'on n'est pas dès la naissance doué des cinq sens; il existe dans la vie une période lointaine pendant laquelle les impressions variées que reçoivent la rétine et tous les nerfs sensoriels, bien que pouvant être différenciées les unes des autres, ne sont pas réellement différenciées. Ainsi, nous observons que l'enfant a des yeux et ne voit pas, des oreilles et n'entend pas, un goût et un odorat et ne sait encore distinguer les différentes impressions que ces sens accusent.

Ce travail de différenciation résulte d'un lent apprentissage. Dans les premières époques de la vie, le stimulant le plus puissant qui pousse à différencier les impressions que les sens reçoivent, est de nature trophique. On suppose que la vie psychique commence avec le développement des sens, et que c'est une action extérieure qui la réveille.

Rien de plus faux que cette supposition dogmatique.

Avant que la lumière impressionne la rétine, le parfum les muqueuses des fosses nasales, l'onde sonore l'organe de Corti, il préexiste dans le sensorium, différenciées par la sensibilité trophique, des tendances définies qui le poussent aveuglément à la préhension de quelque chose qui lui manque. Dans ces périodes primitives, l'animal et l'enfant sont mus vers le monde extérieur par des ressorts qui partent du fond de leur organisme; et, parmi les nombreuses impressions qu'ils reçoivent, les différenciations qu'ils fixent sont uniquement celles qu'ils peuvent utiliser comme moyens de reconnaître la présence de ce qui calme leur faim; les autres ne les intéressent pas et sommeillent dans les centres qui les reçoivent.

Sans avoir recours à des suppositions dogmatiques, et en nous attachant à la stricte observation, étudions comment à une différenciation trophique correspond une différenciation sensorielle qui permet au sujet de reconnaître la présence de ce qui calme sa faim.

Pour y arriver, il nous suffira de décrire les faits tels qu'ils se développent devant l'observateur attentif, après nous être délivrés du joug des préjugés qui nous poussent à voir les phénomènes autrement qu'ils sont.

L'enfant qui commence par s'assigner la même quantité de lait étendu que de lait pur, est bientôt averti, par la sensibilité trophique, de l'erreur commise. Tant qu'il n'en connaîtra pas d'autre, il tâchera de suppléer au défaut alimentaire en augmentant la ration; mais le jour où il en connaîtra un meilleur, il le préférera.

Comment arrivera-t-il à le connaître?

Voilà le problème qu'on doit résoudre.

Pour le résoudre, procédons expérimentalement. A cet effet, supposons que le lait étendu provient de sa mère A et le lait pur d'une voisine B, qui donne journellement deux tétées. A est habillée de blanc; B de rouge; mais les impressions rétiniennes que les deux femmes produisent sur lui ne l'ont pas encore amené à différencier l'une de l'autre. Dans cette situation, il ingère plusieurs fois dans la journée, et pendant que deux tétées ralentissent le rythme de la faim, les autres l'activent.

C'est de différenciations trophiques de ce genre que provient le stimulant interne; elles poussent à différencier deux impressions optiques qui jusqu'alors s'étaient manifestées devant ses yeux sans qu'il y fît attention. A mesure que par la répétition des actes s'établit une connexion interneuronienne entre la différenciation trophique qui correspond à B et l'impression de la couleur rouge, et à mesure que s'établit de la même manière une connexion entre la différenciation du coefficient nutritif et la couleur blanche qui correspond à A, il se détachera de plus en plus clairement, dans cette intelligence naissante, la connaissance de l'objet qui doit le mieux calmer sa faim, puisqu'il peut se le représenter au moyen d'une image sensorielle. Tant que cet élément représentatif lui manquait, il devait attendre que la sensibilité trophique accusât les effets des deux aliments; mais il a suffi qu'il considérât l'impression optique comme un signal de ces effets, pour qu'il pusse différencier le bon lait du mauvais lait. Ostensiblement il montre qu'il possède cette connaissance, car il est joyeux de la présence de B, et montre de l'aversion pour la couleur de A, signe de ce qui ne le satisfait pas. Comme on le voit donc, le mobile de cette différenciation est essentiellement trophique; d'autres couleurs ont affecté sa rétine, avec plus de persistance que celles-là : la couleur de la tenture, celle des murs, par exemple, sans que ces excitations externes l'aient induit à une différenciation claire et définie; car, comme il n'avait aucun intérêt à cela, elles brillaient à ses yeux, mais le laissaient indifférent.

De même que nous montrons comment le sujet arrivait à distinguer A et B d'après deux couleurs, de même nous pouvons montrer qu'on peut les distinguer au moyen de deux sons : il suffit, pour cela, d'imaginer que A chausse des souliers de caoutchouc, et B des galoches. L'impression tactile ou thermique que produit l'une ou l'autre femme, l'odeur qu'elles dégagent, la saveur de l'un ou de l'autre lait, fourniront au sujet un ensemble d'images qu'il n'étudie pas, n'analyse pas ; il les accepte telles qu'elles lui viennent, imposées par l'action extérieure, comme moyens indicateurs de la présence d'un aliment ou d'un autre.

On peut aussi prendre comme indices de leur présence des images qui ne correspondent pas à l'objet porteur de l'aliment. Ainsi, la clochette qui annonce la venue de la voisine, indique à l'enfant la présence de ce qui l'alimente ; et il suffit que les deux tétées soient données toujours à une même heure de la journée pour que, par une simple estimation du temps passé, notre sujet arrive déjà à acquérir la conscience relative du moment où apparaîtra l'aliment qui calme sa faim, en se signalant au moyen d'une somme d'impressions sensorielles que le sujet attend impatiemment.

Imaginons maintenant que le lait ingéré, au lieu d'être un aliment complet, soit dépourvu d'un de ses composants : le lactose, par exemple. Toutes les pertes de la nutrition sont réparées, à l'exception de celles qui correspondent aux hydrates de carbone ; et comme la faim de ce produit subsiste, de là la vive impulsion à la satisfaire.

Si nous supposons que l'enfant connaisse une autre personne qui lui fournisse un bon lait de temps en temps, il est naturel que, par la répétition des mêmes actes, il arrive à fixer une différenciation entre celui-ci et la personne porteuse du mauvais lait. Cette différenciation se rapporte d'ordinaire à un ensemble d'impressions optiques, acoustiques, tactiles, olfactives, au moyen desquelles se découvre la présence de l'une ou de l'autre personne ; étudions cependant le cas où cette différenciation se rapporte au goût.

Le bon et le mauvais lait commencent par déterminer une sensation globale ou indistincte, constituée par la saveur du lait. Cette impression est comparable à celle qu'un verre de vin vieux produit sur un individu au palais inéduqué, et à celle qu'il éveille chez un dégustateur de profession; au premier elle ne suggère aucun élément d'analyse; tandis qu'au second elle suggère la perception distincte d'une certaine douceur ou d'une certaine sécheresse, d'un certain état pâteux qui lui permet de le différencier d'un autre vin très semblable, et même de dire son âge.

Ces qualités distinctes, qu'il découvre par l'analyse de la sensation, existent aussi dans le palais du buveur inéduqué, bien que celui-ci ne les discerne pas; et la preuve en est, qu'en l'éduquant convenablement, au moyen d'un exercice assidu, il arrivera à le perfectionner comme l'autre.

La même chose se passe chez l'enfant pour les deux laits, car il ne perçoit pas le signe différentiel; mais quand la faim pour le lactose le conduit à fixer son attention, il arrive à découvrir que cette substance s'accuse aux sens sous la forme sucrée. Lorsqu'il discerne cette particularité dans la sensation globale propre à l'un des deux laits, il élabore une différenciation externe dérivée d'une différenciation interne préexistante; et à partir de ce moment, il acquiert la conscience qu'au lait qui n'est pas sucré il manque quelque chose que son organisme réclame.

Ce n'est pas que cette sensation n'ait rien à voir avec la virtualité alimentaire du lactose; c'est simplement un signe indicateur, au moyen duquel on sait quel est le corps qui satisfait un besoin spécial.

Si le lactose, au lieu d'être sucré, était amer, à mesure que l'expérience trophique s'affermit on éprouverait le besoin de provoquer une saveur amère dans la bouche, de même que dans l'état actuel des choses on éprouve le besoin de la douceur : car cette saveur amère annoncerait la présence de ce qui satisfait le besoin trophique. L'amer serait alors très agréable au palais, pour les mêmes raisons qui rendent agréable une saveur douce.

La même connexion ou association inséparable que nous voyons s'établir entre la faim spéciale du lactose et l'image qui le représente, peut s'établir également pour la caséine et la graisse.

Il est difficile de préciser comment s'apprécie dans la sensation globale la présence de ces composés; mais si l'un d'eux manquait, ou ne se trouvait pas en quantité suffisante, à mesure que la faim se spécialiserait en réclamant son ingestion, on arriverait, par la perception d'une certaine saveur plus forte, d'une certaine odeur, ou d'un certain état pâteux, à distinguer l'objet qui satisfait le besoin de ce composé.

Le tact buccal acquiert un pouvoir discriminatif prodigieux pour la recherche des substances alimentaires. Il suffit que l'aliment introduit dans la bouche par la préhension soit un peu plus dur ou un peu plus tendre que d'habitude pour surprendre l'animal et pour l'arrêter, comme si celui-ci doutait qu'il se trouve réellement en présence de l'aliment désiré. On peut dire la même chose de la sensibilité thermique et olfactive. Si par inadvertance nous portons à la bouche une cuillerée de soupe froide, si bonne soit-elle, elle ne nous semble pas de la soupe; il nous semble que nous nous trouvons en présence de quelque chose dont nous ne connaissons pas la valeur alimentaire, et c'est précisément cette ignorance qui inspire un sentiment de répugnance et de mécontentement.

La sensation olfactive, de même que la sensation gustative, commence par être amorphe et non différenciée; mais l'odorat, sous l'action des stimulants trophiques, peut acquérir assez de délicatesse dans une même sensation globale, pour différencier nettement six, huit odeurs et davantage.

Les sensations optiques et acoustiques sont généralement, chez un grand nombre d'animaux, les plus tardives à fournir des éléments indicateurs de la présence de l'aliment; mais une fois qu'elles ont été utilisées comme signes de ce dernier on reconnaît sa présence, comme nous l'avons déjà indiqué, aussi bien par une couleur ou un son que par une impression gustative ou olfactive.

A l'origine de la vie psychique, il y a un problème qui prime tout le reste : le besoin de subvenir aux dépenses de la nutrition. L'animal ne connaît pas les aliments, et il lui est nécessaire de les connaître le plus tôt possible.

Physiologiquement, ce qui manque à l'organisme s'accuse dans les centres psychotrophiques sous la forme de sensations spécifiques; mais pour savoir ce qui, dans le monde extérieur, correspond à ces besoins, et la quantité qui les satisfait, il faut les ingérer et procéder à leur essai. Cet essai n'établira jamais une véritable expérience trophique, tant que la sensation trophique ne se mêlera pas à des images externes; c'est seulement au moyen de cette connexion centrale que l'animal arrive à savoir que la substance qui satisfait la faim est celle qui s'accuse dans les sens sous une forme sensorielle déjà connue par des actes antérieurs. S'il n'existe pas de liaison entre les activités des centres psycho-trophiques et ceux de la sensibilité externe, il est possible que la faim soit apaisée par l'ingestion aveugle de l'aliment; mais l'animal n'arrivera jamais à former ce jugement en vertu duquel on affirme que *ce qui calme la faim est ce que les sens accusent comme présent*. En cela consiste l'opération la plus primitive et la plus élémentaire de l'intelligence. Les sens peuvent accuser comme présentes une multitude infinie d'impressions dans le tégument externe : bruits et couleurs qui flottent vagues et indistincts dans le champ de la conscience, parfums non perçus, sensations gustatives globales dont les qualités n'ont pas été distinctement différenciées; car les nerfs et centres sensoriels réagissent de la même manière, sous l'action du monde extérieur, quand ils construisent des images distinctes, que quand leurs effets sont vagues pour n'avoir pas été différenciés.

Si nous nous demandons, l'esprit libre de préjugés, et en nous en tenant rigoureusement à ce que nous enseigne l'observation, quel mobile pousse l'animal à différencier certaines impressions de préférence à d'autres, nous répondrons que c'est l'impulsion trophique; et si nous nous demandons en quoi consiste cette différenciation, nous reconnaîtrons qu'elle consiste à les considérer comme signes de la substance qui nourrit.

Le nouveau-né, le jeune chien, sucent aveuglément le tétin quand ils se rendent compte que ces mouvements provoquent certaines impressions tactiles, thermiques et gustatives dans la bouche, certains parfums dans les narines; graduellement et insensiblement ils établissent d'avance un ordre de succession entre les sensations trophiques et les sensations externes : par conséquent, lorsque les premières renaissent, il apparaît comme une tendance irrésistible à provoquer de nouveau les secondes, parce que le sujet a appris, par l'expérience des mêmes actes, que la faim cesse à condition que les sensations externes réapparaissent.

S'il manque donc cet ordre de succession préétabli par l'expérience, et si au lieu qu'apparaissent les images connues, il en apparaît d'autres, ces dernières n'indiquent rien au sujet, car elles ne sont pas des signes de ce qui calme la faim. Depuis le commencement de la vie jusqu'à sa fin, l'homme et les animaux reconnaissent les aliments au moyen de signes sensoriels représentatifs d'effets alimentaires déterminés. De même que l'aveugle ne peut se représenter la couleur, si bien expliquée lui soit-elle, il n'est pas non plus possible de savoir qu'un corps est alimentaire, sans l'avoir essayé auparavant.

Le sujet, dans la préhension, se guide toujours sur les expériences acquises.

Ainsi, l'enfant désire être allaité sous les mêmes formes extérieures auxquelles il est accoutumé; un changement, si léger soit-il, suffit à le troubler.

Quand ces formes représentatives de l'aliment ne satisfont pas ses besoins, c'est seulement alors que, dans son sensorium trophique, s'éveillent de nouvelles tendances, qui l'amènent à modifier son régime.

Cette modification ne se fait pas tout d'un coup, mais lentement, en créant de nouvelles expériences qui permettent au sujet de connaître les propriétés d'autres aliments qu'il ne désire pas, parce qu'ils lui sont jusqu'alors inconnus.

Ainsi, nous observons qu'à l'époque du sevrage l'enfant ne passe pas tout d'un coup du régime lacté à un autre plus complexe; il faut commencer la transition par un régime mixte, le plus simple et le plus uniforme possible. L'enfant est indifférent à la vue d'une soupe au lait, et il est nécessaire qu'il y goûte une ou plusieurs fois *pour qu'il s'y accoutume*, comme on dit; il est également indifférent devant une soupe au tapioca, et il est naturel qu'il en soit ainsi, étant donné que l'aspect visuel de celle-ci, son odeur, sa saveur, ou l'impression tactile qu'elle produit sur la bouche, ne lui font pas reconnaître la présence de l'aliment : ces images lui apparaissant donc comme des signes sans signification trophique. A mesure que se fixent les souvenirs de son coefficient nutritif, les impressions sensorielles par lesquelles s'annonce la présence du nouvel aliment évoquent ces souvenirs; avec elles s'éveille une habitude nouvelle, et lentement s'effacent de la mémoire les anciennes habitudes.

Pour qu'il en soit ainsi, il est absolument nécessaire que ces formes externes soient uniformes, parce qu'il arrive que les soupes sont tantôt claires, tantôt épaisses, tantôt tièdes, tantôt froides, avec une odeur ou un goût variables, tantôt servies dans une assiette blanche, tantôt dans une assiette d'une autre couleur; au lieu de corroborer l'expérience trophique, on la trouble, car elle ne peut correspondre à un tableau déterminé d'impressions, de souvenirs trophiques fixes.

Dans ces conditions, l'enfant, s'inspirant des expériences très claires qu'il possède déjà, regrette l'ancienne tétée, dont les excellents effets lui sont si bien connus.

Instruites par l'observation, les mères semblent posséder l'intuition de la psychogénèse de l'appétit, elles comprennent que la meilleure manière de faire accepter aux nourrissons le nouvel aliment qu'elles leur offrent consiste à le leur présenter toujours sous la même forme; leur intuition est si pénétrante, qu'elles devinent la raison des gestes et du mécontentement qu'elles surprennent chez leurs enfants, et elles y remédient sans persister à violenter leur volonté.

C'est de cette manière qu'elles facilitent, en associant un tableau déterminé d'impressions externes à une somme de souvenirs trophiques, la transition d'un régime à l'autre.

Insensiblement, la forme externe qui annonce la présentation de l'aliment se modifie à mesure que se complique le nouveau régime.

Il suffit que l'enfant remarque, par l'accumulation d'expériences, que le milieu interne reçoit des rations alimentaires semblables à celles du régime lacté, et plus grandes, pour qu'il prenne pour ces nouveaux corps le même goût qu'il avait pour la tétée.

Le nombre d'essais qu'il a besoin de réaliser ne peut être compté ni décrit.

Le travail psycho-physiologique que réalisent l'enfant et l'animal qui se nourrissent au moyen d'une alimentation complexe, est énorme et ardu.

Ceux qui attribuent la connaissance intuitive du pain, de la viande, de chacun des légumes, de l'eau, des sels, à l'instinct et non à ce travail expérimental, ne se rendent pas compte de ce que, s'il en était ainsi, le travail de cet instinct qui subvient savamment et providentiellement à tous les besoins de la nutrition serait supérieur à celui de la raison humaine, puisque depuis l'origine des temps il résout pratiquement des problèmes que la science n'est pas encore arrivée à résoudre.

De même, tout comme l'enfant, l'adulte s'adapte, lui aussi, à un nouveau genre d'alimentation. L'expérience trophique se fonde toujours sur la même base. Si l'on nous présente un mets auquel nous n'avons jamais goûté, même si l'on nous exagère son goût savoureux, et si nous le voyons manger aux autres, nous le regardons avec soupçon, avec l'inquiétude qu'on a pour ce qui n'est pas connu.

Si, séduit par son aspect visuel, par son odeur, nous nous décidons à le goûter, dans le cas où ces impressions évoquent des souvenirs trophiques, nous l'ingérons de bonne volonté, en nous inspirant des expériences antérieures ; mais si cela n'a pas lieu, et si l'aliment que nous goûtons ou voyons ne nous illusionne pas sur ses vertus alimentaires, nous refusons de l'ingérer, prétextant que *nous ne l'aimons pas*, ce qui revient à dire qu'il ne réveille aucun désir trophique.

J'ai poussé une famille pauvre, pour soulager sa détresse, à manger de la levure de bière, qu'elle pouvait facilement se procurer. Le père et la mère, n'ont, tout bonnement, pas pu s'y habituer. Les processus établis sont très résistants, et ne se changent pas si facilement. Les enfants, au contraire, une fois les premières résistances vaincues, contractèrent un tel goût pour cet aliment que, plus tard, je fus surpris de voir qu'ils le préféraient au pain blanc.

Les médecins qui ordonnent ce produit desséché, pour le traitement de la furonculose et autres maladies, ont observé que les enfants dociles, qui ne se refusent pas à le prendre, s'y habituent après quelques essais et ensuite y prennent goût.

Quand je m'occupais de préparer un sérum contre les affections staphylococciques et streptococciques, en faisant ingérer à des chevaux de grandes quantités de levure sèche, je constatais que leur répugnance olfactive était invincible, jusqu'à ce qu'il me vint à l'idée d'émousser leur odorat avec une atmosphère de cette odeur. Ensuite, je mélangeai peu à peu à leur ration de petites portions du produit, et quelques-uns de ces animaux, déjà accoutumés, l'aimaient à un tel point que sa seule présence provoquait chez eux une abondante sialorrhée.

La psychogénie de ce changement est un des nombreux cas que l'on applique à la formation de l'appétit.

A mesure que les enfants et les chevaux ressentent les effets nutritifs de la levure, et gardent la mémoire des effets que l'organisme accuse dans le sensorium trophique, ces souvenirs se lient aux images qui dénoncent leur présence devant les sens, et ils désirent alors la levure, parce qu'ils savent par expérience que le besoin d'albumine, d'hydrates de carbone, etc., qu'accuse la faim sera satisfait avec l'aliment que ces images annoncent.

La méconnaissance des facteurs qui composent l'expérience trophique conduit la plupart des gens à croire que les autres doivent aimer ce que nous aimons, et montrer de la répugnance pour tout ce qui nous répugne.

Telle est la cause de la guerre, véritablement cruelle, que les grandes personnes font aux enfants pour rendre uniforme le régime des familles. Pour corriger leurs *vicieux caprices*, on les oblige à établir de nouvelles expériences, et ainsi on arrive à les adapter à un même genre d'alimentation. Le moyen le plus puissant qu'on emploie pour y arriver est celui de les soumettre à une abstinence forcée.

A mesure que croît la faim, l'impulsion qui pousse à manger, abstraction faite des expériences acquises, devient plus intense, et tend par conséquent à en établir d'autres, de nouvelles ; cette impulsion est chaque fois plus violente, et s'il arrive qu'on la pousse à l'extrême, comme c'est le cas des affamés, alors on se sépare de toutes les connaissances acquises ; on voit s'étendre l'appétit et renaître la faim cellulaire pure, avec les mêmes caractères que nous avons décrits dans la première époque de la vie : la préhension redevient aveugle ; et, de même que le nouveau-né saisit le doigt avec la même frénésie que le tétin, et que le jeune chien enfonce le museau dans un coussin de la même manière que dans la mamelle, l'affamé ingère de la terre, des herbes, des chiffons et tout ce qu'en son délire trophique il trouve à portée de la main. On comprend qu'il n'est pas nécessaire de recourir à ces extrémités, pour rendre le régime uniforme dans les familles; il suffit de rendre intenses les stimulants trophiques, pour qu'il se produise une différenciation des impressions externes, qui jusqu'alors n'avaient pas été prises comme signes annonçant la présence de l'aliment.

En réalité, ces enfants, sous la férule de leurs parents, se trouvent dans les mêmes conditions que ces derniers quand, hors de leur pays, ils sont obligés, pour s'adapter à un nouveau régime, de se rééduquer et de se former un nouvel appétit.

Les Chinois, comme nous, apportent au milieu interne une certaine quantité de graisses, de protéines, d'hydrates de carbone, de sels et d'eau; mais pour connaître les corps qui virtuellement les contiennent, et en quelle quantité ils les contiennent, il faut avoir associé expérimentalement les sensations trophiques de certaines impressions externes qui dénoncent leur présence; et comme cette forme externe est, en Chine, distincte de la nôtre, celui qui arrive là-bas trouve que les assaisonnements de viande ou de végétaux, par leur saveur, par leur couleur, et jusque par la façon dont on les présente, ne ressemblent pas à ceux d'ici; il se trouve en présence d'aliments dont il ignore la vertu nutritive, de même que la ration alimentaire, c'est-à-dire d'aliments qu'il ne sait pas être des aliments.

Lorsqu'il se rééduquera, en créant sous une forme distincte un nouvel appétit, il procédera comme l'enfant.

Il cherchera dans sa mémoire ce qui ressemble le mieux aux formes de son ancienne alimentation, et plus les nouvelles formes ressembleront aux anciennes, plus il avivera par elles son appétit; de ce qui ne lui rappelle rien, il commence par s'assigner une très faible ration, surmontant par l'effet de la faim ou par d'autres motifs ses naturelles répugnances.

A mesure qu'il fonde de nouvelles expériences, apprenant

par lui-même ce qu'il ignorait, et non par le conseil d'autrui, il augmente la ration d'ingestion, jusqu'à ce qu'il soit complètement réadapté.

Si nous observons donc, avec l'attention qu'elle mérite, la profonde perturbation qu'entraîne un changement de régime, c'est quand nous découvrons que l'appétit ne sait pas qu'il est amené au moyen d'expériences vivantes.

L'homme ou l'animal habitué à un régime donné connaît les vertus nutritives de certains corps, et les symbolise en un tableau déterminé d'impressions; mais si, accidentellement, il se trouve que ce tableau varie, comme il ne connaît pas les nouveaux signes par lesquels se dénonce la présence de l'aliment, rien ne le pousse à saisir cet aliment, car il ignore que sous ces nouvelles formes sensorielles subsiste quelque chose qui peut calmer sa faim de la même manière qu'antérieurement; il ne lui reste plus d'autre ressource que d'établir entre ces saveurs, odeurs, couleurs, sensations tactiles nouvelles par lesquelles ces aliments s'accusent aux sens, les mêmes connexions qu'il avait établies antérieurement, et c'est de cette manière qu'il arrive à savoir que ce qui satisfait ses besoins trophiques sous la forme de ces nouvelles impressions est la même chose que ce qui les satisfaisait antérieurement, mais en produisant sur les sens une impression différente.

Ainsi se forme et ainsi se reforme l'*appétit*, si l'on prend dans son acception vulgaire ce mot que Pawlow a introduit dans le domaine de la science.

Il y a dans l'appétit quelque chose de permanent et de stable, et quelque chose de changeant et de contingent. Forcément ce qu'on ingère doit contenir au moins virtuellement ce que l'organisme réclame; mais les signes par lesquels il s'accuse devant les sens peuvent varier à l'infini; et, de fait, ils varient avec l'âge, avec les pays, avec les latitudes, avec les époques : il ne reste de permanent, à travers tant de vicissitudes et de changements, que ce qui satisfait le besoin trophique.

Avec l'organisation de l'appétit, l'impulsion qui pousse à la préhension cesse d'être aveugle, elle se transforme en désir de la chose qui est symboliquement représentée par l'image sensorielle. L'enfant allaité avec un lait pauvre en caséine accuse le sentiment de l'absence de ce produit, et il n'accusera le sentiment contraire que quand il lui sera possible de se représenter ce produit par une gustation *sui generis*, une couleur, ou n'importe quel autre signe sensoriel.

L'appétence, telle qu'elle émane de la sensibilité trophique, se dirige vers la substance que réclame l'organisme, indépendamment de sa forme représentative, qui n'est que le moyen dont le sujet se sert pour connaître sa présence; en ce sens, nous disons que cette sensation est spécifique, parce que ce qui se manifeste sous la forme d'eau possède seul la propriété de calmer la soif.

Dans le désir de l'eau ou de la soif existe le sentiment différencié de quelque chose qui ne peut pas s'identifier avec le désir de la matière protéique, du sel ou de la graisse; et cette sensation, qui s'accuse comme la conscience, de quelque chose manquant dans l'organisme, constitue par elle-même une faim cellulaire associée à une représentation externe.

Par conséquent, ce que nous appelons appétit n'est pas une faim distincte de la faim cellulaire : *c'est la même faim cellulaire, représentative des choses alimentaires.*

Dans cette phase du processus, il est clair que, même quand au début les centres psycho-trophiques éveillent seuls par l'excitation cellulaire les souvenirs introduits en eux, grâce à la répétition d'excitations identiques, on peut aussi les évoquer en intervertissant les termes des processus par les représentations des choses alimentaires.

Personne n'ignore que la vue d'un mets, l'impression subite d'une certaine odeur, peuvent, avec les souvenirs trophiques de ces affections, en éveiller l'appétit.

Indubitablement, dans ces conditions, la faim ne répond

pas à une excitation organique, mais à des stimulants externes. A vrai dire, cette inversion ne peut avoir lieu que si, par des expériences antérieures, les processus d'où résulte l'appétit se sont organisés.

Si, à la vue d'un mets, ou sous l'impression de son odeur, nous sentons s'éveiller l'impression qui nous pousse à le saisir, c'est parce que ses vertus nutritives nous sont d'avance connues; car il est clair que si ce mets n'avait jamais été goûté ou si cette odeur n'était pas le signe de quelque chose dont la signification nous est connue, nous n'aurions pas d'appétit.

Ainsi, dans les états anorexiques où il n'est pas facile de réaviver les souvenirs trophiques, la vue des mets, leur goût ou leur odeur, qui auparavant éveillaient intensément l'envie de manger, ont perdu maintenant leur vertu excitatrice; et si nous nous obstinons à vouloir qu'ils fournissent les mêmes effets qu'auparavant ils fournissaient naturellement, nous provoquons au lieu de l'appétit, l'aversion pour ces aliments.

Tout cela nous apprend que les voies naturelles d'excitation du sensorium psycho-trophique sont les voies cellulaires; quand, par des conditions pathologiques, l'activité fonctionnelle de ces centres est arrêtée, les tableaux sensoriels, qui auparavant étaient représentatifs des aliments, ne le sont plus : car leurs effets nutritifs ne sont pas perçus dans la sensibilité trophique, qui reste comme sourde devant eux.

Le processus de l'expérience trophique ne se termine pas avec la recherche des signes sensoriels qui dénoncent la présence de ce qui nourrit.

Un grand nombre de corps du monde extérieur possèdent des vertus nutritives dont l'animal ne pourrait pas profiter, s'il n'était capable de les triturer et de les ensaliver pour pouvoir les avaler, les réduisant ensuite en une matière soluble digestible.

De là le besoin impérieux de coordonner les mouvements d'où résulte l'acte mécanique de la mastication, d'adapter les sécrétions salivaires aux besoins de la déglutition, et de régler la quantité et la qualité du suc gastrique conformément aux rations alimentaires que les besoins de l'organisme fixent dans le sensorium psycho-trophique.

Ce qui adapte les contractions musculaires produisant la mastication au but poursuivi, c'est un stimulant venu de très loin, qui, en évoquant dans la conscience le besoin d'ingérer, force à réagir sur l'aliment de telle façon que cette ingestion soit possible; cette action, adaptée à un but, s'exerce de la même manière sur les glandes salivaires et sur la sécrétion gastrique, et ainsi se ferme le cycle de l'expérience trophique.

Pawlow a démontré, d'une manière profonde et admirable, que les sécrétions des glandes salivaires ne sont pas réglées par un phénomène réflexe périphérique autonome, comme l'est celui de la sécrétion pancréatique, par exemple; elles sont soumises à une action psychique, très semblable ou du moins comparable à celle qui détermine le mouvement que nous appelons volontaire, parce qu'il est dirigé vers un but.

En observant la quantité de salive excrétée par les parotides ou par les sous-maxillaires, ou bien par les deux à la fois, au moyen de l'artifice expérimental imaginé par Glinski, nous constatons que la viande crue ou cuite offerte à l'animal produit à peine la sécrétion; mais si la viande est séchée ou réduite en poudre, l'afflux sécrétoire devient très abondant.

Le même effet se produit avec le pain frais ou humide et avec le pain dur et sec; tandis que le premier produit à peine la salivation, le second la rend très active.

Par ces expériences, et par d'autres du même genre, nous observons que la sécrétion s'adapte à l'état physique du corps, pour faciliter sa déglutition.

Ce but ou cette intention ne nous paraît pas être sous la dépendance de la volonté ou de l'intelligence, puisque nous ne nous sentons pas capables de l'évoquer dans la conscience ; car il résulte de processus préétablis.

Si nous réfléchissons que les corps secs introduits dans la bouche n'excitent la sécrétion salivaire que lorsqu'un mobile ou un intérêt interne pousse le sujet à les ingérer, nous inclinerons à croire que c'est précisément le désir de les ingérer qui agit sur le centre excitateur de ces sécrétions, puisque quand ce désir ou cet appétit manque, les conduits excréteurs restent secs, bien que la même impression tactile persiste.

Ainsi, nous observons que le pain sec excite chez le chien affamé une abondante sialorrhée, tandis que ce même pain ne produit pas le même effet sur le chien rassasié.

Une semblable observation nous indique clairement que cette impression tactile se transforme en cause ou condition de la sécrétion : car elle annonce qu'il y a un obstacle qui rend difficile le passage de l'aliment vers le pharynx et le conduit œsophagien ; alors seulement s'exercera sur le centre d'excitation sécrétoire l'action qui pourra vaincre cet obstacle en ramollissant convenablement l'aliment dur.

C'est donc une véritable connaissance, au moyen de laquelle l'animal se rend compte qu'en ce cas il ne suffit pas de mastiquer pour pouvoir ingérer, comme cela a lieu quand il triture de la viande ou du pain mouillé ; il est, de plus, nécessaire d'amollir le corps, en mettant en jeu le centre excitateur de la sécrétion, et en réclamant son concours.

Il n'est pas naturel que les phénomènes se succèdent de cette manière, sans raison ni motif qui justifie cette succession.

Il y a là un enchaînement logique ; et, de même que nous trouverions absurde que, sur un piano, une touche donne le do correspondant à l'octave inférieure, et une autre touche la même note dans l'octave immédiatement supérieure, sans que ces phénomènes répondent à un mécanisme qui les détermine, de même, nous estimons également que cette action centrale exercée sur les sécrétions salivaires répond à un mécanisme physiologique qui tantôt se met en jeu et tantôt pas. Si nous examinons alors comment elle se met en jeu, nous remarquons aussitôt que cette sensation spéciale, qui correspond à un aliment sec et nous apprend qu'il ne pourra être dégluti, semble être la condition du réflexe sécrétoire; comme si du centre d'où elle a été reçue partait l'influx qui doit agir sur le centre excitateur des glandes, par une voie collatérale; cette voie a été ouverte par l'expérience, ou par la répétition des actes.

On a observé un très grand nombre de fois que la mastication et la coordination des contractions musculaires qui précèdent la déglutition, ne suffisaient pas à former le bol alimentaire, parce qu'on n'arrivait ainsi qu'à les empâter dans la bouche; et comme le désir intense de l'ingestion forçait implacablement à persister dans ces opérations, il se produisait ainsi des impressions thermiques, tactiles, gustatives, qui nous faisaient savoir que l'aliment se trouvait dans la bouche, et ne pouvait passer plus loin.

Quoi donc de plus naturel, que de ces centres sensoriels, harcelés par une excitation, partent les incitations qui doivent porter sur le centre sécrétoire?

Cette voie de communication étant ouverte, la répétition des mêmes actes fera le reste. A mesure que le degré de sécheresse de l'aliment par l'intensité du contact est apprécié l'incitation qui doit déterminer le réflexe central se formulera intensément, et avec lui se réglera la quantité de salive nécessaire à la formation du bol alimentaire; s'il s'agit, par exemple, d'un pain de huit jours, l'impression accusée par les corpuscules tactiles n'est certainement pas la même que celle que détermine le pain frais, et par le fait de cette impression périphérique, cause de la réaction sensorielle, l'intensité de l'incitation qui doit éveiller l'activité sécrétoire est réglée.

Quand, plus tard, la répétition des actes aura forgé un état commémoratif dans les centres tactiles, il suffira que son souvenir soit évoqué dans la conscience, pour que la bouche s'inonde de salive, même si l'aliment sec n'impressionne pas les corpuscules tactiles; mais si ce souvenir n'est pas évoqué de la même manière qu'il a été formé, s'il n'est pas accompagné en même temps du désir de l'ingestion, si l'appétit n'éveille la mémoire vive des mouvements de la mastication, le souvenir de ce contact restera confiné dans le centre où a été reçue l'impression, sans s'étendre au centre sécrétoire; en effet, cette impression est seulement un des éléments du processus complexe d'où résulte la salivation psychique, et le concours de tous les éléments qui composent ce processus est nécessaire pour que celle-ci réapparaisse.

La solidarité qui s'établit entre l'impression tactile et la sécrétion salivaire, s'établit de la même manière par rapport à toutes les impressions externes, qui, étant représentatives de l'aliment, accusent la présence de ce que nous désirons ingérer; comme, chaque fois, l'expérience enseigne que par suite de certaines difficultés mécaniques, ce désir ne peut être satisfait qu'au moyen d'une salivation opportune, il en résulte l'adaptation consécutive de la sécrétion aux conditions physiques du corps.

Ainsi se forme, dans les processus commémoratifs, un nombre infini de souvenirs qui établiront des voies de communication collatérales entre les centres de la sensibilité externe et le centre excitateur des glandes salivaires.

Grâce à ce travail, à cette élaboration préalable d'expériences, lorsque l'animal reconnaît la présence de l'aliment à ses signes représentatifs, il sécrète la quantité de salive nécessaire à la déglutition : *l'eau lui vient à la bouche*, comme on dit, car il sait de mémoire que par ce moyen il arrivera à ingérer ce qu'en un grand nombre de cas il lui serait impossible d'obtenir.

Pawlow a nommé ces réflexes sécrétoires *réflexes conditionnels*, parce que l'excitation est transmise de la voie centripète à la voie centrifuge, au moyen d'un certain travail ou d'une certaine élaboration centrale.

Au point de vue physiologique, ces réflexes ont quelque chose d'extraordinaire, car dans les réflexes ordinaires nous observons que l'action centrifuge répond toujours à l'action centripète, tandis qu'ici nous constatons qu'elle répond ou ne répond pas, suivant qu'elle éveille ou non un processus formé précédemment, c'est-à-dire un souvenir.

On dirait précisément que c'est ce souvenir qui fixe la voie que doit parcourir l'excitation centripète, car si elle ne s'est pas préalablement élaborée, ou si elle est effacée par l'action du temps, il manque à cette excitation la voie qui doit la conduire jusqu'au centre de sécrétion.

Pawlow et ses élèves ont montré expérimentalement, d'une manière définitive et brillante, l'existence des *réflexes conditionnels*.

Il suffit qu'un certain nombre de fois, qui peut varier de 10 à 100 pour les chiens, une impression externe coïncide avec l'apparition de la pâtée, et donne lieu à une expérience trophique, pour qu'il s'établisse une connexion interneuronale entre le centre sensoriel et celui de la sécrétion, et que ce dernier soit mis en action.

Le son d'une cloche, un coup de sifflet, l'odeur du camphre, une impression thermique, une couleur rouge, etc., chacune de ces impressions, si elle a été prise comme le signe d'un aliment, provoque automatiquement la salivation.

La mémoire de ces signes est très durable, car si on ne les répète plus, elle se conserve durant l'espace de deux à neuf mois. Boldireff observe que si l'on habitue l'animal à ce qu'on lui gratte une région déterminée de la peau, lorsqu'on lui offre la pâtée, il prend cette impression comme le signe de l'aliment, car il suffit de répéter cette action pour que survienne l'afflux salivaire; tandis que si, au lieu de gratter la même région, on en gratte une autre, l'afflux ne survient pas.

Cette localisation se manifeste et se différencie pour les impressions tactiles et ne se constate pas pour les impressions thermiques; ces dernières sont prises comme le signe représentatif de la pâtée, d'après leur valeur qualitative, indépendamment de l'endroit d'où elles proviennent.

Relativement aux impressions acoustiques, on observe qu'un même son, un quart plus haut ou un quart plus bas, reste sans effet sur les chiens, comme si l'un était un signe différencié ou connu et l'autre pas.

On comprend aisément que cela peut dépendre du degré d'intelligence de l'animal, car par induction il peut considérer comme signes homologues ceux qui sont séparés seulement par une légère variante de hauteur.

Ainsi, Krasnogorski a ingénieusement démontré que les glandes salivaires des enfants d'un âge supérieur à six ans réagissent suivant tous les tons de la gamme.

En somme, le processus d'où résulte la salivation psychique est le travail de l'expérience.

De même qu'il y a dans la vie une époque lointaine où le sujet éprouve la faim cellulaire, et ne sait comment la calmer, parce qu'il ne connaît pas les corps qui le lui permettraient, jusqu'à ce qu'au moyen des impressions sensorielles fixes et différenciées il arrive à les reconnaître; de même il y a une époque pendant laquelle la déglutition et même la mastication sont réprimées ou rendues difficiles par certaines conditions physiques de l'aliment.

Le désir en subsiste, et comme la persistance de l'aliment dans la bouche s'accuse au moyen des sensations thermiques, tactiles, sapides, olfactives qu'il provoque, n'est-il pas merveilleux que ces signes de la chose qui ne peut être ingérée agissent à distance par des voies indirectes sur les centres d'excitation glandulaire?

Un problème reste posé que seul peuvent résoudre le tâtonnement ou l'apprentissage empirique : quelle *quantité* d'excitation glandulaire correspond à la *quantité* d'excitation centripète nécessaire pour amollir le corps, et faciliter sa déglutition?

C'est seulement par l'essai qu'on arrivera à l'adaptation; et ainsi, une fois qu'on se sera formé une quantité considérable de souvenirs, lorsqu'on les réveillera par la présence des signes représentatifs de l'aliment désiré, les glandes salivaires sécréteront leurs sucs, comme si on savait naturellement que cette sécrétion est nécessaire à l'acte mécanique de la déglutition; et pourtant, en venant au monde, on ne savait rien de cela.

De semblables connaissances, comme toutes d'ailleurs, s'acquièrent par l'action d'un travail inductif.

Induire, c'est découvrir la relation qui peut s'établir entre deux phénomènes isolés. Entre les centres récepteurs des impressions externes et le noyau ou les noyaux récepteurs des excitations périphériques détachées des masses glandulaires, il n'existait aucune relation native : elle s'établit par l'expérience ou la répétition des actes, et c'est ainsi que se créent ces réflexes conditionnels qui apprennent à l'animal à utiliser la salive, pour pouvoir ingérer ce qu'il désire.

Les besoins trophiques sont ceux qui imposent inévitablement cet apprentissage. Au fond, cet apprentissage est de même nature que le processus en vertu duquel se formule d'avance dans l'intelligence la quantité d'effort nécessaire pour lever un poids connu ou franchir un obstacle par un saut. De même que cette image motrice n'est pas native ou spontanée, car à mesure que nous nous exercerons à lever des poids ou à sauter, nous saurons mieux régler la quantité d'énergie musculaire que nous avons à développer pour l'adapter au poids ou à la distance que nous prétendons franchir; de même l'essai nous permet, devant l'impression tactile que produit un croûton de pain de huit jours, d'excréter une quantité de salive très différente de celle que nous excréterions devant un croûton de deux jours.

Certainement, il ne nous est pas possible d'évoquer dans la conscience le souvenir de ce nombre immense d'expériences; au lieu que, jusqu'à un certain point, nous pouvons le faire en ce qui concerne l'effort; et en effet, cette intelligence inférieure est plus obscure que celle qui existe dans des stades plus élevés; mais cela ne démontre pas que les procédés qu'elle applique dans cette sphère élevée ne soient pas les mêmes qu'elle applique dans les stades inférieurs.

Quand on dit que les animaux connaissent par instinct ce qui peut leur porter préjudice ou ce qui peut leur être profitable, on se paye de mots; la genèse de ces connaissances est inductive, bien que l'exposition des antécédents logiques qui la déterminent soit très difficile.

Pour les aliments dont l'efficacité est connue du sujet, la mastication et la salivation se font avec un plaisir infini; mais, si tout à coup un contact inattendu, une saveur anormale, une odeur connue, éveille le souvenir d'une ingestion qui a été nocive pour l'organisme, que le jugement soit exact ou faux, le sujet, sans réfléchir, éprouve le besoin de rejeter le bol alimentaire, et sa bouche est nettoyée aussitôt par un abondant afflux salivaire.

Cette connaissance inférieure, qui résulte de l'organisation des expériences trophiques, agit sur les centres d'innervation qui provoquent l'excrétion de la salive, aussi bien pour faciliter la déglutition du bol alimentaire que pour le rejeter, quand elle doute de ses vertus; comme le souvenir persiste, malgré l'expulsion du bol alimentaire, le sujet continue à saliver et à cracher, avec une persistance qui indique avec quelle netteté est réapparu dans la conscience le souvenir de quelque chose qui a été nocif.

Pawlow observe judicieusement que le sentiment de répugnance que l'aspect de la salive éveille chez beaucoup de personnes n'a peut-être pas d'autre origine.

Les effets que détermine dans la glande sous-maxillaire

la présence d'un liquide très acide ou d'une solution caustique sont bien connus.

Il semble que le sujet possède la connaissance de l'obligation qui lui impose de neutraliser le premier et de dilater le second pour prévenir leurs effets.

Il est clair que c'est une excitation qui avise le sensorium du besoin impérieux de procéder de cette manière; mais, si l'on n'avait pas constaté, grâce à d'innombrables expériences, que ce bien s'obtient par ce moyen, cette adaptation de nature intellectuelle n'aurait pas lieu.

En pleine période de lactance, qu'on dépose sur la langue d'un chien une solution acide, et que l'on compare la salivation qu'elle détermine à celle d'un adulte soumis à la même action : on constatera que le premier n'est pas adapté, tandis que le second procède comme s'il savait ce qu'il doit faire pour se défendre contre l'agression.

Il est naturel de croire, bien qu'on ne l'ait pas vérifié expérimentalement, que tous les *réflexes conditionnels* qui excitent la sécrétion salivaire en évoquant le signe de la chose alimentaire, provoqueraient une sécrétion de défense, dans le cas où ils évoqueraient l'image-signe de quelque chose de nocif.

Nous fondons notre présomption sur ce fait, qu'il suffit du souvenir d'un aliment avarié ou nocif pour que l'excitation centrale provoque des réflexes de défense de la part des glandes salivaires.

Étant donné que dans les réflexes conditionnels s'éveille le souvenir d'une chose qu'on désire, il est logique de croire que s'il s'éveillait l'image d'une chose qui inspire de l'aversion ou de la répugnance, la sécrétion salivaire se manifesterait comme elle se manifeste maintenant dans sa réaction de défense.

La dépendance des sécrétions des glandes salivaires et des expériences trophiques du sujet est encore plus manifeste en ce qui concerne la sécrétion gastrique. La congestion active de la muqueuse gastrique, son hyperactivité sécrétoire et son adaptation motrice au contenu alimentaire sont conditionnées par une excitation centrale, éveillée à son tour par la somme des expériences qui constituent ce qu'on désigne du nom d'*appétit*. Les parois internes de l'estomac restent presque constamment sèches quand on souffre de la faim; elles s'humectent uniquement quand les sens externes dénoncent la présence des aliments.

Dans l'expérience du repas fictif, si féconde pour la science, seules les images externes qu'on sait par des expériences antérieures être représentatives de la chose alimentaire, provoquent la sécrétion; les autres restent sans effet. Cette sécrétion est en proportion avec l'énergie du désir trophique, de sorte qu'un même aliment détermine l'apparition d'une plus grande ou plus petite quantité de suc digestif, suivant qu'on le désire plus ou moins.

« Si on soumet, dit Pawlow, l'animal à un jeûne de deux à trois jours, lorsqu'on lui offre un aliment quelconque, dans l'expérience du repas fictif (viande crue ou cuite, pain, blanc d'œuf, etc...), nous obtenons toujours une abondante sécrétion de suc gastrique. Mais si le chien n'a pas été au préalable soumis à ce jeûne, et reçoit son repas fictif quinze à vingt heures après la dernière pâtée, il se comporte comme s'il connaissait parfaitement les aliments qu'il ingère; son avidité pour les uns est plus grande que pour les autres, et certains le laissent indifférent; les qualités et la quantité du suc sécrété sont en harmonie avec ces états.

« Plus l'avidité avec laquelle mange l'animal est grande, plus le suc est abondant, riche en puissance digestive.

« La plupart des chiens préfèrent la viande au pain, et pour ce motif nous observons que si on leur donne du pain, le suc, sous l'influence de cet aliment, est moins abondant et d'un pouvoir digestif plus faible que dans le cas où on leur fournit de la viande.

« Il y a des cas, cependant, où les chiens désirent plus le pain que la viande; et dans ces cas, on constate que le pouvoir digestif et la quantité de suc gastrique obtenu sous l'influence de ce repas fictif sont plus élevés qu'avec la viande. Donnez à votre chien de la viande cuite, en distribuant les morceaux à intervalles de temps déterminés, et si vous observez qu'il ne s'en empare pas avec avidité, notez qu'au bout de quinze à vingt minutes il ne prend plus ceux que vous continuez de lui offrir. Parallèlement, observez que la sécrétion gastrique ne se présente pas tout d'un coup, mais qu'elle réapparaît avec des intervalles qui s'espacent de plus en plus, jusqu'à ce que la sécrétion soit très restreinte. Après avoir attendu qu'elle ait cessé totalement, ou dès le jour suivant, donnez au même chien des morceaux de viande crue, de même poids, et à des intervalles réguliers, en procédant de la même manière qu'avec la viande cuite. Comme la viande crue flatte davantage le goût de l'animal, et que celui-ci en mange fictivement durant des heures entières, la sécrétion gastrique commence au bout de cinq minutes précises, et se continue très abondamment. Chez un autre chien qui préfère la viande bouillie à la viande crue, tout se passe d'une façon inverse.

« Le bouillon, la soupe, le lait, aliments pour lesquels les chiens se montrent, ordinairement, plus indifférents que pour les aliments solides, si on les donne dans le repas fictif, ne provoquent pas la moindre sécrétion, et s'il apparaît du suc, c'est en très petite quantité, bien que le bouillon, par exemple, possède les qualités gustatives de la viande. »

De ces observations du grand physiologiste russe, il résulte clairement que l'avidité ou la faim que l'animal montre pour les aliments qu'on lui présente ne dépend pas de la valeur alimentaire qu'ils possèdent en eux-mêmes, mais de la valeur que l'on a fait attribuer par l'animal à ces mêmes aliments au moyen d'expériences antérieures. Pour cette raison, nous disons que, si bon que soit en soi-même un aliment, c'est un corps inerte pour le sujet qui ne l'a pas essayé.

Cette vérité empirique, examinée à la lumière des découvertes de Pawlow, acquiert la force d'un fait expérimental.

La viande crue, ou la viande cuite dont le coefficient nutritif est sensiblement égal, détermine une quantité de suc psychique grande ou petite suivant que ce coefficient est connu ou non.

Si cette connaissance manque, il ne s'exerce aucune action sur le centre d'excitation sécrétoire de l'estomac; si elle est imprécise, cette action est faible; au contraire, lorsque l'aliment a été essayé plusieurs fois, et que la mémoire vive de ses effets est conservée, lorsque l'excitation cellulaire la réveille et se joint au tableau des impressions par lequel on reconnaît la présence de cet aliment, elle réveille un vif appétit, et en même temps on observe une quantité de suc gastrique beaucoup plus grande. On peut dire la même chose du pain, des œufs, etc...; nous constatons sans cesse que le suc psychique, qualitativement et quantitativement, s'adapte, non pas à la nature de l'aliment ingéré, mais à ce que l'on connaît de cette nature par des expériences antérieures. Cette connaissance est accusée, d'un côté par la sensibilité trophique, et de l'autre par l'impression sensorielle produite par la présence de ce qui a causé la première, que cette impression soit un son, une lumière, un contact, ou un ensemble d'images différenciées, qui correspondent à cet effet et non à un autre. Dans le cas où il survient une variation dans ce tableau, le sujet hésite, et pendant que, par la perception visuelle ou tactile, par exemple, il tend à croire qu'il ne se trouve pas en présence de ce qui a causé l'effet trophique connu par l'odorat, il tend à croire le contraire. Telle est la situation du chien devant le bouillon.

Par le goût et par l'odeur, il reconnaît les propriétés trophiques de la viande; mais l'impression tactile, thermique et visuelle de ce qu'on lui donnait auparavant est si distincte, que dans cet état de doute il ne sait quel parti prendre. Si, séduit par l'odeur ou par le goût, il se décide à l'essayer, cet essai le prédispose à le répéter d'autres fois, et ainsi il arrivera un moment où il désirera le bouillon avec la même ardeur qu'il désirait la viande.

Dans ces adaptations, le chien procède comme s'il connaissait la quantité de suc psychique qui doit être versée sur les aliments pour que l'estomac puisse entreprendre son travail digestif dans de bonnes conditions, de même que dans la salivation il procédait comme s'il connaissait la quantité de salive nécessaire pour amollir certains corps et favoriser leur déglutition. On désire l'ingestion de 100 grammes de viande, et sous l'influence d'une action psychique l'estomac sécrète une quantité de suc digestif très supérieure à celle qu'il sécrétera quand il désirera seulement l'ingestion de 50 grammes : pour que cela ait lieu, il n'est pas nécessaire que ces deux quantités soient arrivées dans l'estomac : il suffit de le penser. Comment l'animal peut-il savoir que 100 grammes de viande sont plus que 50, et que le mouvement initial qu'il faut imprimer au viscère doit être plus grand pour la digestion de la première quantité que pour la seconde? Indubitablement, la condition casuelle ou déterminante de ce phénomène sécrétoire n'est pas périphérique; et puisque nous voyons que pour tous les aliments qu'il connaît, il procède avec cette sagesse, et qu'il ne procède pas de même avec ceux qu'il ne connaît pas ou qu'il a imparfaitement essayés, il est clair que cette action centrale n'est pas innée, mais provient de l'expérience ou de l'apprentissage.

En vertu donc de quelles expériences le suc psychique s'adapte-t-il aux aliments connus, et ne s'adapte-t-il pas à ceux qui n'ont pas été essayés?

On est fort étonné de l'adaptation psychique de sécrétion salivaire aux conditions physiques du corps qui doit être avalé, tant qu'on ne connaît pas l'intérêt qu'a le sujet à effectuer cette déglutition, intérêt né de la connaissance; il est surprenant aussi que le suc psychique s'adapte à l'appétit, tandis que nous ne pouvons pas découvrir la liaison qui peut exister entre le centre de la sécrétion gastrique et l'envie de manger; mais il suffit de mettre en évidence cette liaison mécanique, pour que le cas cesse de nous étonner. Voyons donc quel peut être le mécanisme de cette adaptation.

Pawlow a montré, avec une abondance d'expériences qui doit persuader les plus obstinés, que les terminaisons périphériques des nerfs de la muqueuse gastrique ne réagissent que sur les stimulants propres ou spécifiques de leur milieu particulier, restant insensibles à toute excitation mécanique ou physique. L'hypothèse de *l'indifférence fonctionnelle des nerfs de la sensibilité organique* est insoutenable. Indépendamment de toute action centrale, quand on soumet l'estomac à l'action de certains stimulants, on constate qu'il réagit devant ceux-ci d'une manière plus ou moins active, suivant leur nature, et qu'au contraire, il reste indifférent à l'action d'autres stimulants.

Ainsi, nous voyons que l'eau, les principes qu'on peut extraire de la viande, la peptone, etc..., excitent la sensibilité sécrétoire, comme la pression excite les corpuscules de Meisner, ou comme les ondes sonores excitent le nerf acoustique, tandis qu'elle reste aussi insensible à l'amidon, à la plupart des composés minéraux, etc..., qu'aux excitations physiques. Supposons connues ces conditions de la sensibilité gastrique (assez connues pour que nous n'insistions pas); il est clair, que de même que les glandes parotides, sous-maxillaires et sub-linguales, par la nature spéciale du milieu, excitent d'une façon particulière les terminaisons nerveuses qu'elles renferment et créent dans le sensorium un centre qui réagit sous l'action de ces stimulants spécifiques, centre probablement enchaîné à d'autres centres subalternes; de même, la sensibilité gastrique crée des centres récepteurs de ces excitations spécifiques, capables seuls de la faire réagir (centres dont la topographie nous est inconnue), et un noyau de réception centrale où les excitations s'accusent sensoriellement.

Quand nous disons donc que l'appétit détermine sur l'estomac un réflexe sécrétoire, en réalité il ne crée pas, dans le sensorium, une nouvelle fonction : il agit sur une fonction déjà créée par les stimulants périphériques auxquels il doit son origine.

La sécrétion gastrique, isolée de toute influence étrangère, tend à s'adapter, qualitativement et quantitativement, à la nature du contenu alimentaire, puisque ce sont les excitations externes (et nous employons le mot *externe* dans le même sens que Pawlow) qui adaptent l'action centrifuge à l'action centripète.

De même, donc, que l'estomac digère la viande qui a été introduite dedans, parce que cette viande contient les stimulants naturels qui agissent sur la sécrétion, de même le mammifère, durant les premières tétées, quand il ingère par la préhension aveugle, ou le petit oiseau qui avale les graminées ou les morceaux de viande que la mère dépose dans son bec, mettent l'estomac dans les conditions que nous avons indiquées, puisque ces animaux ne connaissent pas encore les signes au moyen desquels la faim devient représentative.

Comme nous le verrons bientôt, même quand l'animal ne connaît pas la forme sensorielle par laquelle il peut se représenter ce qui est ingéré, c'est une vérité, de fait irrécusable, que *l'estomac accuse dans la conscience la présence de ce qui est ingéré*. Bientôt aussi (conformément à ce qui a été expliqué dans la description de la première phase de l'expérience trophique) les impressions externes sont considérées comme signes de cette même chose, qu'accuse aussi la sensibilité gastrique une fois que le sujet connaît ces impressions externes; elles lui annoncent la présence de l'aliment avant que la sensibilité gastrique ne l'accuse, et c'est ainsi que, par le moyen d'un ensemble d'impressions sensorielles, représentatives de cette chose absente qui calme la faim, on arrive à savoir que cette chose est présente, avant que sa présence soit accusée par l'estomac.

Cette liaison et cette succession de phénomènes étant montrés, il semble, que tout s'unit et conspire pour nous amener à cette conclusion : l'estomac accuse comme présent ce que la sensibilité trophique accuse comme absent. Tant que manque l'image-signe de l'aliment, il manque l'élément intermédiaire qui enchaîne logiquement l'aspiration trophique à sa satisfaction ; dans ce cas aussi, la faim peut se calmer, mais le sujet ignore ce qui l'a calmée, et comment on arrive à cet effet.

Qu'on introduise dans l'estomac d'un chien, par une fistule, 200 grammes de viande hachée, après une abstinence de deux ou trois jours ; l'animal, après l'opération, trouve que la faim qui le harcelait a disparu comme par enchantement ; il ne se rend pas compte de ce qui lui est arrivé, car il manque dans sa conscience le terme intermédiaire qui unit l'un et l'autre phénomène.

Au contraire, si l'animal, par anticipation, a reconnu la présence de la viande, par son odeur, par sa saveur, par l'impression qu'elle produit au toucher buccal, par les mouvements volontaires avec lesquels il l'a mastiquée et avalée, il se rend compte alors, logiquement, que ce qui impressionnait ses sens de cette manière n'est autre chose que ce que l'estomac accuse dans la conscience comme présent. De même qu'on insalive l'aliment dur, avec l'intention manifeste de rendre la déglutition possible, de même les images-signes sont par le besoin trophique unies à l'*intention logique* de voir l'aliment que le sujet se représente par le moyen de ces images-signes fournir son effet dans l'estomac.

Ce qui fixe la durée ou la persistance des images-signes est le désir trophique, la faim cellulaire.

Nous avons dit en temps opportun que la ration d'ingestion se mesure par la ration alimentaire qu'on fournit au milieu interne ; quelle que soit la valeur alimentaire de cette ration au point de vue chimique, ce que le sensorium psychotrophique connaît véritablement de cette valeur, c'est ce qui a été utilisé pour régénérer le milieu interne et fournir à l'élément cellulaire les éléments de reconstitution dont il a besoin. De là résulte que le chien qui a éprouvé souvent les bons effets de la viande en garde la mémoire, et quand l'excitation cellulaire éveille ce souvenir, c'est avec une intensité déterminée qui se règle par le déficit plus ou moins considérable, dans le milieu interne, de tous les produits que sa ration alimentaire a fourni d'autres fois; et c'est ainsi que se formule dans le jugement trophique un *quantum* de désir pour la viande, une mesure, une taxe; il n'en est pas de même pour le pain, si on l'a essayé seulement un petit nombre de fois; dans ce cas, les souvenirs sont vagues, incertains, et le sujet ignore la ration d'ingestion qu'il doit s'assigner pour qu'elle satisfasse les besoins du milieu interne.

Une fois la ration d'ingestion fixée d'avance par le désir trophique, sa présence extérieure est signalée par les images-signes qui nous la font connaître, et sa présence intérieure, par les sensations gastriques qui l'accusent dans la conscience. La saveur, l'odeur, le contact, l'impression thermique auxquels on reconnaît la viande, s'il s'agit de cet aliment, persisteront pendant tout le temps nécessaire pour incorporer, par la préhension, la quantité formulée par les centres psychotrophiques; et jusqu'à son ingestion, le désir qui pousse à l'ingérer ne sera pas éteint, pendant que l'estomac la reçoit, et accuse sa présence à la conscience. Ces images créées par l'excitation externe dans les sens, et dont la persistance se mesure par le désir de l'aliment qu'elles représentent, donnent lieu à des incitations qui agissent sur le centre psychique d'excitation gastrique. De même que dans les réflexes conditionnels de la sécrétion salivaire, nous avons vu que le souvenir préexistant ouvrait la voie collatérale par où devait passer l'incitation qui agit sur ce centre, les centres sensoriels externes se convertissent en foyers d'excitation du centre excitateur de la sécrétion gastrique. Plus l'impulsion qui pousse à l'ingestion de la viande est intense et de longue durée, pour satisfaire la conscience de la ration alimentaire nécessaire, et formulée d'avance, plus les images-signes par lesquelles se signale cette ration d'ingestion seront vives et persistantes, et plus les incitations qui agissent sur le centre sécrétoire seront intenses ; au contraire, si cette ration d'ingestion a été fixée vaguement, l'impulsion qui pousse à fixer les images-signes est faible et incertaine, et pour cette raison l'animal tantôt prend le pain, tantôt le laisse, plein de doutes et d'hésitations, et la quantité de suc psychique versé s'adapte à la courbe de ces incertitudes.

Cependant ce même animal s'habitue à manger du pain : la répétition des actes forme dans ses centres psycho-trophiques un état commémoratif, et à mesure que se définit la conscience de cette nouvelle valeur alimentaire, apparaît avec elle la notion de la quantité qui doit être ingérée pour qu'elle fournisse la ration alimentaire qu'il a expérimentée souvent ; et c'est alors que le suc psychique, qui à sa simple vue se verse dans la cavité gastrique, est qualitativement plus puissant, et quantitativement plus abondant.

Depuis le cas extrême où le pain est un aliment absolument inconnu, ne provoquant pas plus de suc que n'en peut provoquer un caillou, jusqu'au cas opposé, où il éveille une très grande avidité, il y a, relativement à la connaissance du pain par la sensibilité trophique, une gamme infinie d'adaptations.

Le mécanisme qui règle la quantité et la qualité de suc psychique provient de la connaissance que d'avance on possède de la valeur alimentaire de la ration d'ingestion.

Nous arrivons ainsi à la question dominante de l'expérience trophique, à son but final, à la conclusion logique où elle tend, depuis son origine : cette conclusion n'est autre que l'extinction de la faim.

L'expérience formule dans l'esprit la quantité d'aliments qui doivent être ingérés pour satisfaire les besoins du milieu interne, c'est-à-dire la ration d'ingestion nécessaire pour y arriver; l'expérience formule aussi d'avance la quantité du suc psychique, de même que sa puissance digestive nécessaire pour que la ration puisse être dûment préparée, au bénéfice de cette propulsion initiale.

Le milieu interne a reçu, par exemple, cinq kilogrammes de fourrage, ou deux cents grammes de viande, après que le sujet a constaté, premièrement qu'on pouvait reconnaître l'un et l'autre au moyen de certains signes, ensuite qu'avec une trituration et une insalivation appropriées, on pouvait faciliter sa déglutition, et plus tard, qu'au moyen du suc psychique on le mettait en état de remplir entièrement sa mission; le processus de sa digestion s'achève ainsi au moyen d'un réflexisme exclusivement périphérique et sans l'intervention de causes psychiques d'aucune sorte. Alors le sujet se tient pour satisfait; il est arrivé au but qu'il se proposait : apaiser sa faim.

Et là, est, précisément, le grand mystère. Pourquoi la faim s'est-elle apaisée? C'est une excitation cellulaire qui l'évoque dans les centres psychotrophiques dépendant des besoins du milieu interne, et cette ration d'ingestion apportée à l'estomac par la préhension demandera de longues heures pour pouvoir entrer dans le milieu interne, satisfaire ses besoins, et calmer l'excitation cellulaire... Malgré tout, le fait est que la faim s'apaise; il semble que le sujet se repose sur un raisonnement qui pourrait se formuler ainsi : « sachant que les substances en lesquelles le métabolisme a privé l'organisme sont : $a, b, c, \ldots n$, et que chacune d'elles vaut tant; sachant de plus, que la ration ingérée fournit $a, b, c, \ldots n$, dans la mesure précisément où elles manquent, comme par l'expérience on l'a constaté un grand nombre de fois, je ne sens pas la faim, parce que je suis persuadé que l'organisme aura ce qui lui manque, quand il utilisera les éléments apportés à l'estomac ». Il s'ensuit que le déficit cellulaire sera satisfait à la suite de l'ingestion.

Dans ce raisonnement fictif il y a un grand fond de vérité ; seulement, il pèche par un point : l'herbivore qui s'assigne cinq kilogrammes de fourrage, ou le carnivore qui s'assigne deux cents grammes de viande, peuvent savoir parfaitement, d'après les indices expérimentaux qui s'accusent sensoriellement dans leur conscience, que de ces rations sortira la ration alimentaire dont l'un et l'autre ont besoin ; ce qu'ils ne peuvent savoir, c'est quand ils auront ingéré les cinq kilos ou les deux cents grammes de l'un et de l'autre aliment. Comment s'accuse, sensoriellement, cette mesure dans la conscience ? Comment se mesure la ration d'ingestion ? En d'autres termes : si la ration alimentaire fixe la ration d'ingestion, en vertu de quoi se mesure le *quantum* de cette dernière ?

Apparemment, on cesse de manger parce qu'on n'a plus faim ; mais en examinant bien la question, on découvre qu'il n'en est pas ainsi ; au contraire, on n'a plus faim parce qu'il y a quelque chose qui accuse dans la conscience qu'on a assez mangé, et cette chose fixe ainsi la quantité à ingérer.

Qu'est-ce qui accuse dans la conscience la ration d'ingestion ?

Dans l'expérience du repas fictif, l'aliment étant envoyé au dehors au lieu d'entrer dans l'estomac, l'animal mange des heures et des heures sans prendre conscience de la taxe ingérée. D'autre part, indépendamment de toute expérience trophique, il arrive un moment où l'animal se trouve satisfait ; il ne sait pas comment s'est effectué ce changement d'état, d'après ce que nous avons antérieurement indiqué, mais le fait est que la faim est apaisée.

Dans les processus que nous avons décrits jusqu'ici, l'animal apaise sa faim, en sachant comment ; à cet effet, il établit des signes, apprend à mastiquer, à saliver, à déglutir, à régler le suc psychique, et dans toutes ces opérations d'ordre intellectuel, il ne se propose pas d'autre but que de provoquer dans l'estomac un état qui se traduit dans la conscience par l'idée de terme ou de conclusion logique de ce processus.

Il est certain que cet état de l'estomac détermine l'extinction de la faim, quand les aliments y entrent d'une façon dissimulée ou sans que le sujet sache comment; mais, par le fait que cela arrive, une fois que l'existence de ce phénomène est remarquée par l'intelligence, tout le processus de l'expérience trophique se forme d'après le dessein ou l'intention de le provoquer, ou de déterminer sa réapparition.

Si l'on se fiait à l'introspection, dont les jugements, fondés sur une condition physiologique qu'on ignore, sont arbitraires, on pourrait croire que l'estomac accuse la ration d'ingestion comme un état de réplétion mécanique. Cette supposition est inadmissible : 1º parce que les substances inertes ne calment pas la faim; 2º parce que l'estomac détermine la cessation de la faim à un moment variable suivant la nature de l'aliment : tandis que 100 grammes de viande peuvent la satisfaire, 100 grammes de riz cuit ou de haricots ne produisent pas le même effet.

Sans nier que la sensation d'un certain poids peut influer sur la détermination de ce phénomène, on peut croire que la véritable cause réside dans des excitations de nature chimique. A en juger par la quantité et la puissance digestive du suc sécrété, la sensibilité gastrique distingue parfaitement la présence de certains principes devant lesquels elle se montre très sensible; il y en a d'autres devant lesquels elle se montre insensible; il y en a qui provoquent un réflexe inhibitoire; mais, une fois la digestion commencée, par l'action du suc psychique qui exerce sur eux une action uniforme, par des modifications imprimées dans leur composition chimique et même dans leur état physique, elle s'y montre sensible. Sur ce point les travaux accumulés par l'école de Pawlow sont très instructifs.

Tout nous porte à penser que dans cette conscience

très obscure où il n'est pas bien difficile de pénétrer au moyen de l'analyse, la sensibilité gastrique accuse qualitativement par action centripète la présence des aliments; et c'est ainsi que l'on comprend qu'une ration de viande relativement petite en poids et en volume nous laisse satisfaits autant et plus qu'une ration égale de pain; le sentiment de cette plénitude n'est certainement pas mécanique.

Puisque la faim cesse, quand les aliments on été introduits dans l'estomac, de la même façon dans le cas où ils y ont été envoyés d'une manière consciente ou raisonnée que quand ils l'ont été autrement; puisqu'à partir de ce moment cesse l'activité fonctionnelle des centres psychotrophiques, malgré l'existence de l'excitation cellulaire qui l'éveillait, nous ne pouvons, physiologiquement, nous expliquer ce phénomène, qu'en admettant l'hypothèse d'une action réflexe exercée sur ces centres par la sensibilité gastrique.

A mesure qu'il s'établit ainsi des connexions inter-neuronales entre les centres de la sensibilité externe et les centres d'excitation des sécrétions salivaires et gastriques, on peut imaginer que les connexions dentritiques qui maintiennent les centres psychotrophiques reliés aux centres subalternes, cessent de les relier une fois que l'estomac annonce qu'il est arrivé au but qu'il se proposait.

Dans ces conditions, l'organisme vit aux dépens de lui-même; les déficits du milieu interne sont comblés au moyen des actions réflexes des centres subalternes, électivement excités; et à mesure que les éléments cellulaires s'appauvrissent, la régénération du milieu interne devient plus difficile, jusqu'à ce qu'arrive le moment où l'excitation cellulaire, gagnant chaque fois des centres plus élevés, se fait sentir dans les centres psychotrophiques; la faim réapparaît, alors le sujet demande les rations alimentaires dont les éléments cellulaires ont été privés, parce que les uns ont subvenu aux besoins des autres.

Actuellement, nous ne pouvons expliquer cet enchaînement des réactions nerveuses que par des raisonnements téléologiques. Nous nous expliquons, par exemple, que la réplétion cardiaque consécutive à un afflux sanguin démesuré excite le nerf dépresseur, pour qu'en exerçant une action vaso-dilatatrice sur les vaisseaux des grandes cavités splanchniques, il adoucisse le courant et modère sa pression. De la même manière, nous nous expliquons que l'excitation cellulaire éveille la faim, et qu'ainsi se succède la série de phénomènes devant apporter à l'estomac les matériaux qui pourront réparer les pertes de l'organisme; et lorsque nous nous demanderons en vertu de quoi cette excitation cellulaire se calme avant que les rations alimentaires aient pu réparer ces pertes, nous devrons imaginer aussi une action inhibitoire modérant et supprimant, une fois fixée la ration totale d'ingestion, l'action qu'elle exerçait à partir des centres subalternes sur les centres supérieurs, et cela pour la seule raison qu'*étant arrivée à son but la faim n'a plus de raison d'être*.

Pour terminer, et comme conclusion à ce que nous avons exposé dans ce chapitre, nous observons qu'au moyen de l'expérience trophique il s'organise dans ces régions inférieures de la vie psychique un entendement qui fournit à l'organisme tout ce dont il a besoin pour les dépenses de la consommation et celles de la croissance.

Les problèmes que résout cette intelligence rudimentaire sont d'une importance extraordinaire. Si l'on suppose qu'il ne soit pas possible à l'animal de découvrir par l'expérience quelles sont les choses qui doivent fournir à l'organisme les substances consommées et dans quelle mesure elles les contiennent virtuellement, la nutrition ne pourrait être réglée au moyen d'une ingestion appropriée.

Personne, je crois, ne s'est préoccupé jusqu'à présent de rechercher comment nous connaissons les choses alimentaires, bien que cette connaissance soit indispensable à l'entretien de la vie et constitue la condition première de toute autre connaissance ultérieure.

Depuis un temps immémorial, on admet que la vie intellective s'éveille sous l'action de l'excitant externe; cette action crée, dans l'intelligence qui est originellement *sicut tabula rasa in qua nihil est scriptum*, les images par lesquelles nous nous représentons les choses du monde extérieur, et qui nous fournissent la première matière élaborable de toute opération intellectuelle ultérieure. Devant une impression externe, dit-on, la rétine réagit et par suite le centre optique, et l'image visuelle devient représentative d'une chose qui en elle-même n'est pas lumineuse, car la lumière s'est créée dans le fond des yeux à la manière d'un *fiat*; devant une impression externe reçue dans l'expansion périphérique des nerfs sensoriels, apparaissent dans la conscience les perceptions de saveur et d'odeur, de chaud et de froid, de pression et de son, et toutes ces images deviennent représentatives des choses extérieures, soit par une vertu excentrique innée, soit avec le concours de processus moteurs, soit par l'action de formes préexistantes dans l'intelligence, qui leur sont appliquées, et au bénéfice desquelles elles peuvent être interprétées.

Les origines de la connaissance, qu'on les explique par la thèse spéculative ou bien par la thèse empirique, résultent toujours de la rencontre des sens et du monde extérieur, à tel point que, si ce conflit n'apparaissait, l'intelligence, comme une force latente, dormirait éternellement.

Une fois ce point de vue adopté, nous séparons les fonctions de la sensibilité trophique des fonctions de la sensibilité externe, comme si les unes n'avaient rien à voir avec les autres.

Le sensorium est partagé en deux grandes parties : l'une *antérieure*, qui obéit à l'action du monde extérieur et crée les fonctions de la vie de relation, et l'autre *postérieure*, qui obéit à l'action du monde intérieur ou organique, créant les fonctions de la vie végétative.

Si l'on morcelle ainsi l'unité structurale et physiologique du système nerveux, on morcelle également l'unité indivise de la conscience, et l'on en vient ainsi à supposer que le *sujet qui pense* n'a rien à voir avec le *sujet qui mange*. Le sensorium et le sujet mutilés de cette façon, on ne se doute pas que la sensibilité trophique peut apporter des éléments intellectifs de grand valeur; on admet comme un dogme inébranlable, comme un postulat indiscutable, que tout ce que découvre l'intelligence procède directement des sens, ou bien que l'intelligence le tire d'elle-même, en vertu de *formes* ou de *principes* qui préexistent en elle d'une manière immanente.

Une observation libre d'idées préconçues nous montre clairement que le *sujet qui mange* est le même que celui *qui pense*; car, pour subvenir aux besoins de l'organisme, il a besoin de savoir avant tout que s sont ces besoins, et quels sont dans le monde extérieur les corps qui peuvent les satisfaire. L'ingestion n'est pas un acte qui puisse se réaliser comme la sécrétion rénale ou la fonction glycogénique; c'est un acte, non pas machinal, mais relevant de l'intelligence.

Dans ses origines, l'intelligence part de la partie inférieure de l'organisme, de ce qui se formule dans la sensibilité trophique comme la sensation de faim. Tandis que ces activités sont éveillées par des stimulants internes, les excitations externes agissent sur les sens, évoquant des images dont on ignore la cause; car avant que la lumière soit projetée sur le corps qui l'émet, elle est perçue dans la rétine comme une sensation interne; et la saveur et l'odeur sont perçues dans la bouche et dans les narines avant qu'elles puissent être attribuées aux causes qui les provoquent.

Une fois les fonctions de la sensibilité externe séparées des fonctions des centres psychotrophiques, il n'y a aucune raison de croire que les excitations qui suscitent ces images éveillent avec elles une impulsion qui force à les rapporter au monde extérieur.

Le nerf optique, ainsi que les nerfs tactiles, réagit comme les filets sensibles du pneumogastrique; lorsqu'ils reçoivent l'impression, ils accusent un changement d'état, rien qu'un changement d'état.

Ceux qui supposent que les nerfs de la sensibilité externe ont la propriété d'évoquer ce changement d'état dans la conscience, et en outre le sentiment de la cause qui l'a provoqué, ce qui n'avait pas lieu avec les nerfs de la sensibilité organique ou générale, ceux-là leur attribuent une propriété physiologique absurde, car il n'y a pas de condition matérielle qui la détermine. De cette soi-disant propriété excentrique avec laquelle naissent les sensations externes dans la conscience, Voltaire disait qu'elle constituait un véritable miracle.

Il en est ainsi, en effet; mais, pour détruire les miracles, on a créé l'investigation expérimentale, et elle nous montre qu'il n'est pas certain que les impressions reçues dans les centres de la sensibilité externe soient *a priori* excentriques, grâce à une force mystérieuse qui crée leur objectivité. Cette propulsion vient de l'intérieur, de la sensibilité trophique, qui commence par les considérer comme signes de la chose qui nourrit; et comme ces signes n'apparaissent qu'en présence de la chose qui nourrit, on les attribue ensuite à cette dernière, considérée comme sa véritable condition casuelle. Entre la sensation trophique, la sensation externe et la sensation gastrique, il s'établit par l'expérience une liaison intime et profonde; si la première accuse l'absence de quelque chose, la seconde, au moyen des signes, dénonce sa présence, pendant que la troisième accuse, avec le sentiment de sa présence, la réalité de ce que ces signes nous ont annoncé d'avance.

L'intelligence commence par là. Le sujet qui mange sait avec quoi il calmera sa faim, et quelles sont les choses du monde extérieur qui possèdent cette vertu; jamais il n'aurait fait une si grande découverte, si dans ses centres sensoriels n'existaient des impressions dont il ignore l'origine. Cependant, comme il observe mille et une fois que ces images ne réapparaissent pas tant que ce qui calme sa faim ne provoque pas dans sa bouche une impression tactile et thermique, dans ses narines une impression olfactive, dans ses yeux une impression colorée, et dans ses oreilles une impression sonore, il finit par croire, par l'opération d'un processus inductif dont les termes lui sont donnés comme préétablis, que ces impressions ne naissent pas spontanément dans ses sens, mais que leur réapparition est indissolublement liée à cette chose que l'estomac lui accuse comme présente lorsqu'elle apaise la faim.

Ainsi donc, si, au lieu de rendre au sensorium son unité fonctionnelle en observant comment ses fonctions psychotrophiques se mêlent à celles de la sensibilité externe et gastrique, nous les mutilons inconsidérément, et si nous supposons que les centres sensoriels fonctionnent d'une façon autonome dès le commencement, nous trouvons que les images sont attribuées à des choses qui ont de par elles-mêmes une valeur objective; et si nous nous demandons en vertu de quoi, nous nous répondons avec Voltaire : par un miracle. Si, d'autre part, nous observons que notre manière d'ingérer les aliments est si bien adaptée aux besoins de l'organisme qu'il est surprenant et merveilleux que la poule cherche la chaux à l'époque de la ponte, ou que tous les animaux, y compris l'homme, tâtonnent pour trouver la meilleure manière de compléter leurs rations d'ingestion lorsqu'elles sont insuffisantes, lorsque nous nous demandons comment il peut se faire qu'il y ait tant de sagesse et de logique dans cette façon de procéder, nous nous tirons également d'embarras en attribuant ces merveilles à un ensemble d'autres miracles que nous appelons l'instinct. Mais, une fois l'unité fonctionnelle du sensorium rétablie au moyen de ce travail ardu que l'animal entreprend lorsqu'il établit l'expérience trophique, la plus importante de la vie intellectuelle, les espaces s'éclaircissent et les mystères s'évanouissent;

nous avons ainsi des éléments de jugement jusqu'à présent ignorés, qui nous permettent d'aborder des questions très obscures, en nous plaçant à des points de vue nouveaux.

CHAPITRE V

ORIGINE DE LA CONNAISSANCE DU RÉEL EXTÉRIEUR

La perception des aliments et la perception externe proprement dite. — La perception trophique précède chronologiquement la perception externe. — Transition de la perception trophique à la perception externe. — Ce qui différencie la perception trophique. — Comment on sait que cette différence n'est pas illusoire et correspond à quelque chose de réel. — Valeur objective des signes sensoriels. — Valeur réelle de la perception des objets. — Universalité de la certitude du réel. — Sceptiques et dogmatiques. — Thèse nativiste. — Thèse génétique. — Le réel ne peut s'induire de l'expérience externe. — Thèse d'Helmholtz. — Thèse métaphysique du réel. — Réintégration du problème du réel dans le domaine des faits expérimentaux. — Comment il est possible de le résoudre au moyen de l'induction.

L'observation nous enseigne que dans le monde extérieur nous percevons les aliments tout autrement que les objets individualisés. Le pain, quand nous ne le désirons pas, nous apparaît comme une chose située dans l'espace, à laquelle nous attribuons une certaine forme, une certaine odeur, une certaine saveur, une certaine couleur, une certaine résistance; toutes ces images sont liées entre elles comme propres à ce corps ou *inhérentes à ce sujet*; et, à supposer que quelqu'une d'entre elles change, nous continuons à la rapporter à du pain tout comme auparavant, comme il arrive, par exemple, si une goutte d'éther, ou de n'importe quelle essence, l'imprègne d'une odeur différente de celle qui lui est propre. Il n'en est pas de même quand nous le désirons, ou quand nous le percevons comme aliment. Chacune de ces impressions isolément est fixée à la faim que nous éprouvons, et s'il arrive qu'une seule des images qu'elle évoque apparaît sous un autre aspect que dans l'expérience trophique, il ne nous apparaît plus comme un aliment, mais comme quelque chose que nous ne connaissons pas. Il suffit que le pain se soit imprégné d'une odeur qui n'est pas la sienne pour qu'il cesse d'être désiré; et si, étant certains que c'est le même pain qu'auparavant, nous voulons le manger, il nous répugne.

Nous avons appris à connaître la qualité nutritive du pain, grâce à une certaine odeur, à une certaine saveur, à une certaine couleur, à un certain nombre d'impressions, dont chacune a été notée par l'effet nutritif qui pourvoyait l'organisme, sans nous préoccuper de savoir si ces images étaient rapportées à un ou à plusieurs corps; et quand, dans ce tableau général d'impressions, il en apparaît une, comme l'odeur, qui n'est pas la même qu'auparavant, nous nous trouvons en présence d'un corps sans savoir s'il est ou non un aliment, parce que nous ne l'avons pas essayé avec ce nouveau signe.

Si on nous sert notre dîner quotidien sur une table recouverte d'un drap noir, au lieu d'une nappe blanche à laquelle nous sommes habitués, cela nous surprend. Nous comprenons clairement que le bouillon qui fume dans la soupière est le bouillon habituel, mais la connaissance de cette identité ne nous convainc pas, et elle ne nous convient pas, car le spectacle de la table avivait l'appétit par les souvenirs trophiques qu'il réveillait; maintenant nous trouvons qu'il ne les réveille plus, parce qu'il apparaît une impression nouvelle, celle de la couleur noire, qui n'est pour nous le signe d'aucune qualité alimentaire. Si nous désirons, inspirés par la raison, revivifier l'appétit arrêté, la première chose nécessaire sera de nous séparer de cette note perturbatrice, et, en faisant intervenir successivement une série d'impressions, de rappeler les signes au moyen desquels nous reconnaissons le bouillon, d'aspirer son odeur, de le savourer, d'évoquer l'ensemble des impressions qui nous l'ont rendu familier. Un raisonneur endurci, de ceux qui rejettent les faits quand ils les gênent, dirait triomphalement que le bouillon est aussi substantiel sur le drap noir que sur la nappe blanche; mais il ne remarquera pas que la perception des qualités alimentaires est associée à un certain nombre de signes qui sont en relation, non pas avec l'objet extérieur considéré en lui-même, mais avec les souvenirs trophiques que l'essai a gravés dans son cerveau; et comme maintenant il ne les réveille plus, il est inappétent, c'est-à-dire qu'il ne perçoit pas la présence de l'aliment.

En supposant qu'un chimiste analyse la composition d'un riz de couleur rouge importé d'un pays lointain, et la trouve identique à celle de l'excellent riz de la région de Valence, il ne se déciderait pas à l'ingérer, à moins de se forcer, car il ne reconnaîtrait pas trophiquement ses vertus alimentaires. Si son odeur et sa saveur lui rappelaient l'ancien, auquel il est habitué, il s'aiderait de ces souvenirs pour vaincre sa répugnance; mais si le goût et l'arome étaient autres, sa répugnance augmenterait. Sans deviner la raison de sa conduite, il fouillerait dans sa mémoire, pour rechercher des expériences anciennes qui l'ont instruit à l'égard de sa valeur alimentaire, les revisant une par une, méthodiquement; et comme il ne les trouverait pas, il serait devant ce nouveau riz comme un aveugle devant la couleur, ou comme le sourd devant le son. Prétendre percevoir la présence de l'aliment par les données que l'analyse y dénote, lui paraîtrait aussi absurde que de prétendre qu'un sourd entend, lorsqu'on lui expose les conditions physiques du son; ainsi, de même que pour un sourd il manque dans la conscience l'apparition du phénomène qui détermine les vibrations acoustiques, de même il manquerait à notre chimiste l'appétit du nouveau produit, c'est-à-dire la perception intérieure de ses qualités alimentaires.

On voit donc, par ces exemples, qu'il est certain que les aliments ne sont pas perçus de la même manière que les objets externes. Dans ce dernier cas, les qualités $a, b, c, d, \ldots n$ sont attribuées à une chose extérieure que nous nous représentons comme le *sujet de ces compléments*; dans le premier, nous considérons lesdites qualités comme signes des effets que cette chose détermine dans l'intérieur de notre organisme. Un aliment qui n'est pas désiré, n'est réellement pas perçu, parce que dans la conscience les souvenirs vifs ne sont pas mis en évidence par leurs effets. Les philosophes de toutes les écoles ont distingué ces deux classes de relations qui s'établissent avec les choses extérieures : les unes se rapportent à l'objet, les autres au sujet. Les secondes sont agréables ou désagréables, selon qu'elles satisfont ou non les désirs organiques; elles sont toujours intéressées, comme disait Kant; pour les premières, par contre, comme leur valeur représentative n'est pas liée au souvenir des effets organiques qu'elles ont déterminé, mais à l'effet qu'elles déterminent sur les sens externes, elles constituent le véritable élément *du jugement esthétique*, qui est toujours désintéressé, comme l'établit le philosophe de Königsberg. Les unes et les autres, cependant, nous mettent en présence de la chose extérieure.

Sans aucun doute, l'enfant qui s'arrête devant la vitrine d'une confiserie et la contemple avidement, sait parfaitement qu'il se trouve devant quelque chose dont il connaît les effets trophiques; lorsque ce même enfant, déjà rassasié, la contemple distraitement et sans désirs, il sait aussi qu'il a devant ses yeux une réalité extérieure qui subsiste indépendamment de ses effets trophiques.

Ce sont deux modes de perception d'une même et seule chose.

La perception des choses extérieures par l'effet trophique qu'elles déterminent, précède la perception extérieure proprement dite.

Il suffit de décomposer introspectivement les éléments

intégraux de la perception d'une orange, pour comprendre qu'il y a eu un temps où l'on a perçu sa couleur, sans se rendre compte que ce qui impressionnait la rétine était la même chose que ce qui impressionnait le tact, et que ce qui produisait dans la sensibilité thermique une sensation de fraîcheur était la même chose que ce que l'odorat accusait comme une odeur. Toutes ces impressions de la composition desquelles résulte la perception simultanée de l'ensemble préexistent isolément dans le cerveau. Sous cette forme élémentaire, l'expérience trophique les objective. Ainsi, nous avons vu que l'enfant ne rapportait pas la couleur blanche et la couleur noire à deux objets distincts, mais à deux éléments distincts, de même qu'il ne rapportait à la clochette pas le bruit qui lui annonçait la prochaine présence du lait, ni la tactation au tétin, ni la sapidité au lait; tous ces objets individuels lui étaient alors complètement inconnus, et cet ensemble d'impressions n'avait pour lui d'autre valeur représentative que celle de lui annoncer l'arrivée de ce qui devait apaiser sa faim. Nous avons dit précédemment, en décrivant la manière par laquelle se forment les impressions trophiques, que l'enfant reçoit une impression tactile et gustative dans sa bouche, une odeur dans ses narines, des impressions visuelles et acoustiques qui, si d'abord elles passent inaperçues, sont bientôt fixées comme signes révélateurs de ce qui nourrit. Évidemment, ces signes ne sont pas ceux du tétin, du vêtement, de la personne qui allaite, ni du lait, car ces individualisations objectives résultent ultérieurement de l'association qui lie entre elles toutes ces impressions élémentaires, qu'il attribue séparément aux objets auxquels elles appartiennent.

Dans ce premier moment de la vie psychique, les choses se différencient d'après les effets qu'elles déterminent dans la nutrition, indépendamment des images par lesquelles plus tard se caractériseront les objets, un par un, perçus comme qualités qui lui sont inhérentes.

L'enfant est loin de savoir, comme il le saura plus tard, que c'est le lait qui le nourrit; il sait seulement que ce qui calme sa faim se dénote à ses yeux par une certaine impression visuelle, à ses oreilles par une certaine impression acoustique, et ainsi pour tous les autres sens. Lorsqu'il distingue le lait mouillé du lait pur, d'après la couleur des vêtements, il ne se demande pas si ces couleurs sont propres à l'un ou l'autre, ou en sont privatives; il les considère comme de simples indices de l'un ou de l'autre; et le jour où ces couleurs s'interchangent, à mesure que l'expérience l'avertit que celle qui correspondait au lait mouillé correspond au lait pur et *vice versa*, il continue également à les considérer, comme des signes des effets trophiques que l'une et l'autre déterminent. Il en est de même chez le chien qui reconnaît la viande à son aspect, à sa lactation molle, à son odeur et sa saveur; au point de vue de la perception alimentaire, ces qualités particulières à la perception externe proprement dite, et qui lui sont si bien inhérentes qu'elles font reconnaître que c'est de la viande et non autre chose, peuvent être changées sans que l'aliment cesse d'être le même. Il suffit de peindre cette viande d'une autre couleur, de déguiser son odeur et sa saveur, ou de la dessécher, pour qu'une fois essayée sous cette nouvelle forme sensorielle, le sujet comprenne que c'est la même viande qu'avant, puisqu'il la désirera et en prendra la même ration qu'auparavant.

Ce n'est pas ainsi que l'on procède dans l'élaboration de l'expérience externe proprement dite. Quand nous disons que le plomb est un corps qui a telle densité, qu'il est soluble dans tel réactif, fusible à telle température, nous fixons ses caractères d'une façon si stable, que si ces qualités venaient à manquer, ou si nous pouvions le concevoir sous une autre forme, nous dirions tout de suite que ce n'est pas du plomb. Les objets que nous nous représentons sont tels et non autres, précisément parce que leur timbre, leur couleur, leur saveur, leur résistance, leur sont si particuliers que nous ne pouvons les imaginer autrement qu'ils se présentent à nous; les aliments, au contraire, sont considérés comme identiques, lorsqu'ils satisfont toujours un même besoin trophique, et comme distincts lorsqu'ils en saturent toujours un autre, quelle que soit la forme sous laquelle nous nous les représentons.

On comprend bien que, par la nature même de l'expérience trophique, les souvenirs du coefficient nutritif des aliments sont liés à un ensemble d'impressions qui sont habituellement toujours les mêmes.

La répétition de ces actes prédispose insensiblement à l'individualisation des objets. Chaque jour on s'aperçoit plus nettement que le bouillon fume dans la soupière, au centre de la table, possédant une certaine couleur et une certaine température, que les assiettes vont et viennent, que le fond de la table recouverte par la nappe demeure stable, que les verres sont transparents, et que les cuillers et autres ustensiles sont les mêmes; chaque jour se répète uniformément le fait que ce qui impressionne les yeux avec une couleur déterminée, impressionne le tact, le goût, l'odorat et l'ouïe en produisant les mêmes images invariables; et n'est-il pas merveilleux que ce qui a commencé par provoquer, dans chaque sens, une perception spéciale, distincte de toutes les autres, s'associe, par la répétition des mêmes actes aux autres, et que peu à peu on acquiert la conscience perceptive des objets individualisés auxquels ces perceptions correspondent?

La perception visuelle qui correspond au verre ou à l'assiette garde une connexion intime avec la perception acoustique qui correspond à leurs timbres respectifs et avec celle qui correspond à l'impression thermique et tactile que l'un et l'autre objet déterminent. Alors apparaît une perception complexe, formée de l'ensemble des éléments composants, et c'est ainsi que se détache dans l'intelligence, comme une unité conjointe, la connaissance de ce qui est propre au verre et ce qui est propre à l'assiette, avec l'apposition des différentes perceptions qui s'accusent devant plusieurs sens. Par les expériences accumulées, on sait comment doivent retentir dans l'ouïe l'un et l'autre objet, lorsqu'ils sont frappés, comment ils doivent impressionner le tégument externe, sous quelle forme doit les présenter la vision.

Rien de plus facile que de nous représenter le monde extérieur tel qu'il résulte de la perception externe. Les processus commémoratifs nous suggèrent le sentiment de notre faculté de rapporter chaque image sensorielle à l'objet auquel elle correspond.

D'après ce que nous connaissons actuellement de l'organisation de la fonction visuelle, chaque impression rétinienne est projetée au lieu de l'espace auquel elle correspond; chaque impression gustative ou olfactive est rapportée à sa cause, et de même pour les autres sens. Comme ces qualités sensorielles sont dues à la spécificité du nerf et du centre excité, et ne sont pas des copies des choses externes, ainsi que l'a démontré Johannes Muller, l'extérieur est l'écran sur lequel nous projetons les images qui existent seulement dans notre intelligence. Mais quand nous essayons de nous représenter le monde extérieur tel qu'il se montre dans l'expérience trophique, en revenant à la période où les impressions ne sont pas groupées par les liens de l'association, et rapportées à des unités externes séparées les unes des autres, notre tentative échoue. Quand les images ne sont pas rapportées aux objets $a, b, c, \ldots n$, mais aux effets trophiques qui les ont fait considérer comme les signes de ceux-ci, elles ne sont pas représentatives du monde extérieur, comme elles le sont dans la perception externe. Elles sont cependant représentatives de quelque chose dont la présence s'accuse dans l'estomac, et que nous savons, par des expériences antérieures, devoir produire un effet déterminé sur l'organisme. Ce quelque chose que l'on incorpore est extérieur; on sait clairement, par l'expérience trophique, qu'il réside hors de l'organisme, et c'est en dehors qu'on cherche aveuglément d'abord, intellectivement plus tard.

Qu'est-ce donc que l'on connaît de l'extérieur au moyen de l'expérience trophique? En posant ainsi la question, on voit immédiatement que le sujet ne considère pas l'image comme un moyen de différenciation externe, mais comme un terme de différenciation trophique. Le bon lait se symbolise par une couleur rouge, et le lait mouillé par une couleur blanche, d'après ce que nous avons vu sur la façon dont s'établissent ces expériences. Et cependant, ni l'une ni l'autre couleur n'a rien à voir avec ce corps spécial que dans le monde extérieur nous désignons du nom de lait; ce avec quoi elles gardent une étroite relation, c'est l'effet trophique que détermine l'un ou l'autre lait. Cette relation est prédéterminée par une action externe, car s'il n'était pas arrivé que plusieurs fois l'impression de la couleur blanche et celle de la couleur rouge coïncident avec les bons et les mauvais effets des deux laits, jamais l'expérience qui les a fait considérer comme signes distinctifs des deux laits n'aurait pu s'établir. Ces signes ne sont donc pas arbitraires; le sujet sait parfaitement que quand l'un d'eux apparaît, la faim se calme pour une période de temps très courte, et pour un laps de temps plus long quand c'est l'autre qui apparaît, et il le sait d'avance, par le souvenir.

On voit clairement, d'après cela, que chacun de ces signes correspond à une différenciation trophique déterminée.

Si, au lieu de simplifier le problème en l'appliquant à une sensation élémentaire, nous le considérons dans les conditions habituelles, nous reconnaîtrons qu'il se passe la même chose. L'ensemble des impressions par lesquelles on distingue le pain, l'eau, la viande, sont comme la couleur blanche ou la couleur rouge de l'exemple précédent : de purs signes des effets trophiques qui doivent survenir, et dont les souvenirs sont vifs dans la conscience; le sujet, s'en inspirant, est assuré que ce qui a toujours eu lieu se répétera maintenant.

Pour comprendre maintenant la véritable valeur intellective de ces signes, nous n'avons qu'à les détacher mentalement du souvenir trophique. Comme une hallucination est apparue dans la conscience de l'enfant l'image de la couleur rouge, et dans celle de l'adulte, l'ensemble d'impressions par lequel s'accuse la présence du pain ou de l'eau. Cet état est comme celui d'un rêve; dans ces conditions, le sujet est incapable de distinguer si ces images annoncent ou non la présence de ce qui calme la faim. Mais, au lieu de détacher l'image du souvenir trophique, imaginons que l'enfant ait faim, ou que l'adulte ait soif; évidemment il y a quelque chose qui accuse dans le cerveau de l'un l'absence de l'aliment, et dans celui de l'autre, l'absence de la boisson. Que sont alors ces images hallucinatoires? Des signes d'une chose qui n'est pas, de pures illusions des sens. Que sont-elles au contraire, quand elles annoncent la présence de l'aliment et de l'eau? Des signes d'une chose dont la réalité accuse la sensibilité gastrique lorsqu'elle empêche, dans les centres psycho-trophiques, le sentiment de son absence.

De même, l'ingestion qui satisfait tous les besoins moins un celui de sel par exemple, ou celui des protéines, malgré qu'elle apaise la faim globale, accuse bientôt l'absence de quelque chose de spécial, dont pendant un certain temps on ignore la nature; mais quand le signe s'est différencié, c'est alors qu'on reconnait le sel par une impression gustative, ou la viande par une odeur ou une couleur; on sait alors que ces images correspondent à quelque chose de réel, non par ce qu'accusent les sens, mais par l'indice irrécusable que la sensibilité trophique accuse dans la conscience. Si nous disons donc que la sensation du salé correspond à quelque chose de réel, et celle d'une certaine odeur ou d'une certaine couleur à celle de la matière protéique, c'est parce que nous éprouvons leurs effets dans l'organisme, et que nous en gardons un souvenir indélébile ; à supposer que cette connaissance originelle nous manquât, nous n'arriverions jamais à savoir en vertu de quoi elles ne surgissent pas spontanément dans le sens. Il ne nous est pas possible, maintenant, de douter que le salé corresponde à une chose spéciale, quand le besoin de cette chose s'est explicitement accusé mille et une fois dans la conscience, tantôt dans la sensation générale de la faim, tantôt isolément ; et l'on a toujours constaté expérimentalement d'une façon rigoureuse, que ce que l'organisme réclame s'accuse dans le goût par une certaine saveur, ou dans un autre sens par une certaine impression différenciée. Comment douter alors de la correspondance qui s'établit entre l'impression et la chose dont nous éprouvons les effets ? On a toujours constaté que ce qui nous apparaît sous forme d'eau devant les sens, est ce qui calme la soif. Si on nous présente cette chose sous forme de vin, nous ne savons pas tout de suite si elle calmera ou non la soif, car nous n'avons pas établi entre cette nouvelle couleur, cette nouvelle saveur, et cette nouvelle odeur, les mêmes correspondances qu'entre les impressions auxquelles nous avons reconnu l'eau, et le besoin trophique qu'elles saturaient ; mais une fois que ces nouvelles impressions auront été remarquées comme les autres, notre certitude sera aussi inébranlable à l'égard de celles-ci, qu'à l'égard de celles-là. Différencier une image dans les centres sensoriels au moyen de l'expérience trophique, c'est la même chose que de rechercher à quelle différenciation trophique elle correspond ; et comme cette différenciation accuse dans la conscience l'absence de quelque chose, de là vient que *cette image correspond à quelque chose qui manifeste comme présent devant les sens ce que la sensibilité trophique accuse comme absent.* Quand on nous demande, alors, comment nous savons que dans l'eau il y a quelque chose qui en soi n'est pas froid, n'est pas une couleur, ni une odeur, et qui cependant existe réellement, indépendamment de toutes ces impressions, exclusivement personnelles puisqu'elles proviennent des propriétés spécifiques de nos nerfs sensitifs, nous répondrons simplement : nous le savons parce que l'expérience nous a appris que ce qui affecte nos nerfs de cette manière est précisément ce qui calme la soif. Douter que ces correspondances existent, revient à douter que *celle chose* soit celle qui étanche la soif, c'est-à-dire douter des conclusions que l'expérience interne nous a montrées.

La vie intellective commence par la connaissance du réel. Dans la perception des aliments, nous nous sommes efforcés de démontrer que l'intelligence ne distingue pas des objets individualisés, mais des impressions détachées les unes des autres, qui n'expriment pas une relation avec les corps $a, b, c, d, \ldots n$, mais avec la chose qui produit dans l'organisme des effets nutritifs déterminés. Avant que se statuent les processus de la perception externe proprement dite, se statuent des processus plus profonds, par lesquels on sait, en premier lieu, qu'il manque quelque chose à l'organisme, et en second lieu, que l'on peut découvrir la présence de ce quelque chose en utilisant les impressions que nous trouvons dans les centres de la sensibilité externe. C'est alors qu'on observe qu'il y a un certain ordre de succession préétabli par des conditions physiologiques, entre l'impulsion qui porte à téter et les impressions externes que l'acte de téter détermine dans les terminaisons tactiles, gustatives, olfactives, et que s'ouvre le cycle de ce travail fécond par lequel certaines différenciations externes se mettent en relation avec certaines différenciations internes préexistantes. A mesure que ces premières expériences de la vie psychique se consolident, et à mesure qu'elles s'amplifient et se multiplient avec une plus vive clarté, on s'aperçoit d'une part que toute différenciation interne correspond à des différenciations externes déterminées, dont le nombre, petit au début, croît extraordinairement par la suite, et d'autre part, que ces impressions externes n'apparaissent pas spontanément, mais sont dues à quelque chose indépendant du désir; de là vient qu'on les considère comme le signe de ce quelque chose au moment où elles naissent. L'animal, inférieur ou supérieur, se rend parfaitement compte que sa faim se calme. Si leur réapparition ne calme pas sa faim, il les considère comme illusoires; si elles ne la calment pas de la même manière qu'auparavant, il estime qu'elles ne correspondent pas, comme avant, aux différenciations trophiques préexistantes, et alors il les considère comme fausses et procède à leur rectification; seulement, quand les phénomènes surviennent ainsi qu'ils sont prévus par des expériences antérieures, il les considère comme véritables. C'est de cette manière que se superposent les expériences au fond de l'intelligence, et que se formule le postulatum qui lui sert de fondement et est le point de départ initial de tout processus intellectif ultérieur : *l'image sensorielle correspond à quelque chose de réel; si elle ne correspond pas, elle est illusoire; si elle correspond mal, elle est fausse.* Cette connaissance fondamentale n'est pas innée, et ne nous est pas donnée par l'effet spontané d'une vertu ou d'un principe intellectif irréductible à un phénomène expérimentable, pour être considéré comme l'origine des phénomènes : elle résulte de l'expérience trophique, à tel point que, si l'animal ignorait qu'il s'alimente, son intelligence n'arriverait jamais à savoir que le réel existe.

A partir de cette idée primitive, ces impressions élémentaires s'associent les unes avec les autres, se groupant et s'attribuant, les unes à l'objet *a*, les autres à l'objet *b*.

Les processus de la perception externe proprement dite commencent, et l'on connaît les objets en les différenciant entre eux et en les individualisant. Comment se forment ces processus? Comment le sens visuel, qui a commencé par être aveugle, commence-t-il à percevoir l'impression de lumière, à distinguer les couleurs, à former l'image distincte qu'il projette sur un lieu déterminé et non sur un autre? Comment le tact, qui est apparu dans la région antérieure de la bouche, d'une manière distincte, n'existant pas encore dans les autres régions du tégument externe, se développe-t-il progressivement et se perfectionne-t-il jusqu'à arriver aux merveilles intellectives qu'il accuse chez les aveugles de naissance? Comment l'ouïe, qui, au début, a accusé le son à la manière d'un bruit interne, comme chez les sourds, arrive-t-elle à l'orienter par la suite, avec tant de précision, et à devenir assez fine pour distinguer la porcelaine du cristal, le vent des vagues? Comment le goût et l'odorat, qui, au début, accusent uniquement des sensations globales et amorphes, acquièrent-ils plus tard un pouvoir analytique aussi admirable, qui leur permet de constater l'existence des composants d'un mélange? Toutes ces hautes questions ne nous intéressent pas en ce moment. Quel que soit le mécanisme qui préside au développement fonctionnel des sens, un fait commun à tous se détache : toute différenciation perceptive présuppose toujours l'inaliénabilité de quelque chose de réel, qui reste et subsiste comme une chose non perçue. L'image visuelle se projette-t-elle, suivant une certaine direction, en un lieu donné de l'espace? En ce moment, peu nous importe de savoir comment elle se projette; l'unique chose qu'il nous importe maintenant de faire constater, c'est que l'intelligence abrite la persuasion profonde (que les critiques des savants n'arriveront jamais à ébranler, malgré tous leurs efforts) que dans ce lieu il y a quelque chose qui en soi-même ne sera ni couleur, ni forme, mais qui est. Il est certain qu'un objet en contact avec le tégument externe transmet par les nerfs tactiles une impression qui est propre exclusivement à la fonction de ces nerfs, mais il est tout aussi certain que l'intelligence considère cette impression de nature subjective, non comme une pure réaction physiologique, mais comme l'indice qui accuse la présence de quelque chose de réel. Il est certain aussi que l'image acoustique, olfactive, thermique, gustative, est de la même nature que l'impression tactile; mais l'intelligence, fascinée pour ainsi dire par le sentiment préexistant du réel, ne croit jamais qu'elle jaillit spontanément du nerf affecté; elle donne toujours pour présupposé qu'elle correspond à une action extérieure, à une chose qui en elle-même n'est ni sonore, ni sapide, ni odorante, ni froide, ni chaude.

Sans l'existence de cette chose, on ne conçoit même pas que les nerfs sensoriels réagissent, ni qu'ils accusent dans la conscience la modification ou le changement subséquent.

Ainsi sont les faits; ainsi apparaissent les perceptions externes dans la conscience. D'où l'intelligence a-t-elle conclu que les images sensorielles correspondent à une chose réelle? comment sait-elle que cette chose existe comme la condition *sine qua non* de toute perception possible, si cette chose n'est pas donnée dans l'effet, si, comme disait Johannes Muller, *les nerfs ne transmettent pas des qualités, mais leurs propres changements d'état?* Donc elle le sait, parce qu'avant qu'elle rapportât l'effet à sa cause, la réaction à l'action, elle a établi une somme énorme d'expériences, au moyen desquelles elle s'est rendu compte exactement que ces sensations ne l'avisaient pas de la présence du réel, jusqu'au moment où elle a découvert que chaque fois que la faim se calmait, il apparaissait un certain tableau des mêmes sensations; et comme elle a constaté qu'ainsi procédaient chaque fois les phénomènes dans la sensibilité externe et dans la sensibilité trophique, malgré leur nature si distincte, elle est arrivée à penser qu'elle pourrait prendre les premières comme le signe des secondes, et quand la faim menaçait, elle attendait que celles-là réapparussent, et au même moment elle a pu dire : « Voilà ce qui calme la faim ». Instruite de la sorte, elle a pu constater aussi que chaque faim spéciale pouvait être différenciée également par des signes spéciaux; et de cette manière, chaque chose spéciale que réclamait son organisme a été reconnue au moyen du signe qui lui correspondait. Ainsi a commencé son labeur intellectif; si, préoccupée avant tout de connaître les aliments pour entretenir la nutrition de l'organisme, elle s'est consacrée exclusivement à rapporter le signe à la chose qui satisfait réellement les besoins trophiques, n'est-il pas naturel et logique que plus tard, quand elle rapportera ces signes à l'extérieur, elle continue à les considérer comme les véritables représentants du réel? Peut-elle les considérer autrement?

L'homme a toujours cru que les images sensorielles ne sont pas illusoires; tous les animaux de la création le croient aussi. Cette croyance est si universelle, si irréfléchie et si ferme, qu'on a coutume de confondre, par insuffisance d'analyse, la représentation avec ce qui est représenté, le signe de la chose avec la chose même; par exemple, lorsqu'on suppose que l'image visuelle n'a pas été formée sur la rétine par une action externe, mais que c'est cette action même, et que la douceur du sucre ou le parfum de la rose ne proviennent pas de la réaction du nerf, mais sont la représentation vivante de la chose en soi. Depuis Johannes Muller, ce problème ne subsiste plus. Aujourd'hui, personne ne peut soutenir sérieusement que les images soient des copies ou des reproductions des choses extérieures, tout comme les termes de l'égalité $a = a$; s'obstiner à cette théorie ingénue, c'est vivre dans une autre atmosphère que celle qu'a créée la science expérimentale.

La conception subjectiviste de la nature de l'image n'a pas même annulé ni affaibli la croyance que l'image correspond au réel. Seulement, dans la sphère purement logique, de tout temps et sous une forme ou une autre, les hommes supérieurs, les analystes généraux qu'on appelle les sceptiques, ont douté de ce postulatum fondamental de l'intelligence. Leurs doutes sont formels, cependant ils n'ont jamais pénétré dans la vie pratique. Le psychisme inférieur leur impose une certitude dont ils ne réussissent pas à découvrir les origines au moyen du raisonnement; de là vient qu'ils ne doutent pas sincèrement, et qu'ils se comportent dans la vie ordinaire comme ceux qui croient réellement. On comprend bien, par exemple, que Pyrrhon n'était pas très sûr de l'inexistence des autres hommes quand il cherchait à les convaincre. Le doute du réel est incompatible avec la vie; celui qui douterait de la présence de l'eau, hésiterait à boire; les mouvements de celui qui marche seraient impossibles s'il doutait de ses pas. Tous les actes de la vie psychique présupposent toujours la croyance que les sens ne nous trompent pas; si nous supposions que l'on puisse se douter que l'impression sensorielle ne correspond pas à une chose réelle, et que par cela le monde des phénomènes est une pure apparence, nous mourrions. Quand Descartes, préoccupé d'établir son premier principe, admettait cette possibilité, au moins provisoirement, pas un seul moment il ne douta de la véracité de ses sens; autrement, il n'aurait pu écrire la *Méditation*, dans laquelle il exposait ses doutes. Convenons donc que c'est tout autre chose de raisonner formellement sur le fait de savoir si les images sont ou non illusoires, et de croire sincèrement qu'elles le sont, au moins momentanément; de cela, personne n'a douté ni ne peut douter.

Les sceptiques de tous les temps se sont heurtés à ce fait incontestable, que nous attribuons les images à une action extérieure, et lorsqu'ils se sont demandé comment nous savons qu'elles sont associées à cette action ou au réel, ils n'ont pu résoudre le problème. Les non-sceptiques non plus n'ont pu le résoudre, mais ils ne se rendent pas compte en eux-mêmes de ce que le problème existe, et ils croient au réel, soit au point de vue objectif, soit au point de vue subjectif ou idéaliste, sans s'être interrogés sur les origines de cette foi intérieure. Tandis que les premiers assurent que nous ignorons *comment nous savons que le réel existe*, les seconds admettent cette existence comme une vérité dogmatique. Kant disait que *dogmatique est tout ce que l'on admet sans avoir recherché comment l'intelligence arrive jusque-là*. Appliquons donc la définition que nous réputons excellente; à moins d'aller plus loin que son auteur ne l'aurait imaginé, nous devons convenir que ceux qui admettent l'existence du réel extérieur sans avoir constaté comment l'intelligence arrive jusque-là, admettent une supposition purement dogmatique. Le sceptique est dans son droit en se soulevant contre une semblable affirmation.

Les causes qui font que l'on ne peut trancher simplement cette question rebattue, dans un sens ou dans un autre, résolvent définitivement la question, suivant le point de vue adopté. On admet comme une assertion indiscutable, depuis que l'homme a commencé à réfléchir sur lui-même, que rien n'est connu de l'extérieur, sinon ce que nous suggèrent les sens; ou mieux, ce qui naît des sens n'est pas la reproduction d'un original qui réside en dehors de l'homme, et n'a, par cela même, qu'une valeur purement subjective. Quand nous nous mettons à rechercher génétiquement comment et de quelle manière cette modification est objectivée, et que nous examinons les phénomènes, tels que nous les trouvons établis actuellement, nous nous trouvons en face de ce fait surprenant, qu'une modification sensorielle purement interne, dotée d'un pouvoir magique, se projette à l'extérieur, à la manière d'un fantôme, se localisant en un lieu de l'espace où nous supposons que réside la chose réelle à laquelle elle correspond. Admettant cette excentricité spontanée comme point de départ de la connaissance empirique nous croyons aux qualités que nous attribuons aux objets, par une force mystérieuse qui nous impose intérieurement cette croyance. Comme dit Taine, quand nous affirmons, dans tous les jugements élémentaires que nous fournit la perception immédiate, que la neige est blanche, le miel sucré, la rose odorante, nous obéissons à un pouvoir hallucinatoire. Par là, on voit manifestement que l'observation empirique, telle qu'elle vient des sens, ne repose que sur une foi intérieure, de tout point illogique et aveugle, une fois que nous sommes cantonnés à ce point de vue. Nous affirmons, par exemple, que la neige est blanche. Cependant nous ne nous demandons pas sur quoi nous fondons notre assertion, nous l'admettons aveuglément, nous fiant à la foi intérieure, qui nous force à le croire ainsi ; le jugement nous semble indiscutable, et il en est ainsi en effet ; mais quand nous nous demandons ce que nous voulons dire, quand nous énonçons ce jugement très simple, nous remarquons que cette blancheur, née dans la rétine, est projetée sur une chose qui réside en dehors des yeux, et au moyen de laquelle nous arrivons à nous la représenter. Alors il arrive que nous nous demandons : comment savons-nous qu'elle correspond à cette chose ? Au point de vue *nativiste*, nous devons confesser avec sincérité que *nous ignorons comment nous savons cela*, bien que nous l'affirmions. Nous nous trouvons donc avec une connaissance illogique. Nous considérons comme logique *tout ce qui provient de l'antécédent qui le détermine*, et puisqu'il en est ainsi, nous sommes persuadés que le phénomène qui apparaît dans la conscience au moment b n'apparaîtrait pas si un autre phénomène ne l'avait précédé au moment a ; le logique est toujours la succession liée, l'éternel argument des antécédents et des conséquents.

Lorsque donc nous nous trouvons devant un phénomène spontané, nous nous trouvons en présence d'un phénomène inconditionné, c'est-à-dire de quelque chose qui ne peut se rattacher à une série, et qui est pour cela d'une nature distincte de ce qui est logique. Tel est le cas du jugement empirique le plus élémentaire. Quand nous attribuons la qualité sensorielle à son objet, nous établissons une relation entre ce qui est apparu aux sens et la chose par laquelle nous la complétons, comme si nous savions qu'effectivement cette qualité doit se rapporter à cette chose ; mais au moment où l'empirisme assure que cette correspondance ne s'établit pas parce que cela a été prouvé par un travail de l'esprit, effectué selon un plan logique, mais que nous agissons ainsi par l'effet d'une virtualité occulte, sous l'action d'une force mystérieuse qui nous porte à le croire, nous ne procédons pas logiquement, mais arbitrairement. Si l'excentricité sensorielle est nativement spontanée, ce phénomène est inconditionné, il manque d'antécédents déterminants, il faut convenir que nous ne savons pas comment la blancheur correspond à la neige ou la douceur au miel, et nous ne pourrons jamais le savoir. Voilà pourquoi toutes les sciences d'observation, qui sont tout ce qu'il y a de plus important et de plus solide dans l'intelligence, s'inspirent d'une foi intuitive primordiale, qui nous a été donnée par enchantement.

Personne ne croit à un semblable miracle. Depuis le dernier vertébré jusqu'à l'homme le plus savant, tous ont, non la foi, mais la certitude logique, que c'est la neige qui est blanche et que c'est le miel qui est sucré. Ils pourront ne pas se rendre compte des processus logiques d'où cette certitude se dégage; mais la conclusion finale est si claire dans leur conscience, qu'ils sont très convaincus de ne pas se tromper. Par le raisonnement ils ne pourront dire comment ils le savent, mais le fait est qu'ils le savent. Ils se trouvent dans des conditions analogues à celles du mathématicien qui aurait perdu le souvenir des théorèmes d'où découle celui de Pythagore, et qui n'arriverait pas à le démontrer, bien que sachant qu'il est parfaitement vrai, ou de la personne qui se souvient de la dernière syllabe d'un mot mais non des syllabes antérieures. De même que ces derniers ont la notion de l'existence des théorèmes précédents ou des syllabes qui manquent, mais en ont perdu le souvenir net, de même nous vivons persuadés que nous obéissons, non pas à une spontanéité aveugle, quand nous attribuons la blancheur à la neige, et la douceur au miel, mais à un raisonnement logique qui nous force à le croire.

Helmholtz, qui, s'il n'est pas le fondateur de l'école *génétique*, appelée aussi empirique, est du moins celui qui l'a exposée avec le plus d'amplitude et de clarté, sur-

tout en ce qui concerne les perceptions optiques, refuse
à la sensation cette vertu excentrique que le nativisme lui
attribue hypothétiquement. A son sens, *la sensation est un
signe que l'intelligence doit interpréter*; lorsque ce signe
n'est pas interprété, il manque absolument de signification
extérieure, de même qu'une écriture pour celui qui ne sait
pas lire; ce qui équivaut à dire que la sensation commence
par être une modification interne. Si, plus tard, elle acquiert
une signification objective, c'est par l'effet d'un raisonnement inconscient, formé sur des données que fournit
l'expérience; le mouvement fournit ces données. Considérons la fonction visuelle, non telle qu'elle commence à
s'organiser chez l'enfant ou chez l'aveugle de naissance qui
la recouvre par suite d'une intervention chirurgicale, mais
telle que nous la possédons maintenant, après un si long
et si laborieux apprentissage : il est évident que dans le
champ visuel d'un paysage, par exemple, nous possédons le
sentiment ou la notion de ce qui est à gauche, à droite, en
haut et en bas. Si nous nous demandons (sans avoir besoin
de plus longues recherches, qui en ce moment sont inop-
portunes) en vertu de quoi nous possédons le sentiment de
ces directions cardinales, nous nous répondrons que c'est
en vertu de la faculté acquise de tourner les yeux, la tête,
et même le corps, de l'un ou l'autre côté. Mais nous ne possédons pas la faculté de nous mouvoir uniquement dans
quatre directions : à la vue du paysage, nous nous trouvons
à même de fixer le regard sur chacun des points, en nombre
infini, dont se compose le champ visuel, et de le transformer
en *point visuel. Fixer le regard équivaut à dire : prédéterminer la vision distincte dans des endroits ou par des signes
locaux donnés de la rétine, au moyen du sentiment d'innervation.* Localiser donc d'emblée l'ensemble des images dont
se compose le paysage, aux lieux où elles sont projetées,
c'est la même chose que de posséder la mémoire nette des
mouvements qu'il faut effectuer pour les voir à l'endroit
où elles sont projetées.

Si, au lieu de considérer la vision dans toute sa complexité, telle qu'elle est organisée à la suite d'un si grand nombre d'expériences, nous la simplifions en la présentant comme une simple tache pigmentaire, nous comprendrons intuitivement que l'impression lumineuse qu'accuse la terminaison nerveuse sera purement interne; cependant l'animal ne dispose pas d'autres éléments de jugement que celui que fournit cette donnée, cette pure impression; mais si l'animal se meut et a la notion du chemin parcouru, à mesure que s'accumulent les expériences de ces mouvements, forcément il doit arriver un moment où la lumière que renvoyait l'objet a, qui brillait comme cinq, est la même lumière que celle qui brille comme deux, quand l'animal est un peu plus éloigné d'elle; pour formuler ce jugement d'identité, il suffit d'avoir conscience du mouvement qu'il faut effectuer pour qu'elle brille de nouveau comme cinq. Si l'animal était absolument immobile, il se trouverait incapable de juger des distances, car il lui manquerait le facteur mouvement, avec lequel il les mesure maintenant.

Voilà, brièvement résumée, l'origine de l'excentricité visuelle. De la donnée sensorielle pure on ne peut inférer la direction, et encore moins la distance, qui n'est qu'un *quantum* de direction ou une mesure de la même direction. La terminaison nerveuse spécifiquement différenciée accusera la lumière suivant l'intensité de l'excitant; mais ce plus ou ce moins n'accusera jamais de lui-même la proximité ou le lointain, tant qu'on ne se rend pas compte, par le mouvement, de l'espace intermédiaire. C'est seulement alors, par la synthèse des deux facteurs, sensoriel et moteur, qu'on pourra se faire une idée de la direction, et de la distance à laquelle se trouve l'objet lumineux.

Au fond, l'excentricité visuelle de cet œil rudimentaire est la même qu'accusent les fonctions visuelles des vertébrés supérieurs, sauf toujours l'extrême complexité du phénomène chez ces derniers. Le nativisme s'obstine à la considérer comme spontanée, ou comme non acquise par expériences de mouvement; ce qui nous semble illogique. Nous savons, maintenant, quelle est l'étoile polaire, car nous possédons dans le fond de notre mémoire la connaissance du mouvement que nous devons imprimer à nos yeux pour que cette étoile impressionne la rétine; s'il manque dans notre mémoire motrice la connaissance de ces mouvements, nous ne saurons quelle est l'étoile polaire, bien que son éclat soit reproduit au fond de nos yeux. De même, nous savons que les couleurs $a, b, c, d, \ldots n$ appartiennent aux objets correspondants, lorsque nous nous trouvons à même de les mettre au point successivement ou simultanément, dans un champ visuel profond; supprimons mentalement le mouvement des directions, dissocions la fonction rétinienne du domaine de l'innervation psychomotrice : les objets $a, b, c, d, \ldots n$ pourront comme avant affecter la rétine, mais nous ne saurons pas ce qu'ils sont différentiellement, car nous ignorons où ils sont. Qu'on ne dise donc pas que nous croyons que la neige est blanche, parce que nous y sommes portés par une vertu spontanée de l'esprit; nous le savons par un apprentissage expérimental dont nous sommes les auteurs. La blancheur de la couche de neige qui se détache sur le terrain jaune ou sur l'herbage vert présuppose une différenciation entre sa couleur et toutes les couleurs qui ne sont pas comme celle de la neige, et cette différenciation présuppose à son tour la connaissance des directions associées aux signes locaux rétiniens par l'action desquels nous savons que l'impression qui se prédétermine distinctement est telle, et non autre. Nous ne pouvons douter que chaque couleur corresponde à son objet, car ce serait douter de notre faculté de diriger la vision vers certains endroits de la rétine et non vers d'autres.

La certitude inébranlable que les correspondances externes ne sont pas arbitraires et ne se dégagent pas d'une action spontanée qui nous les impose, provient de ce travail préalable par lequel on prend conscience très clairement des signes locaux qui doivent être affectés suivant les différenciations motrices qui préfixent leur excitation.

De là vient que la vision est toujours le résultat d'une expérimentation intime : l'innervation psycho-motrice prédétermine les conditions dans lesquelles le phénomène doit avoir lieu; la sensibilité optique, sous l'influence de l'extérieur, crée le phénomène même, d'une façon absolument indépendante du mouvement volontaire.

En réfléchissant bien on s'aperçoit que, contrairement à ce qu'imagine le nativisme, voir n'est pas recevoir l'impression de la lumière, puisque cette impression peut être reçue sans être vue ou perçue; voir, c'est sentir la lumière et la projeter en établissant une correspondance entre cette réaction spécifique et la cause qui l'évoque. Cette réaction n'est pas préétablie mystérieusement; il faut la découvrir, au moyen de l'expérience; et de là vient que l'action de voir constitue une véritable intellection, résultat d'un processus logique qui se présuppose comme sa condition génétique. La véracité ou la fausseté du jugement dépend des conditions dans lesquelles se forme ce processus. Il suffit que nous nous figurions qu'un des muscles moteurs de l'œil soit atteint de parésie pour que, lorsqu'on évoquera les souvenirs psycho-moteurs que l'on a forgés périphériquement avant de les avoir éprouvés, l'image soit projetée à un endroit de l'espace où réellement n'existe pas l'image qui lui correspond; admettons maintenant que l'appareil moteur du globe oculaire fonctionne comme avant, et, en nous inspirant des souvenirs anciens, localisons l'image au même endroit qu'auparavant : nous nous trompons, non pas parce que la rétine nous trompe; c'est le sujet qui se trompe, parce qu'il admet comme entendu que l'expérience de cette vision s'effectue dans les mêmes conditions qu'avant, bien qu'elles aient varié. A mesure que le tact nous démontre que cette projection est illusoire, nous entreprendrons à nouveau le travail expérimental qui s'y rapporte, et l'erreur sera rectifiée. Qu'est-il nécessaire de faire pour y arriver? Mesurer la quantité d'effort qu'il faut développer sur ce muscle parésique, pour que l'image, projetée plus près qu'elle ne l'était dans les conditions normales, le soit à une plus grande distance.

De même, originairement nous avons induit que les corps se meuvent, car à force d'observer qu'ils disparaissent, nous cherchons à les suivre dans l'espace, au moyen du mouvement de nos yeux, obtenant ainsi que leur image persiste dans la rétine comme quand ils sont immobiles. La perception du mouvement se dégage de ce jugement inductif, par lequel nous arrivons à nous convaincre que l'image persistera *tant que la cause agit sur la rétine, par le sentiment d'innervation qui tourne les yeux et la tête et accommode le cristallin.* C'est la connaissance de la cause déterminante de ce phénomène visuel qui donne une valeur à l'objectivation du mouvement. Supposons maintenant que devant la pupille immobile un corps passe et disparaisse; ce passage évoque le souvenir de tous les exercices moteurs au moyen desquels nous formulons ce jugement : *voilà un corps qui se meut.* La véracité du jugement tient à ce que l'impression sensorielle est donnée à la rétine dans les mêmes conditions que quand on induit le phénomène mouvement; c'est ainsi que le mouvement pourra être formulé avec une pleine certitude expérimentale, tenant toujours compte des conditions dans lesquelles cette vision est donnée; quand nous nous inspirons des souvenirs passés, en supposant qu'elle est donnée dans les mêmes conditions, le jugement sera véridique si cette supposition est certaine, fausse si elle ne l'est pas. Supposons, à cet effet, que ce n'est pas le corps qui passe, mais bien le sujet voyant, comme cela a lieu quand nous voyageons en chemin de fer, ou que nous nous élevons en ballon; dans ce cas, la fonction visuelle nous trompe. Est-ce que la fonction photoscopique varie? Non : elle demeure inaltérable, elle réagit comme avant; seulement, avant, l'image persistait à cause de l'action volontaire du mouvement de nos yeux, et par là nous distinguions que le corps occupait successivement des endroits distincts, dans l'espace; et maintenant l'image ne persiste pas pour la même cause, mais pour une autre différente, et comme nous supposons qu'elle persiste pour celle-là, de là vient que l'erreur n'est pas dans les yeux, mais dans ce qu'*intellectivement on suppose.*

Quand Galilée distingua *le mouvement apparent du mouvement réel*, au fond, il soutenait cette thèse : l'image visuelle manque de valeur objective, tant que n'existent pas expérimentalement dans la conscience les conditions d'innervation dans lesquelles cette image est donnée. Il en est si bien ainsi, que si nous admettons que la terre est fixe, le soleil parcourt l'espace; mais si nous venons à douter de cette supposition, nous ne sommes plus certains si c'est le soleil ou la terre, ou les deux corps à la fois, qui se meuvent, et nous n'avons plus foi en ce que les sens nous montrent d'une manière si impérative.

Comme on le voit donc, il est incontestable que l'action de voir est le résultat d'un processus logique préétabli par l'expérience. Comme nous reconnaissons que nous pouvons nous tromper dans le raisonnement méditatif, nous reconnaissons aussi que ce que le sens nous impose est sujet à rectification, parce qu'il y a quelque chose au fond de notre conscience, qui nous dit que l'action de voir, ou de projeter l'image sur son objet, est un jugement erroné ou véritable, suivant l'appréciation des conditions dans lesquelles l'image est donnée; de même que le raisonnement méditatif nous porte à l'erreur ou à la vérité, suivant les conditions de la série d'antécédents d'où découle la série de conséquents. Ce qui distingue un état de l'autre, c'est que dans le dernier il n'est pas possible d'accuser les séries comme présentes dans la conscience, comme si elles défilaient les unes derrière les autres, tandis que dans le premier les souvenirs superposés que constituent les données d'où résulte l'intellection, sont si profonds, si lointains, et ont acquis un tel degré d'automatisme, que devant l'analyse introspective ils semblent appartenir à la conscience, bien que cela soit une pure illusion.

Helmholtz a appelé ces jugements élémentaires, des raisonnements *inconscients*. La vérité est que le mathématicien n'apporte pas à la résolution de ses problèmes une attention plus tenace que l'enfant à ses tâtonnements de projection visuelle, durant la longue période de la vie où il considère les impressions optiques comme des signes objectifs. Comme le savant de Heidelberg croyait que l'organisation de la fonction visuelle résulte d'un travail intellectif, on comprend qu'il n'employait pas le mot *inconscient* dans le sens métaphysique, et ne désignait par là l'arrière-fond physiologique, mais simplement l'acte pleinement conscient qui est devenu automatique par la répétition.

On peut dire de toutes les sensations externes ce que nous avons dit de la sensation optique. *Percevoir, c'est rapporter l'image à la condition externe, en la rendant excentrique*. Pour que cette opération soit faisable, il est nécessaire, à moins qu'intervienne l'aide d'une puissance occulte, de chercher où réside cette condition.

Quand on attribue le parfum à la rose, la douceur au miel, le timbre au corps vibrant, on témoigne ostensiblement qu'on sait que ce sont les excitations émanées de ces corps qui ont affecté le nerf acoustique, gustatif et olfactif. Cela est indubitablement su par le sujet; comment est-il arrivé à le savoir?

Pour ceux qui admettent que l'intuition sensible est un acte spontané de l'intelligence, il n'est même pas possible de poser le problème qu'Helmholtz a posé si nettement, relativement aux perceptions optiques. Cette impuissance s'explique par l'attitude qu'a adoptée le nativisme intuitionniste. Du moment qu'on donne comme certain que tous les phénomènes des sensibilités externes ne sont pas soumis à d'autres conditions que celles qu'ils reçoivent de l'extérieur, il faut reconnaître que, si leur action forme les couleurs sur la rétine et les centres optiques, la pression sur la périphérie tégumentaire et les centres récepteurs, la sapidité dans la bouche et dans les noyaux centraux, etc..., l'acte en vertu duquel la *species impressa* est rapportée à sa cause, répond à cette action comme l'écho répond au son avec ses ondes de retour. A ce même point de vue, on conçoit qu'il existe entre le sujet et l'objet une *harmonie préétablie*, comparable à celle qui existe entre les touches d'un piano et le son qu'émettent les cordes dans l'intérieur de l'instrument, lorsqu'elles sont frappées par les martelets.

Comme Helmholtz l'a indiqué ironiquement, cela n'est pas expliquer un phénomène : c'est simplement un moyen habile de clore toute discussion. Avec cette hypothèse, on ne résout pas : on prend en biais la solution du problème. A première vue, elle paraît s'inspirer de l'observation, mais elle est si incomplète et si insuffisante, que son interprétation s'évanouit comme une pure apparition, quand on la scrute plus profondément et qu'on lui ajoute les données qui lui manquent.

Il n'est pas certain que l'animal vienne au monde comme un appareil monté exprès pour vibrer suivant ce qu'on lui fait jouer; entre les actions du monde extérieur et les réactions du monde intérieur, il n'existe pas ce signe d'harmonie. Les sens ne sont pas, comme on se l'imagine, de simples appareils de réception qui enregistrent sur la table rase de l'intelligence des impressions qu'une force intuitive rend excentriques; ils fournissent et ils emmagasinent ces impressions dans les centres où elles s'accumulent, à la manière d'espèces intelligibles, comme on disait dans l'ancienne école. L'animal, comme nous l'avons déjà indiqué, d'autre part, apporte des tendances nées des besoins que l'organisme formule dans la conscience qui donne origine à des mouvements au moyen desquels il remarque qu'il peut disposer des sens comme de moyens appropriés pour que réapparaissent les impressions qui lui annoncent la présence de ce qui peut les calmer; et c'est de cette manière que les sens sont mis sous le domaine de la volonté. Il est certain que seule la sensibilité externe réagit sous l'action d'une propulsion extérieure; il est certain que la volonté la plus puissante n'arrivera jamais à créer une sapidité dans la bouche, ou une couleur dans les yeux; mais il n'est pas moins certain qu'elle peut mettre les sens dans des conditions telles qu'il reçoive l'action de tel corps sapide, ou l'action de telles couleurs, et la connaissance de ces modes de mouvement ou de ces différenciations motrices est la condition *sine qua non* de toute différenciation externe; au point que, si cette connaissance manque, l'extérieur pourra impressionner le nerf de la même manière, mais cette impression ne sera pas intuitive, car on ignorera où réside la cause qui l'impressionne. Au contraire de ce qu'imagine le nativisme, les différenciations externes ne nous viennent pas imposées de dehors en dedans, mais de dedans en dehors. De même que pour pouvoir distinguer la couleur rouge, blanche ou bleue que présente un objet, il est indispensable que par l'accommodation visuelle nous ayons acquis les connaissances motrices qui nous permettent de juger des espaces délimités et précis que respectivement elles occupent, car sans eux nous ne saurons pas où est l'une ou l'autre couleur, et l'image sera indistincte, de même, pour distinguer une odeur d'une autre, ou les timbres de deux corps qui sonnent, nous avons aussi besoin de pouvoir orienter l'odeur *a* suivant une certaine direction, et l'odeur *b* suivant une autre. Ces différenciations motrices se présupposent, comme leur condition génétique, à toute différenciation externe.

En somme, il suffit d'appliquer l'analyse à ce phénomène qui paraît si élémentaire et que nous appelons perception, pour comprendre qu'il résulte de la combinaison de deux facteurs indispensables : l'un qui est dû à l'action exclusive de l'extérieur constituant, l'élément sensoriel pur, et l'autre, de nature motrice, qui l'évoque aux sens.

Ce point de vue n'est pas nouveau. Le scholasticisme, en s'inspirant d'Aristote, expose la même idée, quoique intuitivement; l'école génétique a placé le problème sur le terrain de l'expérience pure, en orientant l'investigation dans ce sens. Nous nous consacrerons la seconde et la troisième partie de cet ouvrage à étudier comment l'innervation psychomotrice organise le tact et la vision et comment elle fournit l'élément qui extériorise les impressions qu'accuse la sensibilité thermique, acoustique, optique et gustative; et bien que nous remettions à plus tard cette étude, nous ne pouvons nous dispenser, pour le moment, d'exposer cette thèse dans les termes les plus généraux et les plus brefs, pour continuer notre investigation sur les origines de la connaissance du réel.

L'école nativiste et l'école génétique ont quelque chose de commun, bien qu'à première vue elles semblent si éloignées et même si opposées.

L'une et l'autre admettent que la vie intellective s'éveille grâce aux stimulants externes. Elles désarticulent les fonctions des centres de perception du *sensorium*, des centres psychotrophiques, sans que jusqu'à présent on ait deviné, pour n'avoir pas fixé l'attention sur la nature des sensations de la faim, que la véritable impulsion initiale qui incite à différencier les phénomènes se produisant dans les centres de la sensibilité externe, naît des besoins qu'accuse l'organisme dans la conscience. Au lieu de chercher l'antécédent logique de ces différenciations là où réellement il est, on le cherche à l'extérieur, quoique par des chemins différents. Le nativisme rapporte l'image à la chose par une action spontanée qui force à la projeter; l'école génétique ne croit pas cette action spontanée; bien au contraire, elle tend à considérer toutes les sensations comme initialement internes, s'extériorisant ensuite par l'innervation psychomotrice. Mais, de même que pour l'une et l'autre école l'image correspond toujours à quelque chose de réel, qui subsiste comme la condition continuelle de sa possibilité, l'une et l'autre conviennent que le sens ne réagit pas spontanément. Les sceptiques, quand on débattait ces questions au moyen des raisonnements, posaient aux intuitionnistes le problème ardu du réel; et nous avons vu que tous leurs points de vue et toutes leurs discussions peuvent se résumer dans cette demande et cette réponse : *Comment savons-nous que les réactions sensorielles sont déterminées par une condition extérieure? Nous ignorons comment nous savons cela.*

Et là où manque l'antécédent logique, manque ce qui légitime la conclusion; lorsque nous affirmons que nos images correspondent à quelque chose qui existe, notre affirmation est formellement injustifiée, notre assertion est gratuite, comme tout ce qui ne s'appuie pas sur une garantie.

Dans l'école génétique, il semble que cette garantie soit fournie par la conscience du mouvement. Quand on déplace le bras à quarante centimètres de distance, par exemple, et que le tact de la main accuse une impression, il nous paraît évident de conclure que l'objet qui est la cause réside en cet endroit et non en un autre, car il préexiste dans la conscience la donnée irrécusable de la quantité et de la direction du mouvement qui doit être effectué pour que l'impression réapparaisse. Si distinguer dans un même plan ou dans des plans différents la frange rouge et la frange bleue, c'est posséder la conscience des mouvements qu'on a dû effectuer pour que ces images soient distinctes, il est clair qu'en procédant ainsi on sait déjà quel est l'endroit où réside la cause qui doit évoquer les images de l'une ou de l'autre couleur.

Ceux qui, par le fait de raisonner ainsi, admettent qu'il ne faut pas chercher dans la métaphysique la raison de l'existence du réel, parce que ce sentiment se détache d'expériences motrices, ne remarquent pas que de ces expériences on ne peut induire la connaissance du réel. Quand on étend le bras à quarante centimètres de distance et que l'impression tactile s'accuse, ou quand on accommode la vision aux endroits où réside la cause de la couleur rouge ou bleue, le sentiment du réel est présupposé; et de même que le sujet sait qu'il existe une chose qui provoquera sur les terminaisons tactiles ou sur les bâtonnets rétiniens une pression ou une couleur, il s'entreprend une série de tâtonnements au moyen desquels on arrivera à apprendre comment et de quelle manière doivent s'innerver les muscles qui président à l'accommodation visuelle pour qu'apparaissent des couleurs déterminées. Si la connaissance de cette cause ou de cette chose réelle ne préexistait pas dans l'esprit, il manquerait l'antécédent logique qui amène les muscles à associer leur action d'une certaine manière, afin d'évoquer dans les sens l'image qui annonce la présence du réel, et on ne pourrait l'induire sans son existence.

Ceux qui raisonnent de la manière indiquée attribuent à l'innervation psycho-motrice cette spontanéité mystérieuse ou d'origine inconnue que le nativisme attribue à la sensation.

C'est ce que nous découvrons manifestement, quand nous nous demandons avec une froide sincérité : qu'est-ce qui pousse les muscles moteurs de l'œil et le muscle ciliaire à faire directement la mise au point d'une chose, de façon à ce que ce soit la lumière émise par cette chose, qui impressionne la rétine? sous l'effet de quels stimulants se coordonnent la contraction du bras, pour que dans la main on perçoive l'impression de ce qu'on désire voir impressionner ce bras? Encore une fois nous nous trouvons donc en présence d'une force spontanée, d'un principe déterminant dénué de tout antécédent, de quelque chose d'inconditionné, d'irréductible à un phénomène expérimentable, car nous ne pouvons l'enchaîner à la série des phénomènes précédents qui le déterminent.

Helmholtz, que ses habitudes de chercheur consciencieux éloignaient de toute vue spéculative, a compris clairement que l'existence du réel ou de la cause extérieure qui agit sur les nerfs sensoriels ne pouvait être induite des expériences motrices ou perceptives, qu'elle se présuppose comme sa condition génétique : il le reconnaît quand il établit *que la loi causative est une loi de notre pensée antérieure à toute expérience.* Son assertion a été considérée comme une concession à la métaphysique. Th. Ribot constate avec étonnement qu'un des plus grands hommes de génie de l'école moderne empirique ait pris comme base de toute expérience possible un principe inexpérimentable. Cette appréciation est injuste.

Helmholtz ne prétend pas établir un principe en intronisant le rationalisme dans le domaine de la science expérimentale, aux méthodes de laquelle il est resté toujours fidèle : il se borne à constater une vérité de fait, qu'il ne prétend pas expliquer, et qui est, à son point de vue, inexplicable. Le mot *loi*, dans son acception expérimentale, vaut autant que le mot *condition* ; et Helmholtz ignorait en quoi consistait la condition en vertu de laquelle l'intelligence, avant de se risquer à statuer toute expérience externe, savait déjà que le réel existait ; cette question non préjugée restait ouverte à une recherche ultérieure.

La spéculation, au lieu de s'arrêter respectueusement devant le fait dont elle ignore la condition déterminante, imagine qu'elle connaît sa nature, raisonnant de la façon suivante : « Il n'existe pas d'expériences autres que les expériences externes ; mais toute expérience externe consiste à rapporter l'image à sa cause, en liant le phénomène sensoriel à quelque chose d'existant qui le détermine dans le sens ; de tout cela découle qu'il n'y a pas d'expérience possible, s'il ne préexiste dans l'intelligence un premier principe originel ou natif, qui devient spontané en présence de l'image, et force à la rapporter à sa cause extérieure. »

Dans le terrain de l'expérimentable, ou encore en prenant le fait au point où l'a laissé Helmholtz, il est bien évident que l'animal rapporte le phénomène sensoriel à une condition externe que nous appelons chose réelle, causalité.

En constatant ce fait, nous ne faisons que reconnaître que les sens ne réagissent pas spontanément. Comment savons-nous cela? Pour l'explication du fait, la spéculation invente une hypothèse inexpérimentable, dans laquelle on admet que ce fait ne peut se souder, comme un terme de la série, aux autres faits antérieurs qui se sont présentés comme ses antécédents logiques naturels. En ce point, la chaîne se rompt; le dernier chaînon reste suspendu sur un sombre abîme; et, prenant cet anneau, on le suspend à ce clou dont nous parle Kant, pour qu'il nous serve de point de départ. A partir de ce moment, nous concevons dans l'intelligence un principe immanent, une vertu occulte, une force mystérieuse, un *quid* incompréhensible qui la pousse à rapporter l'image à sa cause.

Est-ce que ce raisonnement oblige? S'impose-t-il avec la même force logique qu'une loi, ou qu'un mécanisme physique? La raison spéculative peut s'expliquer la référence externe, en concevant que la prénotion de la causalité ait été donnée originellement à l'intelligence; mais la raison rebelle et libre peut ne pas le concevoir. On demandera alors : comment s'explique que la connaissance du réel se présuppose à l'expérience externe? A cela on pourra répondre : je ne me l'explique pas, en continuant à douter prudemment que les choses se passent comme on les décrit. Cette attitude expectative de l'esprit humain, devant un fait certain qui est inexpliqué, est prudente et profondément sage; il vaut mieux suivre cette conduite que de dresser en l'air un échafaudage d'explications qui peuvent être renversées par une critique.

Devant un critérium sain, jamais on ne pourra justifier l'explication qui se fonde seulement sur le besoin urgent de trouver la raison d'un fait inexpliquable. Il est certain que le besoin logique pousse vivement à procéder ainsi, car le doute est un état angoissant, dont il faut sortir à toute force, et de n'importe quelle manière; mais cela seul démontre que le raisonnement spéculatif est profondément humain, et non que ses conclusions soient dûment garanties.

En plaçant donc dans l'intelligence les origines de la connaissance du réel, nous ne faisons que transporter un problème, expérimentalement insoluble, dans le domaine de la métaphysique; l'éternelle question subsiste : comment savons-nous qu'il y a quelque chose en dehors de nous? comment savons-nous que nos sens ne réagissent pas spontanément?

Dans l'histoire du développement de la connaissance humaine, nous constatons que les phénomènes ont toujours été expliqués métaphysiquement, qu'on ne peut pas encore les expliquer expérimentalement. Quand on étudiait les phénomènes physico-chimiques sans les enchaîner les uns aux autres dans leurs transformations incessantes, comme *ultima ratio* on faisait appel à cette cause *sourde* dont nous parle Bacon de Verulam, créant des forces occultes, des déités mystérieuses où l'on supposait que résidait leur principe d'action. Lorsque l'homme s'est préoccupé uniquement de déterminer les conditions qui présidaient à sa genèse, indépendamment de toute action occulte ou irréductible à une extériorisation sensible, ces virtualités ont perdu leur prestige et été considérées comme de pures ignorances.

Il fut aussi un temps où l'on n'étudiait pas les phénomènes vitaux en série, en cherchant dans les antérieurs ou dans les concomitants les conditions déterminantes des conditions postérieures ou des conditions simultanées; la vie se réduisait ainsi à une simple succession mécanique. Obéissant à l'impulsion logique qui pousse à chercher une explication métaphysique de ce qui ne peut s'expliquer expérimentalement, on s'imaginait que ces phénomènes, privatifs des corps vivants, jaillissaient de l'*archeum*, de l'*impetum faciens*, de cet au-delà qui ne se manifeste pas devant les sens sous une forme sensible où réside son pouvoir d'action. Quand, plus tard, rejetant ces conceptions stériles, on eut réduit le phénomène vital à un mécanisme physico-chimique, on n'éprouva pas le besoin d'invoquer l'intervention de la déité occulte pour s'expliquer l'ordre de sa succession dans le temps et dans l'espace.

Actuellement, il reste dans le champ de la biologie un immense ensemble de faits que nous ne pouvons encore nous expliquer, parce que l'heure n'est pas encore venue. Les biologistes, qui, par habitude de laboratoire, éloignent toutes les explications spéculatives comme chimériques, attendent patiemment que le temps les mûrisse; d'autres, plus impatients, donnent une explication spéculative à défaut d'explication expérimentale, et nous parlent d'entéléquies, de forces déterminantes, de principes arbitraires, irréductibles à une forme mécanique. Quand le temps aura enfin amené des résultats il restera de ces explications néovitalistes ce qui est resté des anciennes.

De même que, dans le monde extérieur, la science se consolide à mesure qu'elle coordonne les phénomènes de façon que les uns soient le terme d'explication des autres, sans jamais invoquer l'intervention de quelque chose d'irréductible à l'observation, de même dans le monde intérieur ou psychique on ne peut les distinguer, puisque les suivants n'apparaîtraient pas non plus, si ceux qui les ont déterminés ne s'étaient produits antérieurement. Lorsque la chaîne se rompt, et qu'au mépris des règles de la méthode expérimentale on lâche le maillon flottant d'une *forme*, d'un *principe*, dans lesquels on suppose placé son pouvoir, on explique métaphysiquement ce qu'il n'est pas donné d'expliquer expérimentalement. Il en est ainsi des origines que la spéculation assigne à la connaissance du réel. Rompant l'unité structurale et physiologique du système nerveux, on en vient à supposer que l'intelligence se développe avec la perception externe; mais la perception externe présuppose déjà la conscience du réel extérieur, de la cause, et on conçoit que cette connaissance se détache du fond de *la chose qui pense*, au moyen de l'action de *catégories* ou *formes* préexistantes en elle. Cependant, si nous ne rompons pas l'unité du système nerveux, et si, nous affranchissant des préjugés qui faussent l'observation, nous nous demandons par où commence réellement la vie psychique, nous trouvons que la sensibilité trophique accuse dans la conscience le sentiment des choses qui manquent dans l'organisme, au moyen de sensations vives.

Un esprit aussi libre et sincère que celui de Hume, mais imbu du préjugé que l'intelligence débutait avec l'intuition externe, soutenait comme une vérité de fait que l'idée de substance ne pouvait exister puisque rien ne l'accusait sensoriellement. S'il avait vécu de notre temps, les grandes découvertes de Pawlow l'auraient persuadé que peut-être la rétine ne distingue pas tant de nuances, comme *nuances de substances*, que n'en distingue la sensibilité duodénale et la sensibilité gastrique. Le besoin trophique accuse comme distinctes et spécifiées dans une *conscience inférieure*, avec le sentiment de la faim, les substances qui manquent ou qui se font rares dans le milieu interne.

S'étant rendu compte de cette première donnée, il commence à établir une masse d'expériences en rapport, non pas avec l'objet, mais avec les effets qu'ils déterminent dans l'organisme ; et de là vient le sentiment profond que, en dehors de nous, il y a quelque chose qui en soi-même n'est pas une couleur, ni un son, ni un goût, ni une odeur.

Ce sentiment se présuppose à toute perception ou expérience externe, car avant que nous puissions rapporter à un objet particulier la couleur qui le distingue, le timbre qui lui est particulier, la saveur qui lui est inhérente, nous avons pris cette couleur, ce timbre, cette saveur, comme signes représentatifs accusant la présence de cette chose qui nourrit. Nous voyons donc que la connaissance du réel se présuppose à la connaissance des objets individualisés par un ordre de succession préalablement préétabli. Quand nous laissons de côté ces expériences internes, et que nous nous efforçons d'imaginer que tout ce que nous savons du monde extérieur nous vient des sens, comment nous sera-t-il donné de rechercher les origines du réel, si nous commençons par séparer les yeux de leurs véritables sources? Autant vaudrait prétendre évaluer les angles d'un triangle sans connaître la valeur des angles internes et des angles externes, ou résoudre un problème sans consulter les données. Le sentiment qui provient de la sensibilité trophique, comme celui de la couleur de la sensibilité optique, semble provenir spontanément d'une entité métaphysique, quand nous ne tenons pas compte de ce facteur capital; alors, nous rentrons en plein dans le brouillard.

Nous arrivons donc, avec la différenciation que nous avons essayé d'esquisser, des processus de la perception trophique et des processus de la perception externe, aux origines de la connaissance du réel. Nous conjecturons, par ce qui est exposé, que le réel ne nous est pas donné originellement, mais qu'il est induit par une expérience interne, antérieure à l'expérience perceptive ou externe; mais l'induction de ce que le réel existe, résulte, non pas de l'action isolée des uns ou des autres, mais de leur conjonction. Il y a là un mécanisme ou un processus logique qui légitime le fait que l'image sensorielle est considérée comme le signe de la cause; on a mis en évidence les phases de ce processus, mais non la liaison inductive d'où provient la première pensée qui s'élève dans la conscience. Comment arrive-t-on à reconnaître que la chose est? Comment arrive-t-on à connaître que les sens ne réagissent pas spontanément, mais que leurs fonctions sont liées à une action commune? Comment arrive-t-on à savoir que cette action subsiste dans l'extérieur, comme l'éternelle possibilité de les impressionner en les excitant, le réel apparaissant alors sous l'aspect de la cause?

Toutes ces questions ont jusqu'aujourd'hui relevé du domaine de la métaphysique; mais on peut les réduire à des expériences vivantes, en déterminant seulement les conditions dans lesquelles les phénomènes se succèdent. L'observation peut revendiquer ses droits à rechercher dans ce terrain clos du psychisme inférieur, où nous trouverons la clef de grandes énigmes. L'animal, en naissant, apprend, et apprend très vite. Il commence par ignorer qu'il y a des choses qui alimentent, et bientôt il arrive à le savoir; il commence par ignorer que ces choses sont extérieures, et au moyen de mouvements il les devine promptement; il commence par ignorer que ces choses continuent d'exister dans le monde extérieur, et d'innombrables expériences lui permettent d'admettre qu'elles sont réellement là où d'autres fois il les a laissées. Ainsi se formule dans l'esprit une masse d'expériences, dans chacune desquelles s'accuse la présence d'une chose réelle, d'une cause. Quand la spéculation cherche ardemment, dans les régions supérieures, le monde des phénomènes, le réel et la cause, prétendant déterminer sa nature, soit dans un sens soit dans un autre, elle ne s'aperçoit pas que les éléments primordiaux d'où se détachent ses vastes et profondes conceptions sont fournis par les expériences rudimentaires qu'effectue cette intelligence inférieure qu'on désigne dédaigneusement du nom d'instinct. L'origine paraîtra bien modeste à la raison orgueilleuse, qui, infatuée de sa puissance, recherche tout, jusqu'à ce qu'il y a de plus impénétrable; mais l'intelligence est toujours identique à elle-même, puisqu'au fond l'enfant qui apprécie les qualités nutritives d'un lait, ou projette une image sensorielle à l'endroit où elle doit être placée, procède vis-à-vis de ce fait de la même manière que vis-à-vis de phénomènes plus complexes a procédé Newton, quand il a découvert les relations qui existent entre les masses sidérales en mouvement. Les processus intellectifs se développent toujours de la même manière. La raison spéculative, la raison empirique ou la raison instinctive, se distingue seulement par la complexité ou la simplicité des processus; mais son *modus operandi* est toujours identique.

Le raisonnement instinctif n'est donc pas fils d'une intelligence bâtarde, mais de l'intelligence même qui, à des degrés supérieurs de développement, crée les œuvres les plus admirables. En recherchant ce qu'est, ce que pense et comment pense l'intelligence naissante, nous nous mettons en contact avec la masse énorme d'expériences dont plus tard on infère la notion d'identité, la notion de réel, la notion de cause. Une semblable prétention pourrait paraître une profanation à ceux qui considèrent les domaines de la spéculation comme une région sacrée; mais le chercheur ne pense pas ainsi, quand il y pénètre, sans peur des divinités occultes, et son audace n'est pas sacrilège.

CHAPITRE VI

PROCESSUS LOGIQUE DE L'INDUCTION DU RÉEL EXTÉRIEUR

L'excentricité sensorielle. — Hypothèse sur laquelle elle se fonde. — Examen critique de cette hypothèse. — Passage de la sensation à la perception. — Conditions qui déterminent ce passage. — Éléments sensoriels desquels résulte l'intellection trophique. — L'image signe de l'effet trophique. — Sa valeur représentative. — Sa valeur logique. — Postulat qui se dégage de l'intellection trophique. — Condition physiologique qui détermine la conscience de l'identité d'un même phénomène psychique. — L'action périphérique et l'action latente centrale. — L'identité du phénomène psychique comme point de départ de l'intellection possible.

Les unités les plus élémentaires que l'on peut découvrir dans l'intelligence, par l'analyse introspective, apparaissent sous la forme d'images excentriques, projetant leur qualité sur la cause ou l'excitation qui les a déterminées, et c'est ainsi qu'elles se font représentatives de cette cause. La pression n'est pas sentie dans la périphérie tactile, mais dans le corps contigu à cette dernière; la couleur n'est pas sentie dans la rétine, le son n'est pas senti dans l'oreille, mais est attribué au corps qui l'émet. Les impressions de chaleur et de froid, d'amertume ou de douceur, ne sont pas, pour nous, le résultat de réactions des nerfs sensoriels, mais des qualités propres des corps.

Mais si nous considérons ces phénomènes du point de vue de notre propre conscience, il nous paraît évident de tout point que nos images visuelles n'apparaissent pas spontanément dans les sens; car s'il n'y avait pas, en dehors de nous, des choses qui excitent la rétine, leur énergie demeurerait latente et ces images n'apparaîtraient jamais; mais une fois la rétine excitée, elles apparaissent brusquement excentriques, rentrant *sponte sua* vers la cause qui les évoque. Il en est de même des autres sens. Une condition externe, n'importe laquelle, excite l'expansion périphérique du nerf sensoriel, provoquant dans le centre récepteur une réaction dont la forme physico-chimique nous est inconnue; cette réaction est la cause qui fait apparaître dans la conscience l'image excentrique ou représentative de cette condition.

Avec cette théorie, séduisante par sa simplicité, nous préjugeons la physiologie d'une fonction par des données purement introspectives, intervertissant les termes du problème à résoudre. Nous imaginons que la portion du système nerveux qui réagit en provoquant ce que nous appelons sensibilité optique parce qu'elle répond à toutes les excitations physiques, mécaniques ou chimiques qu'elle reçoit sous la forme de lumière, évoque primitivement et originellement l'image dans la conscience comme excentrique ou se projetant à l'extérieur : il faudrait le montrer expérimentalement, au lieu de l'admettre d'avance. Il est vrai qu'il ne nous est pas possible de voir de la lumière sans la projeter en dehors de nous; mais cette vision actuelle, que nous supposons naître uniquement et exclusivement de la sensibilité optique, peut évidemment résulter du concours d'autres facteurs dont nous ne tenons pas compte.

Un physiologiste ne peut préjuger cette question capitale aussi légèrement que le fait la psychologie introspective. Qu'on lui demande si, après avoir isolé la sensibilité optique, par une très habile vivisection, de toute autre connexion avec d'autres éléments nerveux, on l'excitait en provoquant une réaction, elle évoquerait dans la conscience la sensation de la lumière : il répondrait sans hésiter que oui, car c'est cette dernière et non une autre qui est la note spécifique par laquelle elle s'accuse dans la conscience; mais si on lui demandait si, en apparaissant, cette image serait excentriquement rapportée à la condition qui la détermine, il répondrait modestement qu'il ne peut le dire, ne l'ayant pas expérimenté. Il ne lui suffit pas pour l'affirmer que la conscience l'accuse actuellement ainsi; au lieu de déduire la fonction de l'observation intérieure, il procède tout à l'opposé du psychologue. Il découvre que la condition déterminante de cette note psychique, que nous appelons lumière ou couleur, réside dans une portion distincte du système nerveux, quand il observe que l'excitation qui agit sur cette portion, et non sur une autre, est la seule qui possède la vertu de la produire; mais il ne peut admettre l'affirmation qu'elle naît excentrique seulement parce que l'introspection porte à le croire.

Dans un sain critérium physiologique, on ne doit pas déduire la fonction de la donnée introspective; bien au contraire, c'est la donnée introspective qui doit être rapportée à la condition physiologique qui la détermine. Quand, par exemple, J. Muller rapportait au tact les impressions thermiques, il procédait comme la psychologie introspective, qui rapporte l'image excentrique à la réaction centrale; en établissant expérimentalement quelles terminaisons nerveuses du tégument externe sont seulement sensibles à la pression et aux impressions thermiques, on voit que ce que l'introspection accusait comme simple est un phénomène décomposable en deux éléments distincts, étant déterminé par deux fonctions et non par une seule. Il nous est impossible, introspectivement, d'isoler l'impression thermique de celle du contact, car elles s'accusent toujours simultanément; mais l'expérimentation physiologique nous permet d'isoler les points périphériques qui évoquent dans la conscience l'une ou l'autre impression. De même, par l'observation intérieure nous admettons comme certain que tout ce qui est donné représentativement dans l'image excentrique *est la même chose qui a été donnée dans l'impression*; et ainsi nous nous figurons naïvement que dans la rétine il n'existe ni ne peut exister d'autres couleurs que celles que nous projetons sur l'objet; de même, pour le goût et pour l'odorat, il ne peut exister plus de qualités sapides ou plus d'odeurs que nous n'en attribuons aux choses extérieures. Notre croyance est démentie par l'observation. Nous n'attribuons pas à l'objet des qualités qui ne sont pas accusées dans la sensation, mais dans la sensation on peut se donner et l'on donne toujours des qualités qui, pour n'avoir pas été intellectuellement distinguées, ne sont pas projetées à l'extérieur, et dont nous n'avons pas connaissance, car elles sont, dans cet état, de pures sensations internes.

Devant le merveilleux tableau *Las Meninas*[1], moi qui ne suis pas un visuel, je n'arrive pas à voir dans la forme ni dans la couleur, comme le verrait un connaisseur, tout ce qu'a conçu Velazquez. Indubitablement il y a dans ma rétine des impressions de couleur qui, pour moi, sont invisibles. La preuve qu'il en est ainsi, c'est que si dès ma jeunesse je m'étais destiné à la peinture, ces éléments sensoriels, à présent indistincts, je me les représenterais distinctement, percevant dans le tableau ce qui maintenant est pour moi inaperçu. Quand plus tard, au moyen de l'étude, ou d'un travail visuel assidu, j'arrive à me rendre compte des mêmes effets, *ils ne sont pas donnés dans la rétine et dans les centres de réception parce que je les perçois, mais je les perçois ou les rends visibles, parce qu'ils ont été donnés sensoriellement dans un état interne dans lequel, pour moi, ils n'étaient pas encore représentatifs.*

---

1. *Les Filles d'honneur*, tableau de Velazquez (Musée de Madrid).

Ce que nous appelons image distincte est un phénomène très relatif et très personnel.

Le peintre ne voit pas la couleur comme le profane : il la voit incomparablement mieux. Après vingt ans de travail dans sa profession, il la voit comme il ne la voyait pas dans sa première année d'apprentissage; l'adulte voit les objets plus distinctement que l'enfant de trois ans, ce dernier les voit mieux que le bébé de trois mois qui projette tout dans un plan parallèle au plan frontal; et ainsi on arrive jusqu'au nouveau-né ou à l'aveugle de naissance qui a recouvré la vue par une intervention chirurgicale, chez lesquels la couleur n'est pas vue, mais seulement sentie dans le fond des yeux comme une pure sensation interne.

Si dans la fonction visuelle il y a quelque chose d'inné, ce n'est certainement pas cette excentricité qui a son origine dès les débuts de la vie, qui se perfectionne avec le temps et qui est capable d'un progrès indéfini, grâce à un apprentissage constant; ce qu'il y a d'inné, c'est la propriété photoscopique.

La rétine réagit de la même manière dans les premières années qu'à l'âge adulte; du fait qu'à l'âge adulte on voit mieux qu'aux premières années, on ne doit pas inférer qu'avec le temps elle soit plus sensible qu'auparavant à la couleur; ce qu'il faut inférer, c'est que la sensibilité optique, détachée de toute action nerveuse ultérieure, ne détermine plus, lorsqu'elle réagit, que des impressions de couleur inexcentriques, c'est-à-dire des sensations qui, en elles-mêmes, ne sont pas représentatives.

On dit que par le goût et par l'odorat nous arrivons à distinguer des objets d'autres objets, car avec l'odeur et avec la saveur naît cette tendance excentrique qui nous pousse à attribuer ces qualités aux choses auxquelles elles correspondent. Il est indiscutable que cette tendance existe; ce qui est discutable, c'est qu'elle naisse de la sensibilité gustative et olfactive, comme l'imagine la psychologie introspective. S'il suffit qu'une de ces portions, spécifiquement distinctes, du système nerveux réagisse sous l'influence de l'excitant externe pour que l'on perçoive la qualité sensorielle comme représentative de l'objet, dans la bière et dans le vin, je dois percevoir tout ce que perçoit un fin palais. Cependant il n'en est pas ainsi. Serait-ce que physiologiquement ma sensibilité gustative n'est pas si sensible que celle des autres et que, parce qu'elle est maladroite à réagir, elle n'arrive pas à s'extérioriser avec la même finesse que les autres? Quand il en serait ainsi, ce ne serait pas une raison pour que ma perception soit plus obscure, car en éduquant convenablement mon palais j'arriverais à distinguer dans ma sensation des qualités qu'auparavant je ne distinguais pas; de là résulte que dans ma sensation il préexistait, dans un état amorphe ou indistinct, ce que, au moyen d'une opération très distincte de la sensation même, j'ai projeté à l'extérieur, l'attribuant à un objet.

Illusionné par l'introspection, je crois que la bière ne produit sur mon palais que les seules impressions que je perçois; mais j'abandonne ce point de vue, quand je remarque que tout ce qui est donné dans l'impression n'est pas perçu, puisque, à mesure que *j'essaye de percevoir*, je découvre des éléments sensoriels que je puis *attribuer aussi à l'objet, en les excentrant*; tous ces éléments ne sont pas créés au moment de leur perception; ils ont été donnés à la réaction sensorielle, dans un état où ils n'étaient pas encore représentatifs.

De l'ouïe et de l'odorat, de la sensibilité thermique et de la sensibilité tactile, on peut dire la même chose que ce que nous venons de dire de la sensibilité optique et de la sensibilité gustative. Quand, alors, nous nous demandons, en nous inspirant de la méthode physiologique, quel phénomène psychique détermine l'excitation qui retombe sur une sensibilité externe, nous devons nous répondre qu'il détermine une sensation qualitativement distincte des autres. En réalité, les nerfs sensoriels réagissent de la même manière que les autres; lorsqu'une excitation : prurit, lumière, réplétion, son, distension, douleur, agit sur eux, ils éprouvent un changement d'état, et c'est ce changement d'état qui s'accuse psychiquement.

Quand la question n'est pas mise au point de cette façon, et qu'on procède à l'opposé de ce que l'on doit faire, au lieu d'inférer le phénomène psychique de la condition physiologique, on infère la condition physiologique du phénomène psychique en l'imaginant arbitrairement; alors on arrive à cette absurdité que les nerfs sensoriels accusent le changement d'état qu'ils ont éprouvé quand ils ont reçu l'excitation externe et qu'ils accusent le sentiment de leur cause.

Quelle condition physiologique détermine cette impulsion excentrique, par laquelle il vient à la connaissance ou par laquelle on acquiert la conscience que l'impression est représentative de ce quelque chose d'extérieur? Aucune : nous sommes en présence d'un phénomène spontané inconditionné, qui ne peut s'enchaîner aux phénomènes déterminants qui ont précédé sa naissance, et par cela même d'un énoncé métaphysique qui est resté en dehors du domaine de la science expérimentale.

Très formellement, W. James assure que, si en d'autres temps on a parlé des sensations internes, aujourd'hui cette question est passée de mode. Contre cette opinion, nous continuons à croire, avec Helmholtz, que la question n'est pas passée et ne passera jamais de mode, que les sensations sont des signes inintelligibles tant qu'on les interprète sans leur donner une signification qu'ils n'ont pas par eux-mêmes. Les impressions de couleur, comme dès la naissance en accusent la rétine et les centres optiques, les impressions sapides, olfactives, thermiques, que l'action du monde extérieur accumule dans les centres sensoriels, fournissent à l'intelligence ce que Kant appelait, suivant la tradition aristotélicienne, *la matière de la connaissance*;

aucune d'elles n'est intellective, par aucune d'elles on n'arrive à savoir qu'elles correspondent à des choses extérieures, parce qu'on n'a pas encore constaté que cette chose existe et que nous pouvons nous la représenter au moyen d'elles-mêmes. Cette lumière qui se forme dans la rétine, et qui, comme par une mystérieuse répercussion, s'allume aussi dans les centres optiques, cette odeur et cette saveur, ce son et cette pression, que le nerf sensoriel accuse (comme les filets centripètes du pneumogastrique accusent certaines excitations de l'estomac, ou l'absence et l'entrée de l'air dans les poumons) sont des modifications qui nous sont imposées par quelque chose d'extrinsèque à notre propre organisme, et cela doit être constaté en premier, car en venant au monde nous ne le savons pas, puisque la rétine et le pneumogastrique n'accusent que leurs propres changements d'état, et aucun motif ne nous oblige à croire que ce qui impressionne la première *est extérieur*, et que ce qui impressionne la seconde *est intérieur*. Mais, pour que l'on puisse procéder à la différenciation qui amène à comprendre que les images fournies par nos sens peuvent être considérées comme le signe de l'extérieur, il est clair qu'elles doivent préexister dans nos centres sensoriels. Depuis la naissance jusqu'à la mort, nous passons la vie à *découvrir dans l'objet* des qualités qui nous étaient inconnues; et si nous réfléchissons bien, nous ne découvrons rien *directement* dans l'objet : ce que nous faisons, c'est *objectiver* des impressions que les nerfs ont accusées. La lumière invisible qui s'accuse dans les centres optiques, devient visible quand nous l'attribuons à l'extérieur, et c'est alors que se formule le jugement que cette lumière est particulière à cette cause extérieure. Nous nous figurons illusoirement que nous la voyons parce qu'elle se trouve présente, quand il est certain que c'est nous-mêmes qui, en objectivant un effet sensoriel qui préexistait dans une certaine région du sensorium, l'avons rendue présente, sans que pour cela nous en ayions le moindre avis. Entre la chose extérieure qui impressionne les sens et cet acte ultérieur où l'image s'est faite représentative, il y a une liaison : le centre récepteur, dans lequel l'image est donnée comme un effet, rien que comme un effet. Tout ce qui peut être objectivé, tout ce qui doit être vu, goûté, senti dans la chose extérieure, doit être préalablement découvert dans ces centres de la sensibilité externe où préexistent les impressions reçues ; et lorsqu'on a remarqué que ces impressions n'ont pas jailli en eux spontanément, mais grâce à une action extérieure, elles sont considérées comme la représentation de cette action. L'extériorisation est le travail d'un processus inductif, ou, comme disait Helmholtz, d'un raisonnement dont le mécanisme est indispensable pour rechercher, pour pouvoir nous former une idée de ce dont nous sommes profondément persuadés, que les sens ne nous trompent pas, et s'adaptent toujours à une réalité vivante.

Ce problème, sur lequel repose toute notre vie intellective, n'est pas un problème pour la psychologie introspective. Du moment qu'on admet que la réaction sensorielle qui détermine la présence de la chose extérieure, évoque immédiatement et directement l'image excentrique, la connaissance du fait qu'elle correspond à cette chose ne naît pas d'un processus logique, au moyen duquel nous nous persuadons qu'il en est ainsi et non autrement : on nous le donne préformé spontanément. Une fois cette hypothèse admise, nous ne croyons pas que nous projetons l'image à l'endroit où nous avons constaté que réside la chose : nous admettons arbitrairement que la chose est à l'endroit où l'image est projetée ; et cette croyance manque de toute certitude logique, car, de ce point de départ, nous ignorons comment nous sommes arrivés à savoir que cette chose est, et comment nous sommes arrivés à savoir que notre image lui correspond.

Poussés par des ressorts internes, par des mécanismes

incompréhensibles, nous attribuons la douceur au miel, l'odeur à la rose, le timbre au corps qui résonne, la couleur à l'objet ; et comme nous ignorons en vertu de quoi nous savons que dans le fait de construire intellectivement sous la forme de miel, de rose, de corps ou d'objet, réside quelque chose d'irreprésentable qui a provoqué l'apparition de ces images dans nos sens, nous ne savons pas si nous les projetons dans le vide ou sur des choses réelles, créant autour de nous un monde extérieur semblable à une fantasmagorie. S'il est vrai que les images naissent excentriques, grâce à l'excitation externe qui les évoque ainsi dans les centres sensoriels, il n'y a pas lieu d'établir de différenciation possible entre la façon dont procède cette intelligence et celle dont procède l'halluciné, qui croit aussi que la chose se trouve là où il projette son apparition : l'un et l'autre procèdent de la même manière.

La vérité est que nous distinguons le réel de l'illusoire. Il est certain que nous pouvons, par erreur, projeter nos images dans le vide ; mais le fait qu'il nous est possible de rectifier l'erreur commise, suffit pour nous persuader que la projection naît d'un processus logique, dans lequel les antécédents conditionnent les conséquents, et non d'une activité spontanée. Nous vivons en contact étroit avec le réel qui conditionne le développement de toute notre vie intellective. Le réel extérieur sera aussi mal connu qu'on voudra, mais nous savons que cette chose inconnue est, qu'elle impressionne nos sens, que dans des conditions prédéterminées d'avance elle les impressionnera toujours de la même manière, et qu'elle continuera éternellement à le faire tant que les sens demeureront ce qu'ils sont.

L'observation nous apprend qu'il y a une période de la vie où les sensibilités externes encore détachées complètement d'autres centres nerveux, et n'ayant pas encore fixé les rapports d'où résultent les expériences psychiques, réagissent d'une manière autonome, quand elles subissent l'action du monde extérieur; pendant cette période, ni la pression qui s'exerce sur les corpuscules tactiles, ni la sapidité, ni la lumière, ni aucune autre impression sensorielle n'est rapportée à sa cause en devenant intellective. Pendant la préhension aveugle, l'animal ignore qu'il peut s'établir une relation entre les effets sensoriels qu'il provoque et les phénomènes qui apparaissent ensuite; c'est à force de la répéter, suivant un ordre préétabli par des conditions physiologiques, qu'on arrive à remarquer que le contact, la sapidité, etc..., avisent par anticipation l'animal que bientôt la sensibilité gastrique accusera comme une réalité dans l'intérieur de l'organisme, comme nous l'avons précédemment décrit. Ici apparaît le passage d'un phénomène psychique obscur, où l'incontestable réaction du nerf passe inaperçue, à un phénomène clair, où cette réaction est accusée comme l'annonce de quelque chose dont plusieurs fois la présence n'a pas été connue. De même que Boldyreff nous montre que si l'on gratte le dos d'un chien, au moment de lui offrir la pâtée, il ne s'établit pas de connexion entre cette impression et le réflexe salivaire, jusqu'à ce que cette impression apparaisse dans la conscience comme le souvenir de ce qui surviendra dans la bouche quand le chien mastiquera l'aliment, de même nous pouvons montrer le passage de l'impression obscure à l'image intellective, au moyen d'une observation où elle se manifeste à nous quand une sensation interne ne l'est plus et est considérée comme externe.

Si on réunit dans un panier des chiens nouveau-nés et qu'on les transporte dans un endroit obscur et silencieux où on les nourrit au biberon, en faisant coïncider la tétée avec le son d'un timbre, on observe au bout d'un certain nombre de fois qu'il suffit que ce timbre sonne pour que l'animal le prenne pour un signal, et montre ostensiblement qu'il comprend ce que cela signifie; mais si la coïncidence entre ce son et la prise du biberon n'a pas été préétablie, l'oreille aura beau accuser la sensation, le sujet restera indifférent.

De même, si au moment d'offrir le biberon on laisse un certain nombre de fois tomber quelques gouttes d'eau froide sur l'abdomen de l'animal, à peine accusera-t-il le malaise; mais il arrive un moment où il considère l'impression thermique comme le signe de la présence de l'aliment, car il allonge le museau et gémit vivement, au lieu d'accuser comme auparavant un simple malaise : la différence est si claire qu'elle ne donne pas lieu au moindre doute.

Ayant habitué des petits chiens de quatre jours à une obscurité profonde, je fais coïncider la prise du biberon avec l'apparition de la lumière électrique. Bien que leurs paupières demeurent étroitement fermées, l'impression lumineuse est effective dans la rétine, puisque par la répétition de ces actes il arrive un moment où il suffit que la lumière inonde la chambre pour que le sujet comprenne, que l'impression qu'il reçoit est le signe de la présence de l'aliment.

Les réactions qui deviennent les premières perceptives sont celles de la bouche. En premier lieu, la préhension s'effectue sans que le sujet se rende compte des impressions qu'il éprouve; mais si, entre le second et le troisième jour, on lui offre un biberon rigide au lieu du biberon mou auquel il est accoutumé, il est surpris du changement, comme si ce n'était pas cette impression qu'il attendait.

Pratiquement nous devons convenir que les impressions qui apparaissent le plus promptement distinctes dans la conscience ne sont pas précisément celles qui agissent avec la plus grande persistance sur le sens, en se formant par l'action extérieure, secrètement, et en finissant par s'imposer. Cette hypothèse, universellement admise, est rectifiée par l'observation directe des faits. Les impressions qui se distinguent le mieux sont celles qui coïncident avec la satisfaction de la faim, et qui peuvent le plus facilement être interprétées comme des signes de la présence de ce qui la calme. Tandis que l'enfant demeure visuellement indifférent à la couleur des rideaux, des murs, et du plafond de la chambre où il est installé, il montre ostensiblement qu'il reconnaît sa mère à la couleur des ses vêtements, bien que cette couleur n'agisse pas sur les sens avec la même persistance.

La pression que les vêtements exercent sur le tégument externe est incomparablement plus prolongée que celle du sein maternel, et cependant c'est dans la bouche que le tact se développe en premier lieu, devinant avec ses impressions la présence de l'extérieur, qui ne s'accuse certainement pas en d'autres régions. Entre toutes les impressions qui frappent ses oreilles, les seules qui attirent son attention sont celles qui le mettent en relation avec l'objet alimentaire, comme le grincement de la porte, la clochette qui sonne, les pas ou la voix de la mère; les autres résonnent en dedans, confuses et indistinctes, et ne semblent pas l'informer de l'existence du monde extérieur. D'autre part, en décrivant les processus d'où résulte l'expérience trophique, nous avons pu nous persuader que dans cette période ardue de la vie psychique, seul le vertébré se préoccupe de distinguer des signes, afin de pouvoir reconnaître la présence de ce qui le nourrit, et que pour cela, au lieu de chercher l'explication de ces différenciations dans la persistance de l'action extérieure, il faut la chercher dans le besoin impérieux et brutal qui force le sujet à reconnaître ce qui lui convient. Il est certain que les sens accumulent dans les centres sensoriels respectifs les impressions qu'ils reçoivent du monde extérieur; il est certain aussi que lorsque ces impressions ne sont pas souvent répétées, leur trace est fugace, et qu'elles ne sont pas données dans des conditions où l'on peut les différencier en les considérant comme signes de l'extérieur; mais il est non moins incontestable que, s'il n'existait pas un ressort aussi puissant que celui de la sensibilité trophique, la lumière, la saveur, le contact, le son, ne seraient pas considérés comme annonçant ce que l'on attend; de même, alors, rien ne se désirerait, rien ne se mouvrait de l'intérieur, pour voir, entendre, sentir, goûter ou toucher. S'il était certain que les sens sont de simples appareils de réception, comme se l'imagine la psychologie introspective, et que la fixité des images dépend de la fixité avec laquelle agit la force externe, nous ne serions pas ce que nous sommes, puisque l'amour qui nous maintient attachés au monde extérieur a les mêmes origines que l'amour de l'enfant pour le sein qui le nourrit. Ce sont des appareils de réception dont le sujet se sert en vertu d'un dynamisme interne pour se mettre en communication avec l'extérieur en les adaptant à ce qui lui convient le mieux; c'est ainsi qu'on comprend que pendant cette longue période où s'établit l'expérience trophique, l'on n'acquiert pas d'autres notions du monde que celles qui sont en rapports avec les besoins alimentaires.

Si l'on prend donc les choses telles qu'elles sont et non telles qu'on se les imagine, les expériences décrites à propos des jeunes chiens sont comme le symbole représentatif de celles que nous observons chez le nouveau-né.

Conformément à ce que nous avons dit, quand nous avons décrit ce que nous avons appelé expérience trophique, au début l'animal ingère sans avoir conscience de ce qu'il fait, procédant comme si les sens lui manquaient. La motricité psychique, éveillée par le besoin trophique, détermine l'ingestion aveugle, et, comme chaque fois qu'on ingère on provoque certaines impressions tactiles, gustatives, thermiques, olfactives, de même nous provoquions artificiellement, chez les petits chiens du panier, certaines impressions optiques et acoustiques. De cette manière se préétablit, suivant le même ordre matériel où sont donnés les phénomènes, une succession d'états qui peuvent ainsi se classer :

1° — besoin trophique et motricité psychique; 2° — sensations externes coïncidentes; 3° — sensations gastriques inhibitrices des premières.

De même que la succession du jour et de la nuit détermine dans l'intelligence de l'animal la vague croyance que cette succession se répétera indéfiniment, et qu'il s'effraye qu'il n'en soit pas ainsi lors d'une éclipse de soleil, de même le sujet qui ingère croit aussi, à force de répéter les mêmes actes : succion, mastication, déglutition, que les mêmes impressions qui ont apparu auparavant réapparaissent, et précisément parce que cette croyance s'est manifestée dans son intelligence, *il sait qu'il mange*. Peu avant il l'ignorait, car, bien que les impressions sensorielles apparussent, le second phénomène ne s'était pas articulé avec le premier, ni le troisième avec le second; et comme il ne s'était pas aperçu de cette succession, malgré que les nerfs tactiles, thermiques, gustatifs, etc., fussent réellement excités, le sujet continuait à ingérer aveuglément, comme s'ils ne l'étaient pas; mais une fois qu'il a eu la croyance ou la prévision que, lorsqu'il mange, certaines impressions connues doivent réapparaître, si par une anesthésie subite de la bouche elles disparaissaient il croirait qu'il n'ingère plus, et il cesserait de téter, de mastiquer ou d'avaler. Si nous comparons cet acte à celui de la préhension aveugle, nous observons que le premier est intellectif et que le second ne l'est pas.

Pour ces impressions, il en est du sujet comme du chien pour le son du timbre. Vingt, trente, quarante fois, l'animal entendait le son au moment même de saisir le biberon, sans comprendre que c'était un signal, mais savoir que ce son est un signal, équivaut à croire que ce phénomène est en rapport avec le besoin trophique, chose qu'auparavant il ignorait.

De même, le sujet a senti un certain nombre de fois les impressions de sa bouche sans qu'il existât aucune relation entre ces mêmes impressions et l'impulsion trophique qui les provoquait, jusqu'à ce qu'arrivât un moment où cette relation de succession s'établit : c'est alors qu'il a su que la réapparition de ces images sensorielles était une condition indispensable pour éteindre la faim. Cette prévision, cette croyance ou cette intellection rudimentaire, ne naît pas de l'action périphérique : elle *provient d'une connexion centrale*. Nous concevons clairement, dans le cas que nous citons, que l'excitation cellulaire évoque la faim, et que cette dernière éveille la motricité musculaire suivant une coordination héréditaire; nous concevons aussi que, comme conséquence de ces actes, des impressions soient provoquées dans la sensibilité externe, et bien que tous ces éléments soient donnés dans le *sensorium*, l'intellection ne survient que lorsque s'établit une connexion centrale d'où naît la croyance que l'on mange, puisque tant que les deux facteurs ne sont pas associés, l'animal ingère sans s'en rendre compte.

La même relation que nous venons de décrire entre le besoin tropho-moteur et certaines impressions externes, peut s'établir entre ces dernières et les sensations gastriques qui graduellement éteignent les premières. Pendant que l'animal ingère aveuglément, il n'a pas conscience que le réflexe inhibitoire parti de l'estomac apaise sa faim; dans ces conditions la souffrance disparaît de la même manière que chez le chien, lorsque la viande est entraînée, sans qu'il en ait connaissance, dans son ventre. Cependant, quand l'animal, en trouvant certaines images présentes dans la conscience, se rend compte qu'il mange, il s'établit une connexion si intime entre ces images et les sensations gastriques, qu'il se met à avoir conscience que la faim s'atténue peu à peu, tandis que les premières persistent comme la condition déterminante de ce phénomène; au point que si, l'animal étant subitement anesthésié, les images disparaissaient à l'improviste, la faim s'apaiserait lorsque l'animal continuerait à ingérer, mais il ne se rendrait pas compte de ce résultat.

Ici se montre une succession d'états originairement imposée par des conditions physiologiques préexistantes. C'est une action périphérique qui évoque les sensations trophiques dans une région du sensorium, et une action périphérique qui évoque les sensations externes et gastriques dans d'autres régions ; toutes ces sensations s'accusent comme un effet, rien que comme un effet de l'excitation ; mais si la coïncidence se produit pendant que s'éveille le facteur *faim*, il s'éveille aussi, dans les centres psychotrophiques, à plusieurs reprises, d'une manière invariable et constante, l'effet *sensation* dans les centres sensoriels, il s'établit une connexion ou une association inséparable, soit par des voies directes, soit par des voies plus compliquées, qui jusqu'à présent nous sont impénétrables ; de cette association surgit la croyance que la faim subsiste tant que certaines images ne surgissent pas dans le même sens ; et on le croit puisqu'une longue expérience a démontré qu'il en est ainsi, étant donné que l'estomac n'accuse l'apaisement de la faim qu'à son extinction, seulement en présence de ces images, et non quand elles manquent.

On peut imaginer que si ces images, au lieu de procéder des sens, procédaient d'une action interne, et que l'effet gastrique s'accusât de la même manière, elles seraient également considérées comme le signe de cet effet. Ainsi, si nous supposons que chaque fois qu'on ingère l'aliment, une sensation spéciale surgit du rein, ou une certaine impression aiguë dans la cuisse, il se préformera également dans l'intelligence la croyance que ces sensations internes sont des signes précurseurs de la sensation gastrique. Si nous faisons cette supposition fantaisiste, en concevant les phénomènes autrement qu'ils sont, c'est avec l'intention de bien nous pénétrer de cette idée, que les phénomènes de la sensibilité externe sont considérés comme des signes de l'aliment, parce que ce sont eux qui coïncident avec la sensation gastrique et non parce que leur nature est physiologiquement distincte des autres.

De ce qui a été exposé précédemment, il résulte que les sensations trophiques, externes et gastriques ne sont pas isolément considérées comme intellectives : l'intellection résulte d'un processus logique, dont les données sont imposées sensoriellement. Lorsque l'animal arrive à comprendre que la réapparition de certaines images est indispensable pour que la faim se calme, il leur attribue une valeur qu'auparavant elles n'avaient pas. Qui dit intellection, dit *conscience d'une relation*, et ici il y a la conscience de la relation qui s'interpose entre la faim, l'image et le réflexe inhibitoire qui s'ensuit. En cela l'animal procède comme le voyageur qui s'installe dans un pays étranger dont il ne connaît ni le langage ni les coutumes. Si, peu après s'être couché et endormi, il est réveillé par la cloche du village qui sonne le tocsin, ne sachant pas ce que cela signifie, il n'établit aucune relation entre cette sonnerie et les coups de feu ou les clameurs d'alarme qui s'ensuivent ; mais si la nuit suivante il entend la même sonnerie, la peur d'entendre se répéter les coups de feu de la veille l'effraye, et si cela se répète une troisième fois, à la sonnerie il prend une attitude de défense avant même d'entendre le bruit des coups de feu, car il considère maintenant cette sonnerie comme le signal d'un danger. Ainsi commence également la vie intellective. Les petits chiens du panier souffraient de la faim et en même temps ils entendaient le timbre sonner à leurs oreilles, sans se douter que ce son était le signe de l'extinction de la faim ; mais la répétition de coïncidences des deux états a établi une connexion intérieure entre eux, et chaque fois qu'elle reparaissait, ils admettaient que la faim serait éteinte. Le mammifère qui, en suçant avec avidité le tétin nourricier, provoque par inadvertance certaines sensations, commence par ignorer que ces impressions lui étaient données précisément avant la sensation de satisfaction qui s'ensuivait, car il n'avait établi aucune relation entre l'un et l'autre phénomène ; mais lorsqu'il a acquis la conscience de cette relation, il prévoit que les antérieurs étaient des signes ou des avis des postérieurs.

De même, durant cette longue période où l'expérience

trophique s'établit, l'action du monde extérieur, qui ne cesse d'avoir une action sur les nerfs des sens, accumule dans les centres nerveux des impressions persistantes ou passagères, et l'on n'en sait rien; mais toutes celles qui peuvent être utilisées comme signes de ce dont on a besoin, le sujet tend à les reproduire en mettant, à cet effet, les sens sous le domaine de la sensibilité tropho-motrice; et c'est ainsi que le sujet, au lieu d'attendre passivement que le sens soit impressionné, s'efforce d'être impressionné par ce dont il a besoin. L'impulsion qui porte à considérer les sensations comme signes de l'aliment est, on le voit, profondément logique.

Si nous la supprimons mentalement ou si nous nous en séparons, comme le fait la psychologie introspective, il arrive ce résultat incompréhensible, qu'à ces effets sensoriels on attribue une valeur intellective qui ne s'explique pas.

Dans la description que nous venons de faire, nous avons observé que la première intellection naît de souvenirs qui ont été donnés dans le sensorium, sans qu'il soit besoin de rechercher comment. Une fois ou l'autre il est arrivé, au moment où le jeune chien allait prendre le biberon, qu'au fond de ses yeux est apparue une faible lueur ou qu'un son spécial a vibré; et comme il est arrivé, dans un cas ou dans l'autre, que la faim s'est calmée sans qu'il fût besoin de savoir ce qui évoquait ces images et sans que, même confusément, on soupçonnât que, sans une condition externe, jamais elles n'auraient été déterminées, il se préforme dans cette intelligence naissante un *jugement de succession*; le sujet procède comme s'il savait que l'effet trophique est consécutif à ces images; et pour cette raison il ne les considère pas comme le signe de quelque chose d'extérieur, mais comme le signe de l'effet qu'il va éprouver; sa valeur intellective n'est pas encore externe. En nous plaçant au point de vue physiologique du chien, nous comprendrons clairement que cette impression de lumière qui jaillit au fond de ses yeux fermés, que le son qui à l'improviste résonne à ses oreilles, et que l'impression thermique qu'il ne localise pas encore à l'endroit de la peau sur lequel il la reçoit, ne sont représentatifs de rien d'extérieur; ce sont simplement des phénomènes qui, pour avoir coïncidé avec l'apparition de la faim, se lient à ce fait interne, et qui se présentent comme l'avis de ce qui va arriver immédiatement.

On se rappelle qu'en parlant de l'expérience trophique (les répétitions auxquelles nous nous exposons sont inévitables, car nous étudions une même question d'un autre point de vue), nous avons dit que les signes sensoriels au moyen desquels on reconnaît la présence de ce que l'organisme réclame ne sont jamais en rapport avec le monde extérieur, mais bien avec l'effet trophique qu'ils déterminent. Ainsi nous avons dit que l'enfant allaité par sa mère éprouvait pour les mauvaises qualités de son lait une certaine inquiétude trophique, qui le rendait irritable et grognon, et qu'au contraire les tétées que lui donnait la voisine le laissaient satisfait. Il se produisait cette coïncidence, que le mauvais effet du premier lait succédait invariablement à la vision de la couleur blanche A, et l'effet du second à la vision de la couleur rouge B; cette succession, invariablement répétée un certain nombre de fois, a formé dans le sensorium trophique deux souvenirs et dans les centres optiques deux souvenirs, entre lesquels s'établit une connexion interneuronale. Grâce à cette connexion, A n'apparaît pas sans qu'en même temps n'apparaisse le souvenir de ce qui se passait simultanément les autres fois; B n'apparaît non plus sans qu'en même temps l'enfant se rappelle que, derrière cet état sensoriel, jamais ne survient ce malaise indéfinissable qui survenait après l'apparition de A. Dans ces nouvelles conditions, le sujet n'a pas à attendre qu'il s'écoule un certain temps pour que l'excitation cellulaire accuse l'effet trophique dans la conscience; il s'est élaboré un souvenir par l'effet de la répétition des actes, et ce souvenir s'éveille en présence de l'image A, tel que l'accusait la sensation provocatrice de l'excitation cellulaire, c'est-à-dire comme une douleur ou comme un malaise intérieur; au contraire, devant B s'éveille le souvenir trophique passé, et avec lui un paisible sentiment de satisfaction. Quand le passé devient le présent, on acquiert la prévision que ce qui est arrivé cinquante ou cent fois se répétera de nouveau. Cinquante, cent fois s'est répété le fait, qu'au bout d'une heure, après l'apparition de A, survient le malaise; se rappeler que cela se passait, c'est savoir, au moment réel où réapparaît A, qu'au bout d'une heure il se passera de nouveau la même chose.

Voilà donc comment, avec l'image d'une couleur associée au souvenir de ce qui est arrivé, le sujet acquiert la prévision de ce qui arrivera, parce qu'il se le représente au moyen de cette image.

De même, à force de répéter un certain contact, une certaine saveur, une odeur diffuse et vague, pendant l'ingestion machinale, il s'est formé dans les centres de la sensibilité externe des images qui sont données invariablement comme ce qui précède l'effet trophique, c'est-à-dire l'extinction de la faim; et c'est ainsi que lorsqu'elles sont éveillées, associées au souvenir de ce qui s'est passé, elles apparaissent dans la conscience comme l'intellection vive de ce qui arrivera de nouveau ou se répétera. Nous insistons sur ce qui suit : pour que cette intellection première soit formulée, il n'est pas besoin de savoir préalablement que ce qui calme la faim est quelque chose d'extrinsèque, ou que ce qui évoque l'image est une cause qui réside en dehors des sens; il suffit que deux souvenirs distincts dans le sensorium se forment et qu'ils s'unissent au moyen d'une connexion interneuronale à laquelle répond ce qui, subjectivement, nous est montré sous la forme d'une relation logique.

Puisque l'image sensorielle n'est pas nativement intellective, mais que l'intellection résulte de sa connexion avec le souvenir trophique, on peut se demander : après l'établissement de cette connexion, que comprend le vertébré, qu'auparavant il ne comprenait pas?

La réponse est très simple : elle est exposée implicitement dans ce que nous venons d'indiquer. Si l'enfant prévoit dans la couleur *A* un effet trophique, distinct de celui qu'il prévoit dans la couleur *B*; si dans l'ingestion machinale, par la répétition des actes, il se forme certaines images centrales que l'excitation périphérique ne fait que réveiller, et en présence desquelles l'animal sait ce qu'auparavant il ne savait pas, prévoyant que sa faim sera satisfaite; si dans toute expérience trophique établie l'animal a acquis la notion nette, non de ce qui arrive actuellement dans son organisme, mais de ce qui arrivera; indubitablement l'image est donnée dans cette période de la vie psychique purement et exclusivement comme *la représentation véritable de l'effet trophique*. L'altéré qui se représente l'eau au moyen d'un certain tableau d'impressions, comme le carnivore qui se représente la viande qu'il désire, ne connaissent pas deux objets semblables comme, plus tard, la perception externe proprement dite les leur montrera : ils connaissent l'effet trophique qu'ils doivent déterminer, connaissance qui ne consiste qu'en la prévision de cet effet. Pour que cette prévision ait pu se formuler dans l'esprit, il a fallu pouvoir se représenter ces effets, et comme il est arrivé qu'antérieurement à tel effet il se formait telle image, et antérieurement à tel autre effet telle autre image, d'une manière préétablie par l'expérience, l'image a été considérée comme le signe de l'effet, *puisque tout ce qui est pris comme moyen représentatif est un signe*. Sur ce point, le dernier des vertébrés procède avec la même sagesse que l'homme quand il dessine le cadran d'une horloge pour prévoir, par la simple lecture des signes tracés, la hauteur du soleil dans l'espace, sans avoir besoin de la déterminer de nouveau. Il est clair que ces signes n'auraient aucune valeur, c'est-à-dire qu'ils ne signifieraient rien, si préalablement on n'avait fixé les données expérimentales dont ils sont le signe; mais une fois qu'elles sont fixées, autant vaut mesurer la hauteur du soleil dans l'espace que de la reconnaître par la lecture du signe au moyen duquel elle a été exprimée. De même, l'enfant qui se représente l'effet trophique au moyen d'une couleur, l'altéré qui se le représente au moyen d'un certain tableau sensoriel, et le carnivore qui également l'imagine lorsqu'il se représente la viande, n'ont pas besoin d'attendre que ces effets surviennent pour les connaître; ils les prévoient par anticipation, car, dans les centres sensoriels, certains souvenirs se sont associés à certaines images fixes. Les expériences d'où est venue cette prévision sont imposées d'un côté par l'excitation cellulaire et de l'autre par l'excitation externe, qui forment les deux souvenirs, et par la connexion centrale qui les unit entre eux et au moyen de laquelle s'acquiert la conscience de la succession.

Intuitivement nous comprenons, dès le moment où nos images sensorielles ne sont pas des calques des choses extérieures, que nous les utilisons comme signes pour nous les représenter; mais quand nous nous arrêtons devant le fait tel que le présente l'observation, et que, allant plus loin, nous nous demandons comment il se fait que l'intelligence les utilise comme signes, nous découvrons qu'il est naturel qu'il en soit ainsi, car, sur ce point, elle procède de la même manière que dans des processus plus complexes et plus élevés. Des phénomènes isolés sont donnés, les uns dans les centres psycho-trophiques, les autres dans ceux de la sensibilité externe; et comme ils se suivent invariablement, il s'établit entre eux une connexion *en vertu de laquelle on pense que l'image est le signe qui symbolise le souvenir trophique*, de même que les signes du cadran solaire symbolisent la hauteur de l'astre, ou que le tocsin symbolise le danger. Cette pensée ou cette induction n'est pas *discursive*, elle naît de conditions nativement imposées, et pour ce motif, nous pensons à cet égard de la même manière que tous les vertébrés quand nous considérons l'image comme le signe des effets alimentaires différents que l'organisme grave dans le sensorium.

Comme cette induction élémentaire naît de l'expérience trophique pendant que les choses se répètent toujours de la même manière qu'elles se sont répétées, la valeur logique du signe continue à être identique; mais dans le cas où un même signe ne correspondrait pas à un même effet trophique, il n'aurait plus aucune valeur. Il est toujours arrivé, par exemple, qu'un mauvais effet trophique a été symbolisé par une couleur A, et un bon effet par une couleur B, et précisément pour cette raison A est devenu le signe du premier effet et B celui du second. Supposons que les signes permettent de les distinguer, par exemple qu'on habille la mère de rouge et la voisine de blanc, le sujet, en s'inspirant des expériences passées, attribuera à ces signes une signification que réellement ils n'ont pas; mais, comme la sensibilité trophique rectifiera l'erreur de la même manière que s'est établie la première expérience, il s'en établira une autre dans laquelle la signification qui jusqu'à présent était attribuée à A, sera attribuée à B, et réciproquement. D'après cela, on voit qu'à cette période initiale de la vie intellective, la valeur logique du signe sensoriel est toujours conditionnelle; si réellement il correspond à l'effet trophique qu'on se rappelle, on le considère comme vrai, parce que l'expérimentation continue à se répéter de la même manière qu'auparavant; on le considère comme faux lorsque l'organisme n'accuse pas les mêmes effets que ceux prévus dans le souvenir préalablement élaboré, et comme illusoire quand il n'en accuse aucun.

L'intellection, donc, ne naît pas de la sensation externe ni de la sensation trophique, mais de leur relation; et la valeur logique de ce jugement ou de cette relation dépend du fait que la correspondance qui s'établit entre les deux facteurs est ou réelle, ou inexacte, ou fictive. Le sujet, sur ce point, procède d'une manière impeccable, et avec la même rigueur que le mathématicien.

C'est une action périphérique qui détermine deux souvenirs en deux endroits distincts du sensorium, et une loi de succession qui détermine leur connexion centrale ; c'est aussi une action périphérique qui évoque ces souvenirs. Ainsi donc, si le sujet croit que devant tel signe il doit éprouver tel effet, et que la voix de l'organisme annonce qu'il ne le produit pas, ce qui était prévu au moyen de ce signe est démenti, et, tant qu'il n'est pas remplacé par un autre, on ne peut prévoir ce qui arrivera ; mais lorsque l'expérience aura formulé un nouveau signe dans la conscience, on pourra de nouveau se représenter l'effet trophique consécutif. La valeur du signe ne dépend donc pas de la signification que, par des expériences antérieures, on lui attribue ; elle dépend des expériences antérieures et des expériences postérieures ou prévues ; car s'il arrivait que l'effet prévu ne survînt pas, ce ne serait plus un signe, ni rien. Le géomètre dit : dans la ligne droite, les points sont donnés suivant une même direction ; si dans une ligne il y a des points qui ne se trouvent pas suivant une même direction, cette ligne n'est pas une ligne droite ; raisonnement identique à celui du vertébré qui considère le signe sensoriel comme la représentation de l'effet trophique.

Au moyen de ce processus intellectif, l'animal a une seule préoccupation : subvenir aux besoins de son organisme.

Pour y arriver, il est nécessaire qu'il lui soit donné de prévoir l'effet que doivent produire sur lui les aliments. Cette prévision ne provient pas d'un *quid* occulte, ni d'une faculté instinctive, elle n'est pas non plus nativement donnée : elle naît d'un processus empirique, formé par l'excitation périphérique ; car à force de voir la faim se calmer lorsque apparaissent certaines images, on finit par savoir qu'elle se calme seulement quand ces images réapparaissent, et que tant que cela n'arrive pas elle ne peut se calmer. Il est certain aussi qu'elle est apaisée par la préhension machinale, par une transfusion, au moyen de lavements ou d'une fistule gastrique ; il est certain aussi qu'on peut donner libre cours à son imagination, comme d'ailleurs l'ont fait certains romanciers, en disant qu'il est possible de calmer la faim au moyen de gaz nutritifs ou d'élixirs subtils ; mais, quand même il serait admissible qu'on pût la calmer par des moyens extraordinaires, jamais le sujet ne se rendrait compte de ce qui arrive tant qu'au moyen des images-signes il ne pourra se représenter l'effet trophique qu'il doit éprouver.

De là vient que dans cette intelligence naissante se préformule un postulat logiquement nécessaire : *il n'est possible d'acquérir la conscience d'un effet trophique qu'en se représentant cet effet au moyen du signe sensoriel*. Nous disons que ce postulat est logique, parce qu'il provient de la relation de deux facteurs ; nous disons qu'il est nécessaire, car dans le cas contraire nous détruirions jusqu'à la possibilité de l'intellection trophique, en nous séparant des éléments d'où elle résulte. Ce besoin logique est nécessairement imposé au vertébré, puisqu'il comprend que l'image est représentative de l'effet ; et de même que le postulat d'Euclide est vrai *parce que pratiquement il n'est pas possible d'imaginer le contraire*, de même il n'est pas possible de concevoir une expérience trophique dans laquelle l'effet alimentaire ne soit pas représenté au moyen d'images ; ou il faut renoncer à prévoir l'effet nutritif, ou il faut prendre l'effet tel qu'il est, comme une imposition nécessaire.

La prévision de l'enfant, relativement à ce qui doit lui arriver avec le lait de la mère et celui de la voisine, représentées respectivement par A et B ; la prévision de l'altéré, qui admet que seulement ce qui lui apparaîtra sous la forme sensorielle d'eau calmera sa soif, ou celle du geai qui, guidé par une odeur, vole dans la direction de la viande décomposée qui apaisera sa faim, se fonde sur *un jugement d'identité*. L'animal admet toujours que l'odeur actuelle est l'odeur antérieure, et que *A* est toujours *A* et *B* toujours *B*; il ne fonde pas cette supposition sur une expérience externe; elle naît d'une imposition interne.

Comment le sujet sait-il que la couleur blanche d'aujourd'hui est la même que celle de trois heures avant, celle d'hier la même que celle d'avant-hier, celle qui, depuis qu'il a statué l'expérience trophique, s'est toujours répétée de la même manière? Comment le geai sait-il que l'odeur qu'il perçoit dans le lointain est la même odeur que celle qu'il a perçue d'autres fois?

Il est indubitable qu'ils le savent, car au moyen de ces signes ils pressentent les effets trophiques qu'ils doivent éprouver; et, le fait étant indiscutable, il importe de rechercher ce qui accuse dans la conscience le sentiment de cette identité sur lequel repose la valeur de l'expérience trophique; car si l'enfant n'était pas sûr que *A* est bien *A*, et que *B* est bien *B*, et si le geai n'était pas non plus sûr que l'odeur actuelle est identique à celle des jours passés, il ne leur serait pas possible de prévoir ce qui doit leur arriver.

Trente, cinquante fois, autant de fois qu'il a été nécessaire, nous avons fait coïncider, pour nos petits chiens, la prise du biberon avec le son du timbre, et ainsi nous avons pu observer qu'il arrivait un moment où ce son devenait intellectif. En considérant la question au point de vue introspectif, on pourrait croire que l'expérience psychique commence avec l'apparition de cette intellection, puisque avec elle le sujet se rend compte de ce qui lui arrive; mais pour pouvoir comprendre que ce qui lui arrive est le résultat d'une opération préliminaire, où les conditions déterminantes de ce phénomène final ont été données, il est nécessaire que nous allions plus loin, pour rechercher les conditions qui doivent nous expliquer ce phénomène ultérieur. Comment l'enfant sait-il que le son du timbre est le même que celui que maintes fois il a entendu? Il le sait parce qu'il connaît sa cause par différenciation et que par elle il se rend compte que ce son est distinct des autres, de celui de la porte par exemple, de celui d'une voix ou de celui d'un oiseau ; cette image acoustique n'apparaît *distincte*, que parce qu'elle a coïncidé avec la prise du biberon ; toutes celles qui n'ont pas été données ainsi ne sont pas entendues comme celle-là, bien qu'elles se fassent entendre ; si elle apparaît distinctement, ce n'est pas parce qu'il sait que tel objet l'a déterminée, ni parce qu'il se rend compte encore que c'est une cause qui la provoque : c'est parce que, lorsqu'elle est apparue, il l'a considérée comme le signe d'un effet immédiat, comme cela lui est arrivé *d'autres fois*. La conscience de cette identité naît de la mémoire des répétitions passées. Si lointaine que soit la trace qu'a laissée dans le noyau central, la première fois, a, l'impression périphérique, la vérité est que lorsqu'elle sonne pour la seconde fois, au moment b, le même phénomène qu'au moment a se répète, en se donnant comme $a + b$. Aux moment $c, d, e, \ldots n$, il se passe la même chose, et c'est ainsi que, dans la dernière impression, l'image est donnée comme la somme de toutes les impressions passées, sans que les intervalles s'accusent d'une manière mesurable, ainsi que les pages d'un livre, feuilletées rapidement avec le pouce, forment une image continue. Les animaux doivent la mémoire à la propriété physiologique de l'élément nerveux qui retient les excitations passées dans un état d'addition latent, et avec elle le sentiment de l'identité des mêmes impressions. Quand nous nous demandons alors sur quoi se fonde le sujet, pour croire que l'impression e est la même que celle qui lui a été donnée en d, c, b, a, nous nous répondrons qu'il le croit parce que toutes les impressions, y compris la dernière, lui sont données simultanément. Il en est de même avec les souvenirs trophiques. Si, en savourant un mets, nous remarquons qu'il est fade, et si le désir nous vient d'y ajouter du sel, c'est parce que le souvenir de ce corps, avivé par l'excitation, préexiste dans le sensorium ; et comme par l'expérience on sait que ce qui satisfait ce besoin est ce qui gustativement s'accuse au moyen de ce signe, bien avant que ce besoin devienne impérieux, on prévoit ce qui arrivera ; et cette prévision ne naît pas seulement de l'excitation périphérique actuelle, mais d'elle et de la mémoire vivante de toutes les excitations passées qui se réveillent avec elle dans un même acte. Si elles ne s'emmagasinaient pas dans les centres ignorés où les mêmes impressions sont différenciées dans le sensorium trophique, et si l'excitation cellulaire actuelle, au lieu de réveiller avec la sensation présente toutes les sensations passées, s'accusait isolément, la prévision trophique, ou la connaissance de l'effet que les aliments doivent fournir, serait complètement impossible. De même, si dans la conscience l'image-signe ne se donnait pas comme identique à elle-même, dans le présent et dans le passé, c'est-à-dire comme un souvenir, on ne pourrait se représenter par elle l'effet qui doit survenir.

Le problème de l'identité du phénomène psychique, réduit à la simple catégorie de phénomène expérimentable, résulte de l'addition latente des mêmes impressions. Les images au moyen desquelles les vertébrés commencent à se représenter les effets trophiques ne correspondent pas purement et exclusivement à l'excitation actuelle, mais à cette dernière et aux passées ; et, pour cette raison, ces différenciations sont données comme fixes et permanentes.

Quand, ultérieurement, ces images sont considérées comme signes des objets, elles ne sont pas non plus uniquement et exclusivement accusées par ce qui est donné dans l'impression périphérique, mais bien par ce qui est donné dans cette impression et dans la différenciation centrale qu'elle réveille.

Le préjugé nativiste nous incline à croire que nous apercevons d'abord la blancheur de la neige, du manteau, du lait, et cela est une illusion, car en premier lieu c'est la note générique que l'on perçoit, et non ces notes distinctes qui peuvent ne pas être données dans la différenciation centrale.

Ainsi il arrive que, tandis qu'on reconnaît unanimement que ces trois choses sont blanches, certains ne distinguent pas les caractères particuliers à chacune d'elles, et les visuels les discutent entre eux, car tous les *perçoivent suivant leur coefficient personnel de perception;* ce coefficient résulte d'une différenciation centrale, où toutes les impressions passées sont données dans le souvenir, comme identiques à elles-mêmes, ou comme une note commune et comme différenciations possibles dans la vision périphérique actuelle qui la réveille. Quand la psychologie introspective admet que la vision centrale répond à l'excitation périphérique comme l'écho répond au son, elle ne tient pas compte de ce que l'expérience nous a appris que dans le noyau central où est reçue l'impression du blanc, toutes les impressions antérieures existent sous une forme latente, et que ce souvenir est réveillé par l'impression périphérique actuelle; à cette réaction centrale correspond l'épiphénomène conscient avec le sentiment de l'identité de tout ce qui est donné : bien au contraire, ces blancs particuliers sont distingués de la note commune à mesure que la fonction visuelle progresse et se perfectionne, passant toujours du moins distinct au plus distinct, de l'obscur au clair. La conscience de cette variété infinie présuppose toujours le sentiment de sa profonde identité, toujours ouvert aux différenciations possibles, né de cette addition latente qui accuse l'identité d'origine d'un phénomène se perpétuant dans la conscience à travers toutes ses variations.

Rappelons-nous qu'en décrivant l'expérience trophique, nous avons conçu la saveur d'une façon générale, telle que, dans les premières périodes de la vie, le vertébré doit la concevoir; notons ensuite le processus de discrimination grâce auquel l'animal reconnaît des qualités chaque fois plus claires, chaque fois plus distinctes; rappelons-nous ce que nous avons indiqué, relativement aux odeurs, aux contacts et aux sons; et en présence de ces faits demandons-nous si la proposition en vertu de laquelle l'image centrale est la simple répercussion de l'impression périphérique, est admissible. Il est indubitable que la composition du phénomène central est incomparablement plus complexe que ce que l'on vient de supposer, mais avec l'impression présente on assume la conscience de celles qui ont passé.

La condition déterminante de cette élaboration centrale est dans l'excitation périphérique; en elle réside aussi la propulsion qui l'éveille et la rend présente dans la conscience; et par cette puissante raison, quand nous percevons l'impression présente, nous nous rappelons les impressions similaires passées. Ce travail progressif de différenciation centrale, aussi lent qu'obscur, qui marque étape par étape le développement de la vie psychique, s'accuse, non pas par l'introspection solitaire, mais au moyen d'une observation attentive et opiniâtre; l'introspection accuse seulement les résultats parce qu'elle se sépare des conditions qui les déterminent. Mais comme le fait est que le blanc s'accuse comme blanc, et l'amer comme amer, même lorsque dans le monde extérieur il n'existe ni deux couleurs blanches ni deux saveurs amères identiques, l'identité, ou la note commune que nous leur attribuons, est expliquée par l'identité des excitations qui les déterminent. Ainsi on dit que la neige, le manteau, le lait apparaissent blancs, parce qu'ils impressionnent la rétine de la même manière; de même, on dit aussi que les corps *a*, *b*, *c*, et *d*, sont salés, parce qu'ils impressionnent de la même manière le nerf gustatif. Le problème de l'identité du sujet à l'objet ainsi traduit, nous nous expliquons la note commune qu'accuse le phénomène psychique, par une action identique de la cause extérieure : explication en tout point illusoire, car dans cette cause nous ne connaissons que les effets qu'elle détermine sur nos nerfs sensoriels, et pour cela il n'est pas possible d'inférer de ces conséquents l'antécédent qui les détermine, c'est au contraire de l'antécédent que l'on infère le conséquent.

Donc, sans intervertir les termes de la question, quand nous disons que les corps *a*, *b*, *c*, et *d*, sont salés parce qu'ils impressionnent de la même manière le nerf gustatif, pour former ce jugement, nous avons besoin avant tout de savoir quelle est cette manière, car si cette différenciation que nous appelons salée ne préexistait pas, nous ne saurions jamais que *a* nous impressionne comme *b*, *b* comme *c*, *c* comme *d*. Le sentiment de cette identité se présuppose à toute différenciation externe.

Quand donc saurons-nous que *a*, *b*, *c* et *d* nous impressionnent d'une manière qualitativement identique? Quand l'impression actuelle éveillera le souvenir d'autres impressions passées, données dans un seul acte comme une note commune. C'est l'action périphérique qui éveille cette note commune, à condition qu'elle préexiste comme une différenciation centrale; et par cela même, quand un grain de sel se dissout sur les papilles de la langue, nous ne disons pas que le centre est le pur reflet de cette action périphérique, car le reflet de cette impression est ajouté à toutes les impressions similaires qui ont été données en d'autres temps, car *lorsque nous percevons nous nous rappelons*. Au moyen de cette donnée interne, il nous sera possible de juger que *a* est comme *b*, comme *c* et *d*; de plus, si cette donnée nous manquait, comment pourrions-nous établir un jugement d'identité entre les termes de la série?

Les impressions que l'action périphérique grave dans le centre récepteur sont comparables au son du timbre, à l'impression de lumière ou de chaleur dont nous avons parlé antérieurement; grâce à cette action, il se forme dans le noyau récepteur une différenciation sous la forme d'une addition latente, et lorsqu'elle se fait présente dans la conscience, grâce à une nouvelle excitation, les temps passés apparaissent comme présents. La croyance introspective par laquelle ces noyaux de réception vierges de toute impression répondent à l'excitation périphérique, tels qu'ils répondent après que les différenciations centrales sont élaborées, est illusoire. Quand, par des processus d'ordre logique et intellectif, ces différenciations plus ou moins nuancées sont rapportées à une action extérieure, *nous ne croyons pas qu'elles sont identiques parce que la cause qui agit sur les sens est la même, mais nous croyons que la cause qui les détermine est identique, parce qu'elle se donne toujours de la même manière.*

Nous nous demandions comment l'enfant peut prévoir, au moyen des couleurs A et B, l'effet trophique qu'il doit éprouver, ou comment le chien peut le prévoir au moyen d'un son, ne sachant pas encore que ces sons, et que A et B, sont déterminés par une autre cause stable qui agit toujours sur les sens d'une même manière; et nous nous le demandions parce que, si le sentiment préalable de cette identité n'existait pas, l'expérience trophique manquerait de tout fondement logique. Après cette brève investigation, nous savons maintenant que le sujet peut être certain que le signe d'aujourd'hui est le même que celui des temps passés, sans connaître la cause qui le détermine, car il existe dans le neurone une propriété physiologique qui prédétermine dans la conscience l'épiphénomène de l'identité. S'il était certain que le sensorium fût le reflet de la dernière impression reçue, le sujet ne pourrait prévoir l'effet trophique qui doit survenir derrière le son, ou derrière la couleur rouge ou blanche, parce qu'il commencerait par ignorer que ces images sont les mêmes qu'auparavant ; mais le sensorium accumule les impressions passées, et, comme le reflet des passées et des présentes, il évoque la conscience très claire que *ce qui se passe maintenant est la même chose qu'auparavant*, et c'est ainsi que, dans un seul acte, *le présent et le passé* sont donnés à l'animal.

CHAPITRE VII

PERCEPTION DU RÉEL EMPIRIQUE

Conditions expérimentales qui déterminent la naissance de cette perception. — Connaître le réel, c'est prévoir l'effet trophique.

Après avoir parcouru le rude chemin que pas à pas nous avons suivi dans les pages précédentes, nous comprenons que c'est par les trois sensations élémentaires : trophique, externe et gastrique, que l'animal, par le simple fait qu'elles se produisent et se répètent un certain nombre de fois, est amené à avoir conscience de leur succession. Il n'est besoin de rien de plus pour que le second facteur devienne graduellement représentatif de l'effet trophique, et soit prévu avant que l'excitation cellulaire ne l'avise. Une fois pénétrés des termes du problème, nous trouvons ce phénomène intellectif si naturel que sans effort nous comprenons que les choses se passent ainsi parce qu'elles ne peuvent se passer d'une autre manière; et c'est alors que la succession prend une forme logique aux yeux de l'observateur qui l'examine; car ce qui se présente comme une succession d'états dans la phase empirique du processus, se montre, dans la phase logique, comme une *succession forcée*.

Quand une image précède un mauvais effet trophique, le sujet ignore comment il se fait qu'elle apparaît ainsi, mais le fait est qu'elle se présente toujours avant que la sensibilité trophique accuse le mauvais effet; comme ce mauvais effet laisse une trace dans le sensorium, il arrive un moment où la réapparition de cette image éveille ce souvenir; et cela suffit pour prévoir bien à l'avance ce qui arrivera. Cette intuition du futur s'affine et se perfectionne de jour en jour, si bien qu'on arrive à prévoir, au moyen d'une odeur ou d'une saveur et plus communément par un tableau complexe d'impressions, ce que sans elle, au bout d'un certain temps, l'excitation cellulaire accuserait de la même manière. Nous appelons cette succession prévue, une succession logique ou une intellection. Que lui faut-il pour se formuler? Une succession empiriquement établie, qui forme le souvenir dans le centre sensoriel et dans le centre psycho-trophique.

Que faut-il pour que ce souvenir se forme? Une excitation périphérique répétée et toujours donnée dans les mêmes conditions, tant d'un côté que de l'autre. Que faut-il pour que l'image évoque le souvenir trophique? Une voie de communication, qui auparavant n'existait pas, une connexion qui les unisse. Voilà le schéma de l'intellection trophique. Pour que cette intellection se formule, il n'est pas nécessaire que d'autres connaissances se soient formulées préalablement, pas même les plus importantes, celles du réel et de la cause. Pourquoi le sujet aurait-il besoin de savoir que l'image a été déterminée par une cause, et que ce qui a déterminé l'effet trophique est quelque chose qui est entré dans son organisme? Il suffit qu'il en ait éprouvé les effets, pour que les souvenirs simultanés de l'un et de l'autre prédéterminent l'intuition ou le souvenir unique de ce qui arrivera de nouveau; au contraire, pour savoir ou se rendre compte qu'il est entré quelque chose dans l'organisme, et que l'image a surgi, non pas spontanément, mais par l'intermédiaire d'une cause, il faut qu'on ait, préformulée dans l'esprit, l'intuition primordiale de l'effet trophique, comme antécédent logique indispensable, pour faire ce pas en avant.

Les origines de la connaissance resteront éternellement impénétrables, tant qu'on ne précisera pas le sens des mots par lesquels on exprime le fait concret. On dit que la sensation est une connaissance; je dis, moi, que cette affirmation est obscure, et que nous ne savons pas nettement ce que nous voulons exprimer par là. Sentir la faim telle qu'isolément elle naît des centres psychotrophiques, ce n'est pas la même chose que de connaître ce qui pourra la satisfaire; je ne peux pas voir si le sujet qui éprouve cette sensation intense ne comprend rien. Sentir l'image que l'excitation évoque lorsqu'elle agit sur les sens, ce n'est pas la même chose que de savoir qu'elle correspond à une chose; c'est simplement sentir un effet dont on ignore la cause, conformément à ce que nous avons exposé précédemment. Seulement, lorsque au sentiment de la faim nous associons la connaissance qu'on acquiert par l'expérience trophique, ou que nous concevons l'image nativement excentrique, nous nous figurons que la connaissance naît de l'action périphérique, comme un prodige réalisé par la baguette magique; mais quand nous remarquons que la sensation n'est qu'un effet de l'excitation et que cette sensation, alors même qu'elle est donnée comme une somme latente ou comme un souvenir, n'est pas par elle-même intellective tant qu'elle ne l'est pas d'un autre phénomène psychique, nous comprenons qu'intellection veut dire relation et nous admirons le génie de Kant, qui a si profondément pénétré la structure intime de ce que nous appelons la pensée.

Ainsi, dans ce premier vagissement intellectif où l'image se fait représentative de l'effet trophique, nous ne voyons que ce qu'il y a : une relation entre deux données internes. Toutes deux préexistent intégrées dans leurs centres respectifs; l'une et l'autre s'éveillent lorsqu'elles sont provoquées par l'excitation périphérique qui les a créées; mais lorsqu'une association féconde les a unies, si une action périphérique les évoque, elles apparaissent dans la conscience d'une manière simultanée, et ce souvenir unique est ce qui constitue l'intuition trophique, expression d'une fusion d'états, ou d'une synthèse, comme dirait Wundt. Cependant, dans cette synthèse, l'un et l'autre des éléments composants accuse la même chose que quand ils se donnaient isolément ; et de même qu'auparavant la sensation trophique accusait spécifiquement la conscience d'une absence dont on ne connaissait pas la nature, maintenant elle accuse aussi cette absence, mais représentée au moyen d'une image. Ainsi donc, il est toujours arrivé que lorsque apparaissait cette image, *l'absence* ou la faim disparaissait ; ce fait, s'étant passé ainsi empiriquement un certain nombre de fois, a été symbolisé par ce que la sensibilité trophique accusait comme absent, et, à sa réapparition, *on a cru que ce que la sensibilité trophique accuse comme absent, l'image l'accuse comme présent*. Grâce à cette réversion, l'intuition trophique donne l'intuition de ce qu'était la faim, et ce qui apaise la faim est ce que l'on considère empiriquement comme réel ou comme quelque chose d'extrinsèque que l'organisme réclame.

Que l'on considère l'expérience trophique, on verra toujours poindre la prévision de quelque chose d'extrinsèque. Le petit chien qui s'agite dans le panier, lorsqu'il comprend ce que signifie le son du timbre, montre ostensiblement qu'il comprend la présence de ce qui calme la faim. L'enfant qui commence par téter machinalement, lorsqu'il arrive à comprendre que les impressions qu'il éprouve dans sa bouche sont représentatives de l'effet que d'autres fois il a éprouvé, imagine, par une réversion profondément logique, que la saveur et le contact tiède sont les signes qui lui annoncent le retour de ce qui lui manque. Lorsque nous avons expliqué en quoi consiste la perception des aliments, nous avons dit que c'est l'appétence vive de ce que l'organisme réclame et que nous nous représentons au moyen d'une odeur, d'une saveur, d'un contact, sans que dans cette représentation nous nous soyons préoccupés le moins du monde de préciser si ces images correspondent uniquement à un objet ou à plusieurs. Nous avons besoin de nous représenter l'effet par un signe, quel qu'il soit, et il suffit qu'il ait plusieurs fois coïncidé avec la cessation de la faim, pour que le souvenir de cette cessation soit symbolisé au moyen de cette image. Elle nous fait connaître, disions-nous, non pas l'objet, mais ce qui nourrit.

Ainsi l'altéré, dans ce qu'il imagine sous forme d'eau, ne perçoit ni la lumière, ni le mouvement, ni la transparence, ni la fraîcheur, ni le murmure : il perçoit sous forme d'appétence ce qu'il connaît uniquement pour en accuser l'absence dans la conscience, parce qu'il l'a essayé d'autres fois, et a gardé la mémoire de ses effets; l'Esquimau, à qui un développement exagéré de calories fait éprouver une intense faim de graisses, ne perçoit pas ces corps avec l'indifférence de celui qui ne sent pas ce besoin : il perçoit ce que réclament ses éléments cellulaires chauffés par la combustion; celui qui fixe la ration d'ingestion qu'il doit fournir à son organisme, la quantité de sels, d'hydrates de carbone, de protéines, dont il a besoin, perçoit des réalités externes indépendantes de la forme sensorielle dont il les revêt, puisque dans son esprit préexiste le souvenir trophique qui lui apprend que ce sont celles-là et non d'autres qui satisfont ses besoins. Désirer ce qui n'est ni coloré, ni odorant, ni froid, ni savoureux, ni sonore, c'est percevoir quelque chose qui irrécusablement est donné dans l'intelligence comme *réel empirique*.

Tous les vertébrés portent, formulée en eux, une somme énorme d'expériences d'où provient la certitude inébranlable que l'extérieur fournit au milieu interne ce qui est dépensé et consommé. Sur ce point il n'y a pas de discussion possible, car on ne discute pas contre l'expérience : « *Tu manges? Donc tu sais que dans ce que tu manges il y a quelque chose qui te manque.* »

Pour arriver à la connaissance du réel, il n'est pas nécessaire d'admettre le réel, comme on le fait quand on croit que c'est un terme nécessaire de la connaissance. En procédant ainsi on intervertit les termes du problème. Nous n'attribuons pas nos images à la chose de l'extérieur parce que nous savons que *cette chose est* le fondement de la thèse spéculative. Bien au contraire, quand nous symbolisons l'effet trophique au moyen de l'image, c'est que nous acquérons la connaissance que ce qui nous manque est quelque chose. Nous savons que le réel est extrinsèque précisément parce que nous avons acquis la connaissance du réel qui manque dans notre organisme. Du fait qu'elle est ainsi, la question se trouve posée sous un jour nouveau. Comment acquérons-nous la conscience de ce qui nous manque? Poser la question en ces termes équivaut à se demander comment nous savons que nous mangeons ou que nous introduisons quelque chose dans notre organisme; nous demander cela, revient à nous demander comment nous commençons à comprendre ou à penser.

Remontons jusqu'aux sources de la connaissance, prenons le vertébré dans un moment où l'intellection n'est pas donnée comme phénomène, et examinons quand elle est donnée et *comment* elle est donnée. L'entreprise est pénible et très difficile pour celui qui n'abjure pas tout préjugé et n'accepte que ce qui ne se manifeste pas comme phénomène observable; mais une fois lancés sur la voie avec la décision d'arriver jusqu'au bout, sans ménagements ni réserves, nous trouvons que dans la préhension machinale s'accusent des sensations trophiques, des sensations externes et des sensations gastriques, sans que par elles le sujet comprenne quoi que ce soit de l'extérieur. Ces facteurs élémentaires, considérés isolément, ne sont intellectifs de rien du tout; chez le sujet, la faim se calme sans qu'il se rende compte de ce qui lui arrive. Cependant il vient un moment où il se rend compte de ce qui arrive, et dans cette phase purement empirique du processus commence à naître la connaissance de ce qui arrivera; la première est donnée comme la garantie logique de cette prévision, puisque la croyance en ce qui arrivera naît du fait que cela est arrivé tant de fois. Que se passe-t-il ici? Comment se fait-il que le sujet comprenne maintenant ce qu'il ne comprenait pas auparavant? Il est arrivé que cette image a été mise en relation avec la sensation trophique au moyen d'une connexion centrale, et s'est faite représentative de cette sensation. De même que l'on trébuche sur une pierre parce qu'on n'a pas levé le pied à temps et qu'une autre fois on ne trébuchera pas parce qu'on aura prévu qu'il faut le lever, de même le sujet qui souffre de la faim et ne sait pas ce qui le tourmente, une fois averti empiriquement que ce qui le tourmente est représentable au moyen d'une image, sait que cela est ce qui lui apparaît sous cette forme symbolique. C'est l'objet symbolisé, et non le symbole, qui est important. Le sujet avait besoin d'un moyen pour se rendre compte d'une façon concrète de ce qui lui manquait; et en trouvant statuées, par une action extérieure, des images dont il ignorait l'existence, il a procédé comme s'il s'était dit en lui-même : « *Voici le moyen dont je puis me servir pour connaître ce dont l'organisme accuse impérieusement l'absence dans ma conscience.* »

Voilà la première intellection; l'image se transforme en signe, et l'on sait ce que signifie ce signe. Un grand nombre de fois l'image est apparue et la faim a été calmée; et lorsqu'elle ne réapparaissait pas la faim subsistait, tenace, s'exaspérant par moments, et ainsi l'action de l'expérience lui a conféré la qualité de signe; élevée à ce rang, avec toute la prudence qu'observe toujours l'expérience empirique, cette expérience a subi une réversion; et de même que jusqu'alors la faim se calmait, quand machinalement il entrait dans l'estomac quelque chose que la sensibilité trophique accusait bientôt comme lui manquant, à partir de ce moment l'image devient le signe, non de ce qui rentre, mais de ce qui doit rentrer pour que le même effet réapparaisse.

On voit donc que, pour savoir que l'image est le signe de

quelque chose, nous n'avons pas besoin de savoir que l'extérieur existe comme un terme présupposé ou comme la condition préalable de cette relation ; l'acte où cette image est utilisée comme un signe de ce qui nous arrive, donne l'intuition du réel qui nous manque.

Du réel extérieur on a dit, de toutes les manières et à tous les points de vue, que c'est un terme inconnaissable; par cela on avoue, au moins, qu'on en connaît l'existence. Alors, en nous demandant ce que nous voulons signifier par le mot *connaître*, nous découvrons que *connaître, c'est nous représenter le réel au moyen d'images*. Si nous étions dépourvus de sens et que l'ingestion machinale pût nous suffire à conserver la vie, le réel, comme maintenant, serait accusé dans la conscience, mais jamais nous n'arriverions à savoir qu'il existe. D'autre part, si les images sensorielles nous étaient données détachées du sentiment trophique du réel, telles qu'on les conçoit depuis un temps immémorial, jamais nous n'arriverions à savoir qu'elles sont les signes de quelque chose. Qu'on ne dise donc pas que le réel est inconnaissable parce qu'irreprésentable au moyen d'images externes, parce que, dans l'état où l'intelligence est donnée aux vertébrés, le réel est donné comme le premier terme de tout jugement possible, c'est-à-dire comme sujet; l'action de penser ne consiste qu'à lui assigner l'attribut. Concevoir une intelligence où la représentation est détachée de ce qui est représenté, comme un terme flottant dans l'air, c'est la même chose que de prétendre formuler un jugement en se séparant du sujet; et cela est une fiction étrange, infiniment éloignée de ce que dans le monde des phénomènes nous appelons intellection. Les éléments essentiels de toute intellection possible répondent toujours, dans ce qui est donné dans la conscience comme réel, comme connexion ou relation et comme représentation, à ce qui dans toutes les langues actuelles et à venir est traduit par les noms de : sujet, verbe et attribut; répudier comme un vain formalisme cette expression suprême de la fonction intellective, sous prétexte que le sujet répond toujours à une entité métaphysique irréductible à un phénomène expérimentable, équivaut à supposer que la valeur du signe est indépendante de la chose signifiée; cette supposition vient de l'erreur physiologique qui consiste à considérer isolément les centres sensoriels comme intellectifs, alors qu'en réalité ils fournissent les éléments de l'intellection possible. Le réel est donc un terme inconnaissable quand, arbitrairement, nous mutilons la fonction intellective; mais lorsque nous l'acceptons telle qu'elle est, *le réel est ce que nous connaissons au moyen de la représentation.*

CHAPITRE VIII

PROBLÈME DE LA CAUSALITÉ EXTERNE

Origines de la connaissance de la cause externe. — La prévision motrice de l'effet sensoriel et trophique est la prévision de la cause extérieure. — Réversion du réel interne au réel externe. — Nature du mouvement volontaire. — La prévision motrice dans l'image excentrique. — Expériences d'où elle naît. — Organisation dynamique des fonctions perceptives. — Processus en vertu desquels nous considérons comme externes les sensations initialement internes des sens. — A l'image nativement excentrique on ne peut attribuer la valeur d'une *expérience*. — La valeur logique de l'expérience naît de l'essai psycho-moteur qui prédétermine l'image dans le sens. — L'image n'est pas la représentation de la chose extérieure, mais le signe de l'action causale qui la détermine. — Valeur logique de ce signe. — La connaissance de l'objet ne consiste pas dans sa représentation : elle consiste dans la prévision des impressions qu'il doit produire sur les sens. — Le réel extérieur est connu au moyen des signes sensoriels par lesquels il nous parle à la façon d'un langage créé par l'expérience. — Examen critique de la théorie de la connaissance représentative. — L'expérience externe ne présuppose pas la connaissance de la causalité. — Impossibilité de l'induction de la causalité dans la théorie de la connaissance représentative.

Comme tous les vertébrés, nous vivons persuadés que les sens ne réagissent pas spontanément. Nous savons tous que ce phénomène psychique que nous appelons lumière n'apparaîtrait jamais si les milieux de l'œil étaient obstrués, et que rien de l'extérieur ne parviendrait jusqu'à la rétine pour l'exciter. Les nerfs olfactifs, gustatifs, acoustiques, thermiques et tactiles ne réagiraient pas si leurs terminaisons périphériques s'étendaient dans les cavités fermées où aboutissent les nerfs de la sensibilité organique. Comment savons-nous que les ondes qui affectent l'organe de Corti ou les bâtonnets rétiniens ne naissent pas du milieu dans lequel elles s'implantent, comme cela a lieu avec ceux de la sensibilité cardiaque ou rénale, mais qu'elles procèdent, au contraire, d'une action extrinsèque à ce milieu intra-organique? Ce qui ne fait aucun doute, c'est que nous le savons; ce qu'il nous importe de constater, c'est comment nous arrivons à le savoir.

A notre époque, il y a des savants qui renoncent à cette investigation, et, en étudiant la succession des phénomènes psychiques, en arrivent à cette illusion, que pour les décrire ils n'en ont pas besoin; mais il y a une question de fait qui incontestablement s'impose à tous, et avec laquelle il est inutile de biaiser, car elle réapparaît toujours. Nous savons tous que nos sens ne réagissent pas d'une manière autonome ou spontanée, et que lorsqu'ils le font, nous considérons comme hallucinatoires les images qui naissent ainsi; les images saines naissent toujours d'une action extrinsèque aux sens, et cette action subsiste comme la condition absolue et nécessaire de sa possibilité, si nécessaire et absolue que si elle n'existait pas nous serions sourds et aveugles et que la sensibilité externe ne fonctionnerait pas.

Rechercher les origines de la connaissance de la causalité est tout autre chose que d'étudier ce qu'est cette même causalité. En étudiant les origines empiriques de la connaissance du réel nous ne nous sommes pas préoccupés de savoir si c'était *un être, une idée, une volonté, un principe immanent d'une évolution incessante,* etc.; notre problème était plus modeste et se réduisait à cela : *Comment savons-nous qu'il y a quelque chose?* Ainsi, nous ne nous préoccupons pas de savoir si dans l'externe la cause est un *principium fiendi* générateur de tous les changements possibles ou générateur de la liaison logique; la seule chose que nous nous proposons est la recherche suivante : comment savons-nous par l'expérience que nos sens ne réagissent pas spontanément?

Nous dirons en passant que l'origine empirique de la connaissance du réel et de la cause, selon nous, ne préjuge ni n'annule le problème métaphysique, comme on pourrait le croire à première vue. Le problème métaphysique subsistera tant qu'il y aura des hommes supérieurs.

Revenons sur nos pas et reprenons la question au point où nous l'avons laissée; puisque la connaissance de ce que l'image sensorielle est un effet déterminé, elle apparut en même temps que la connaissance du réel. Nous avons dit que ce que l'on symbolise au moyen des images est ce que l'expérience trophique nous a appris à contenir la matière nécessaire, que demande impérieusement l'organisme. Le bœuf chez qui une abstinence prolongée augmente la faim de sel, croit reconnaître ce corps par une certaine impression visuelle qu'il rectifie ou ratifie ensuite au moyen d'une image sapide qui lui est familière. Supposons que, lorsqu'il paît, l'aspect de certaines roches, ou d'un caillou, lui rappelle l'aspect de la boule de sel qu'à l'étable il était habitué à lécher : il se mettra à goûter l'objet, pour savoir si c'est ou si ce n'est pas ce qu'il désire. Dans le cas affirmatif, l'excitation du nerf gustatif évoque une image au moyen de laquelle il constate qu'il se trouve en présence de quelque chose dont la sensibilité trophique accusait l'absence et qui maintenant fournit les mêmes effets qu'auparavant.

A supposer qu'il connaisse ce quelque chose, comment sait-il que c'est *ce quelque chose* qui a impressionné son goût?

Comment sait-il que cette sensation gustative n'a pas surgi spontanément dans sa conscience? Il le sait au moyen du mouvement volontaire qui a poussé sa tête et l'a amené à appliquer sa langue sur un endroit donné de l'espace, car il prévoit que le signe par lequel il se représente la chose si désirée réapparaîtra à nouveau. En supposant que par un travail antérieur cette image n'eût pas été représentative de quelque chose, l'animal pourrait la provoquer de la même manière par le mouvement ; mais cette gustation serait purement interne, car elle ne serait le signe de rien de connu ; si elle apparait maintenant pour signaler la présence d'une chose désirée, l'animal prédétermine au moyen du mouvement l'endroit où réside ce quelque chose qui manque, et au point où réapparait l'image-signe il croit pouvoir trouver ce qu'il désire. Cette croyance résulte d'un processus logique très légitime et bien fondé. Tant que l'image manque, il reste dans la conscience la connaissance de quelque chose d'absent qui ne reparaîtra que jusqu'à ce que l'image surgisse et en montre la présence ; mais lorsque au moyen du mouvement elle renait, le sujet formule l'induction suivante : *cette chose qui est rendue présente au moyen de l'image, est la même chose qui détermine l'image.*

Si le bœuf applique la langue (passons maintenant au cas négatif) sur ce qu'il soupçonne être salé, et constate qu'il n'en est rien, il n'insiste pas, il s'éloigne, et dans cette attitude il procède comme s'il raisonnait de la manière suivante : *puisque l'image-signe de ce qui me manque ne réapparaît pas, il n'y a pas là ce qui la détermine.*

Dans les cas cités, tant dans le cas affirmatif que dans le cas négatif, le sujet procède comme si au moyen d'expériences motrices il s'était informé que le réel est en dehors de l'organisme et où il est ; mais pour que ces expériences soient véritablement instructives, il est nécessaire qu'au préalable il ait acquis la connaissance de ce qui lui manque ; car si cette connaissance lui faisait défaut, alors même que l'impression sensorielle serait provoquée en un point donné de l'espace, il est clair qu'elle ne serait pas intellective, n'étant représentative de rien du tout. En réfléchissant bien, on comprend que, logiquement, la connaissance de ce qui calme la faim est supposée antérieure à celle de la causalité, puisque le sujet se trouve actuellement informé, au moyen de toutes les expériences motrices, de la direction qu'il doit imprimer au mouvement pour arriver à l'endroit où apparaît l'impression et non en deçà ou au delà.

De quel élément logique sera-t-il possible d'induire qu'en cet endroit réside une cause impressionnante? Comment pourrait-on affirmer que là-bas il existe quelque chose, si cette chose n'agit pas sur le nerf qui uniquement accuse l'effet reçu?

Dans de pareilles conditions la connaissance de la causalité, au point de vue inductif, est complètement impossible; et il faut croire, conformément à la thèse spéculative, que la tendance qui nous oblige à attribuer l'impression à une condition externe, nous est imposée de l'intérieur, comme un premier principe non acquis par l'expérience. Nous avons déjà exposé, dans le chapitre précédent, que cette hypothèse, créée pour expliquer un fait très certain qui véritablement est inexpliqué, et posée en ces termes, ne nous plaît pas et ne peut pas nous plaire, parce qu'on n'observe pas qu'à toute expérience externe se présuppose une expérimentation interne qui est son véritable fondement. Le vertébré ne peut attribuer les impressions qu'il a d'une chose extérieure, tant qu'il n'a pas acquis la connaissance de cette chose au moyen d'une expérience antérieure qui lui en signale l'existence; et, en admettant cette première connaissance fondamentale, il faut ensuite que le sujet, au moyen d'expériences de mouvement, s'assure que cette chose réside en dehors de son propre organisme, jusqu'à arriver à déterminer l'endroit où elle réside.

Le petit chien qui, par l'impression lumineuse, thermique et acoustique, arrive à se rendre compte de la présence de quelque chose, avance vivement le museau, comme si dans son intelligence s'était formulée la prévision motrice qu'en tâtonnant dans l'espace il trouvera ce qui impressionne son goût et son tact buccal. Possède-t-il de la même manière cette prévision relativement aux trois premières? Se rend-il compte que réellement elles sont déterminées par un acte extérieur?

On peut croire que la faible lueur qui brille à l'improviste dans sa conscience, que cette impression thermique dont il ne sait l'origine, puisque les régions tactiles ne se sont pas encore organisées et qu'il n'a pas acquis le sentiment du lieu ou de l'endroit affecté, que ce timbre qui résonne à ses oreilles, sont des images comparables à celles d'une légère piqûre, d'une démangeaison, si chaque fois qu'il a pris le biberon elles ont coïncidé avec l'extinction de la faim, jusqu'à devenir intellectives de cet effet. Si l'on examine ces phénomènes, on n'y trouve pas le sentiment de la causalité comme dans le goût et dans le tact buccal, sensations qui ont toujours apparu à la suite d'un mouvement. Si l'on pousse la question plus avant, on peut se demander : cette sapidité et ce tact, ont-ils été donnés originellement comme une prévision motrice? Au point de vue physiologique, nous devons reconnaître, conformément à ce que nous avons dit au chapitre IV, que le mouvement n'est pas produit avec l'intention volontaire de provoquer ces sensations; mais qu'à force de les voir survenir à la suite du mouvement, on finit par les prendre comme *un but*, ce qui nous indique qu'il y a un certain laps de temps pendant lequel le sujet ignore qu'elles sont déterminées par une cause. Pour que cette induction puisse se formuler il est nécessaire : 1° que l'addition latente centrale fournisse la conscience de leur identité; 2° qu'elles aient été interprétées comme signes de l'effet trophique; c'est seulement ainsi que l'on comprend que, quand on attend leur réapparition et que cette réapparition n'arrive pas, le stimulant trophique éveille l'impulsion motrice, et qu'en celle-ci se préformule, chaque jour avec plus de clarté, l'intention de les provoquer. Mais l'intention de provoquer l'image-signe de ce qui doit calmer la faim, consiste-t-elle seulement à savoir que *ce qui calme la faim est la même chose que ce qui impressionne la bouche?* Voyons donc comment le bœuf qui lèche la pierre blanche avec l'espoir d'évoquer l'image-signe de l'aliment désiré procède de la même manière que le jeune chien qui tâtonne dans l'espace ou que l'enfant qui tend à impressionner sa bouche en cherchant le tétin maternel; la seule chose qui différencie ces états consiste dans le plus ou moins d'habileté qu'ils ont dans ces mouvements : car, tandis que l'animal adulte procède avec une précision admirable, en s'adaptant à la cause impressionnante, celui qui, par manque d'expérience, n'a pas encore acquis la maîtrise de ses muscles, procède avec une hésitation visible. Cependant chez les uns et chez les autres l'intention de reproduire des images déjà connues est manifeste, car elle est la représentation vive de l'effet trophique attendu. Cette tendance à coordonner les contractions musculaires de façon que le sens soit mis sous l'action immédiate de l'excitant dont naîtra l'image-signe de l'aliment naît de l'antécédent trophique qui la détermine. En supposant que cette condition physiologique n'existât pas et que l'individu ne sentît pas le besoin de reproduire les images qui lui annoncent la présence de ce que l'organisme réclame, on ne comprend pas quel mobile pourrait pousser le sujet à fixer les directions visuelles, et, en général, à mettre les sens sous le domaine de l'innervation psycho-motrice, zone de liaison entre ceux-ci et ceux-là. Il est logique et naturel de considérer que les impulsions au mouvement sont obéies avec le dessein préconçu de fournir à l'organisme ce qu'il réclame; et de là vient que, dans cette période initiale des fonctions perceptives, tout se subordonne à ce besoin suprême, et que le sujet se préoccupe seulement de connaître ce qui lui convient. Nous avons dit que connaître l'aliment, ce n'est pas connaître des objets : c'est fixer des images représentatives de l'effet trophique et non des corps extérieurs isolés; et comme il y a le besoin de pouvoir reproduire des images quand il convient, le sujet, au lieu d'attendre passivement qu'elles réapparaissent par hasard ou sans qu'il sache comment, cherche sans cesse à arriver à les reproduire au moyen du mouvement. En nous pénétrant bien de la nature de la vie intellective naissante, nous comprenons que le sujet ne sait pas que la chose qui le nourrit existe parce qu'il la touche, mais qu'il la touche et la touche de nouveau chaque fois qu'il en a besoin, car il sait que cela est dû à ce qu'elle contient l'aliment désiré. L'odeur, la saveur, le son, la couleur, sont d'abord considérés comme signes de ce qui nourrit, avant de l'être comme signes de l'objet; et comme ces signes n'apparaissent que jusqu'à ce que l'absent devienne présent, il ne peut les considérer comme spontanés, pas même dans cette phase purement interne de l'expérience trophique, car bientôt se répète le fait qui lui apprend que *quand ce qui nourrit est absent il n'y a pas de signes, et que quand il y en a il est présent*. Cette impulsion à la réversion extérieure d'une expérience purement interne est déterminée par l'innervation psycho-motrice. A mesure que le sujet arrive à provoquer dans les sens ces images-signes qui lui dénoncent la présence de l'aliment, de plus en plus s'affermit la certitude qu'elles ne sont pas spontanées, mais déterminées par cet aliment même, et de là la tendance invincible à considérer les images comme signes de cet aliment.

Hume a dit, avec la loyauté qui le caractérise, que la tendance qui pousse à rapporter le phénomène à sa cause (et un phénomène est toujours ce qui nous apparaît sous forme d'images), étant instinctive, ne pouvait logiquement s'expli ,uer. Il avait raison de le croire; il n'avait pas raison de croire que l'instinct est une force aveugle. L'*instinct* qui pousse le vertébré à attribuer l'image à sa cause est un raisonnement dont les données sont imposées par l'excitation périphérique. Le sujet, lorsqu'il rapporte l'image à sa cause, admet comme valable une conclusion fondée sur une expérience si rigoureuse, que jusqu'à présent les physiciens et les chimistes n'en ont pas trouvé de meilleure. L'image est un phénomène qui s'est manifesté antérieurement à un effet trophique; et comme il est toujours arrivé que cet effet survenait derrière cette image, on a fini par se représenter celui-ci par celle-là. D'un côté on sait que l'effet trophique ne doit pas survenir tant que ne réapparaissent pas ces signes, et cette prévision tient à ce qu'on se souvient qu'il en a été toujours ainsi; d'autre part on sait que lorsque ces signes réapparaîtront, l'estomac accusera sensoriellement la présence de quelque chose qu'il n'y avait pas auparavant; et la perception de cette chose préexiste dans la conscience trophique sous forme d'appétit, avec tant de clarté, qu'elle règle la quantité de suc psychique qui doit commencer la digestion. En supposant arbitrairement que les termes de cette série, logiquement liés, se succèdent sans l'intervention du mouvement, le sujet ignorera que ces phénomènes sont déterminés par une chose extérieure, c'est-à-dire par une cause. Mais, à supposer qu'ils soient provoqués intentionnellement par l'expérience motrice, comment le sujet peut-il alors douter que ce qui détermine l'image-signe de ce qu'il perçoit sous la forme d'appétit est la même chose que ce qui impressionne sa sensibilité gastrique, et que ce qui impressionne sa sensibilité gastrique est la même chose que ce qui ultérieurement introduira dans l'organisme ce qui lui manque?

En réalité, l'animal, dans l'action de manger, éprouve trois effets distincts qui ont été unifiés par un processus logique préétabli, rendant présente une chose qui était absente. Il est impossible d'inférer de chacun de ces trois effets la connaissance de cette chose absente; mais de leur association vient naturellement l'induction de ce qui manque; et si le sujet, dans ces conditions, remarque que ce qui lui manque est rendu présent au moyen du mouvement, alors il acquiert la prévision ou la capacité de pouvoir déterminer de nouveau les effets qu'il avait éprouvés d'autres fois sans savoir comment; maintenant, par le seul fait qu'il peut les provoquer de nouveau, il sait quand il les éprouvera, car il sait *quels mouvements* il doit exécuter pour y arriver, et de là naît la connaissance empirique de la causalité. Un animal qui ne pourrait exécuter de mouvements volontaires, et qui par cela ignorerait comment il doit mouvoir les muscles de sa bouche pour provoquer le contact du tétin sur ses lèvres, une certaine sapidité, une certaine impression thermique qui lui annoncent la présence de l'aliment, peut connaître cette chose; mais il ne peut se rendre compte qu'elle est extérieure, parce qu'il lui manque l'élément réversif de cette expérience interne; mais quand l'expérience motrice viendra lui démontrer qu'il n'est pas impuissant, et qu'au lieu d'avoir à attendre passivement que surviennent ces images et ces sensations gastriques, pour apprendre la présence de l'aliment, il peut compter sur des moyens puissants pour amener leur réapparition toutes les fois que cela lui conviendra, alors il considère l'aliment comme une chose extérieure dont il doit *s'approcher* d'une manière appropriée, pour que de nouveau réapparaissent ces images, ces sensations gastriques et cet effet trophique ultérieur, qui apparaissaient auparavant sans qu'il sût quand et comment ils devaient apparaître. Par une semblable réversion, le réel interne devient le réel externe, et la cause de la vie intellective du sujet subit une transformation radicale. Auparavant, quand il avait faim, le contact imprévu du tétin, la sapidité ou l'impression thermique lui annonçaient la présence de l'aliment; maintenant il désire ce contact et précoordonne les contractions musculaires d'où résulte la succion, avec l'intention manifeste de faire réapparaître ces signes, ces effets gastriques et trophiques, car il a acquis la prévision motrice qu'il y a une chose qui les détermine comme il les déterminait auparavant quand cette prévision n'existait pas encore.

Si auparavant l'image d'une couleur blanche lui présageait un certain malaise trophique et celle d'une couleur rouge un bien-être, maintenant de l'intérieur il y a une impulsion qui le pousse à remuer les yeux et à entreprendre l'apprentissage laborieux de l'accommodation visuelle pour que l'image rétinienne corresponde à ce qu'il désire. Il y a eu un temps où l'altéré, lorsqu'il éprouvait la fraîcheur et le contact de l'eau qui coulait dans sa bouche, savait que sa soif serait étanchée, car il l'avait déjà constaté; mais il est venu un temps où, mieux instruit par l'expérience trophique qu'auparavant, il cherchait, lorsque la soif le harcelait, la chose absente qui devait impressionner sa bouche; et quand il percevait au loin son murmure ou l'entrevoyait, pénétrée par la lumière comme un cristal, il savait que ce qui impressionnait ainsi ses yeux et ses oreilles était la même chose qui impressionnait sa bouche d'une certaine manière, et aussi la même chose qui déterminait dans son organisme tel effet trophique. Les petits geais, qui au sortir de l'œuf ouvrent désespérément leur bec et avalent les morceaux de viande que la mère y dépose, savent à peine, dans les premiers temps, que ce qu'ils mangent est quelque chose d'extérieur; mais à mesure que la chose qu'ils ingèrent est attribuée à l'extérieur au moyen d'une odeur, au moyen de la perception d'un battement d'aile qui annonce son arrivée, il se formule dans leur intelligence la préintuition de celles qu'ils recevront dans leur jabot, et à cet effet ils en anticipent l'entrée, répandant le suc psychique approprié qui doit les attaquer, et l'effet trophique ultérieur qui doit survenir et dont ils ont le souvenir. Lorsque ces oiseaux abandonnent le nid et que les besoins de leur nutrition les obligent à chercher l'aliment, c'est au moyen du mouvement qu'ils doivent le trouver; et pour y arriver ils ne comptent sur d'autres ressources que celles que leur fournissent les images qui prédéterminent dans leurs sens, quand ils visent la lumière lointaine ou quand ils s'orientent à 50 kilomètres par exemple, l'odeur lointaine qui affecte leur odorat. Qui dirait que cette odeur et cette image visuelle, qui font reconnaître de si loin la nourriture, sont les mêmes signes que ceux par lesquels l'animal savait que sa faim se calmerait alors qu'il ignorait qu'ils étaient déterminés par une cause? Supprimez alors le mouvement : ces perceptions prodigieuses ne seront plus possibles, car il manquera à l'animal l'élément générateur de cette réversion externe qui lui permet d'attribuer à une cause les effets qu'il éprouve et de mesurer l'espace intermédiaire qui le sépare de cette cause.

Toute tentative motrice faite pour reproduire une image présuppose toujours la préintuition de la cause externe qui doit la déterminer. Dès l'instant que l'image est interprétée comme le signe de l'effet trophique, elle se fait représentative du réel extérieur ou de la cause. Ce qui, si nous considérons le sujet, nous apparaît sous la forme d'une entrée qui détermine l'effet trophique, en regardant au dehors, nous apparaît comme la possibilité de cette entrée et comme la source d'où cette entrée procède. De là vient que le vertébré ne peut considérer la chose en elle-même ou indépendamment des effets psycho-physiologiques qu'elle détermine, parce que cette cause, qui ne détermine pas d'état, est comme un gardien endormi. Pour leur part, les effets sensoriels et trophiques, considérés en leur qualité d'effets ou détachés de l'action qui les détermine, s'accusent de la même manière; seulement cette succession n'est pas prévue extérieurement. Nous avons dit, en exposant les origines de la connaissance du réel, que l'image-signe, en éveillant le souvenir trophique, éveille la mémoire vive de ce qui est toujours arrivé et de ce qu'il arrivera maintenant de nouveau, et que pour cette raison elle était représentative du réel intérieur qui manquait. De même, le souvenir du mouvement qu'il faut effectuer pour que réapparaisse l'image-signe de ce qui doit déterminer l'effet trophique, est aussi la mémoire de ce qui doit déterminer les effets sensoriels et trophiques; et, de même qu'antérieurement dans le souvenir trophique la connaissance se manifeste avant l'effet qu'expérimentait l'organisme, de même maintenant se présuppose dans l'intuition de ce mouvement la connaissance de l'effet qu'éprouvent les sens, la sensibilité gastrique et la sensibilité trophique avant qu'elles les éprouvent. Cette prévision motrice constitue par elle-même la connaissance de sa cause déterminante, prévision qui est le caractère distinctif du mouvement volontaire.

L'expression « mouvement volontaire » est d'un emploi imprécis et vague. Les uns comprennent que tout mouvement déterminé est rendu volontaire par la contraction des muscles à fibres striées; les autres comprennent que tout mouvement d'origine psychique ou centrale est volontaire, sans exposer d'une façon concrète en quoi consistent ces mouvements; la plupart comprennent que *tout mouvement adapté à un but* est volontaire, sans considérer que l'innervation cardio-vasculaire, l'innervation gastro-intestinale, etc., s'adaptent à un but, comme s'y adaptent tous les mouvements des êtres vivants. Lorsque nous prétendrons distinguer les mouvements volontaires de tous ceux qui ne le sont pas, nous noterons que les premiers tendent à provoquer une sensation d'une manière prévue, soumettant à cet effet la terminaison périphérique du nerf à l'action de ce qui doit l'exciter. Cette action peut procéder de l'organisme ou de l'extérieur.

Comme exemple de la première, on peut citer la contraction ou l'ouverture du sphincter vésical ou du sphincter rectal, les tractions ou les pressions exercées sur les nerfs intra-musculaires de Golgi et de Kühne dans l'effort, la compression, le glissement ou la rotation exercés sur les surfaces articulaires, etc. Le plus souvent c'est que le mouvement volontaire se propose ou a l'intention de provoquer des impressions externes, adaptant le sens à la cause impressionnante, de telle manière qu'il reçoive isolément l'excitation qui doit déterminer l'image désirée. Quand, après un long apprentissage, le sujet est maître de son système musculaire, lorsqu'il tourne les yeux, qu'il étend le bras ou ouvre la main pour saisir un objet qu'il porte à la bouche, le corps qu'il doit goûter, qu'il aspire l'air pour sentir la rafale qui passe, alors existe dans son intelligence la prévision que dans la rétine apparaîtra l'image des objets situés du côté où les yeux ont été tournés, dans la main l'impression du corps, dans la bouche la saveur, dans le nez l'odeur, comme si tout cela était su depuis le commencement de la vie; et si cette prévision motrice n'existait pas, les impressions pourraient avoir lieu de la même manière, mais le sujet ignorerait ce qui les a déterminées, et l'endroit où cette excitation agit sur l'expansion périphérique du nerf sensoriel.

Si le sujet sait maintenant que pour que les objets situés du côté externe impressionnent sa rétine, il faut qu'il tourne les yeux du côté interne, c'est parce qu'il existe la prévision motrice de la direction dans laquelle apparaîtront les images; s'il se sent capable de regarder avec plus d'attention et de rendre plus distincte l'image de l'un des objets qu'il localise dans les plans profonds de ce champ visuel, c'est parce qu'au moyen de l'expérience motrice il a acquis la capacité d'impressionner un endroit rétinien déterminé de préférence à d'autres, en le soumettant plus isolément à l'action des rayons lumineux; et si cette action peut être circonscrite à un point sur lequel l'image est particulièrement claire et brillante, comme le point visuel, cela est dû aussi à l'expérience motrice, si parfaitement différenciée qu'elle peut déterminer le point ou signe local où le phénomène photoscopique doit avoir lieu. Cette domination motrice de la rétine n'est autre chose que la connaissance anticipée de la façon dont il faut mouvoir les muscles accommodateurs de la vision, pour que l'organe puisse être adapté à la chose extérieure qui doit l'impressionner; et de la connaissance de ces points internes provient la connaissance des points externes sur lesquels l'image est projetée. La prévision de ce qui doit arriver dans la rétine, suivant qu'on la soumet à l'influence d'une action ou d'une autre, préfixant sur elle des points différenciés qui doivent la recevoir, est intuitive de la cause externe. Le vertébré ne sait pas que l'image visuelle correspond à la chose réelle qu'il se représente par elle, parce que cette image se projette sur cette chose; bien au contraire, il sait qu'elle se projette sur cette chose parce qu'au moyen de l'expérience motrice, lentement et péniblement élaborée, il a appris, peu à peu, que l'image e montrait suivant la manière dont il adaptait l'appareil récepteur à cette chose réelle que l'organisme réclamait; et comme il se trouvait, dans notre exemple, que le blanc et le rouge, signes d'un bon et d'un mauvais effet trophique, apparaissaient et disparaissaient à ses yeux sans qu'il sache comment, il s'est efforcé, au moyen d'essais et de tâtonnements répétés, à fixer les deux couleurs, apprenant en premier lieu à fixer ses yeux tremblotants comme ceux d'un aveugle, ensuite à les diriger, toujours dans le but intéressé de prédéterminer sur la rétine le signe qui lui annonçait la présence de l'objet réel qu'il désirait; mais prédéterminer le signe au moyen du mouvement, équivaut à savoir qu'il peut provenir seulement de l'action de ce qui le détermine; et pour cela, il faut le suivre dans l'espace, quand il s'éloigne, pour qu'il continue à impressionner, ou il faut fixer les yeux quand ils tremblent devant lui, pour qu'il puisse agir d'une manière uniforme sur l'organe sensoriel. La connaissance de cette chose ne provient donc pas du phénomène photoscopique, mais bien de cette impulsion motrice qui le fixe d'une manière tenace et persistante, possédant l'intuition que c'est une action extérieure qui fait que l'appareil récepteur lui est toujours adapté.

Il nous semble que les points sensibles à la pression, disséminés sur la surface du tégument externe, se bornent à accuser l'existence de quelque chose d'extérieur, quand ils sont impressionnés par le contact. En faisant cette supposition, nous oublions que, au point de vue génétique, chacun de ces points est lié à une différenciation motrice qui nous permet de les impressionner dynamiquement, comme si l'esprit prévoyait les points qui doivent être impressionnés à la suite d'un mouvement. En marchant, nous élevons sans crainte la jambe, car nous sommes certains que les points tactiles de la plante du pied seront impressionnés, après leur trajet dans le vide; s'il arrive qu'une petite pierre inaperçue modifie l'impression tactile et que celle-ci se manifeste, non pas aux endroits de la plante du pied que nous nous représentons mentalement, mais en d'autres non prévus, cette sensation inattendue nous trouble profondément; si le terrain que nous croyions dur est mou, nous subissons également une perturbation, car nous avions prévu les points tactiles qui devaient être impressionnés, ainsi que l'intensité avec laquelle ils devaient l'être; et comme avec le terrain mou la pression exercée sur les corpuscules tactiles est inférieure à celle prévue, nous sommes surpris que la cause extérieure agisse sur eux autrement que nous l'avions prévu. De même, dans l'obscurité, nous déplaçons le bras dans la direction de la table de nuit, bien persuadés que la main touchera le marbre sur lequel se trouvent les allumettes que nous cherchons; et ce mouvement, symbole de tous nos mouvements volontaires tactiles, apparaît clairement dans la conscience comme la prévision de la sensation tactile, car elle nous fait savoir que cette sensation apparaîtra, et dans quelles régions, et même en quels points du tégument externe. On dirait que cette sensation apparut dans le sensorium, non pas comme le simple reflet de l'excitation périphérique, mais associée indissolublement à l'expérience motrice qui a prédéterminé l'endroit où elle devait être reçue. En supposant que cette expérience n'existât pas et que l'excitation eût lieu comme auparavant, le sujet ignorerait d'où elle procède, de même que dans la vision il ignorerait l'endroit où sont les points rétiniens affectés, si préalablement, au moyen d'expériences motrices appropriées, il n'avait fixé ces endroits où l'excitation devait être reçue. Le toucher est, comme la vision, un sens dans lequel la sensation est associée à l'impulsion motrice, d'une façon indivise. Cette articulation inter-neuronale rompue, ce qui affecte le corpuscule tactile détermine indubitablement un effet sensoriel, mais le sujet ignore qu'il est dû à une pression ou à une cause; quand le sujet, du dedans au dehors, la prédétermine au moyen du mouvement, quand à force d'essais il arrive à savoir quels muscles il doit contracter et la façon dont il doit le faire pour que l'impression se réalise dans telle région ou en tels points du tégument externe, c'est alors que naît dans l'esprit l'intuition de l'extérieur qui impressionne les terminaisons tactiles, car par le travail d'un processus profondément logique, dû à l'expérience, il recherche la cause qui détermine cet effet et le point où elle réside.

Pour y arriver, il lui suffit de diriger le mouvement vers cette chose et de la spécialiser de telle façon qu'il puisse y préfixer des points qui soient en dehors les uns des autres, puisque nous savons que ce qui impressionne la pulpe du doigt à l'endroit *a* n'est pas la même chose que ce qui l'impressionne à l'endroit *b*, car il préexiste la connaissance de deux directions distinctes de mouvement. De la même manière nous savons aussi que le point visuel *a* n'est pas le même que le point visuel *b*, car nous avons préfixé, au moyen de deux directions distinctes, les points rétiniens sur lesquels l'excitation devait être reçue électivement.

Les sensations des autres sens peuvent être représentatives du réel, sans avoir besoin d'être extériorisées comme les précédentes; mais le fait de savoir qu'elles sont déterminées par une cause ou qu'elles ne surgissent spontanément des sens, naît de processus psycho-moteurs très profonds, qu'il est difficile d'exposer dans une étude sommaire. L'odeur et le son que le vertébré attribue à des causes plus ou moins distinctes, impliquent logiquement la connaissance de la direction dans laquelle se trouvent situées ces causes, et le mouvement seul peut suivre cette donnée.

Pour se convaincre de cette vérité, il suffit de songer que, pour voir ces excitations impressionner les sens du côté du sud, il est nécessaire d'avoir conscience de cette direction, de même celle des autres présuppose la faculté de se mouvoir dans toutes les directions de l'espace; on voit par là que nous préjugeons ces images qui ne sont déterminées que tant qu'il préexiste dans l'intelligence l'intuition motrice qui nous confère la faculté de les projeter en dehors du sens récepteur.

Puisque nous ne pouvons pas en ce moment exposer amplement la psychogénèse d'où résulte la connaissance des directions olfactives, gustatives et acoustiques, que nous réservons pour la troisième partie de cet ouvrage, qu'il nous soit permis de décrire une expérience facile à constater, qui permet de mettre en évidence son origine empirique.

Si l'on habitue les volatiles de la basse-cour à recevoir l'aliment au son d'une casserole sur laquelle on frappe, au premier abord ils ne font pas attention à ce bruit, parce qu'ils ignorent ce qu'il signifie; mais à mesure qu'ils y voient le signe de la présence de l'aliment, il leur suffit de l'entendre pour qu'ils tournent la tête et prêtent attention à la chose qui va arriver. Si, peu à peu, on éloigne le son, toujours dans une même direction, ils accourent à l'endroit; et de cette façon, l'ouïe de ces volatiles, ordinairement si peu développée, devient plus sensible, car ils perçoivent le son à une distance relativement extraordinaire. La projection acoustique naît du grand nombre d'expériences motrices qu'ils ont effectuées en parcourant un même chemin; la preuve qu'il en est ainsi, c'est que si on frappe la casserole à une même distance, mais à un endroit diamétralement opposé au premier, ils ne comprennent plus ce que ce bruit signifie. Nous ne prétendons pas démontrer par là qu'ils ne l'entendent pas, uniquement parce qu'ils n'en tiennent pas compte; notre but est simplement de montrer, au moyen de cet exemple, comment peut surgir la connaissance des directions acoustiques, et non de donner à cette description une importance plus grande qu'elle n'a réellement. Si au moyen d'essais répétés nous habituons les poules à accourir au second point *b*, de la même manière que nous les habituons à accourir au premier point *a*, l'impression acoustique est projetée avec la même perspicacité sur un point comme sur l'autre. Il en est de même avec les deux autres points cardinaux restants *c* et *d*. Lentement et graduellement, à mesure que s'accumulent un plus grand nombre d'expériences, ces volatiles qui ont commencé par connaître une direction, finissent par connaître les directions cardinales du cadran; et à mesure que par la répétition des mêmes actes les expériences deviennent plus précises et se fixent avec une plus grande clarté, la projection acoustique se perfectionne, au point que les volatiles se précipitent dans la direction de la ligne droite qui joint le point de départ au point où sonne la casserole. A la vue d'un pareil spectacle, n'importe qui dirait que c'est la projection acoustique qui oriente le mouvement, puisque, apparemment du moins, les volatiles voient d'où vient le bruit; mais si l'on tient compte des antécédents génétiques de la connaissance de ces directions, le plus naturel est de croire *qu'ils ne voient pas le lieu d'origine du son parce qu'il est émis là-bas, mais qu'ils savent qu'il est émis là-bas, précisément parce qu'ils y sont allés*, et dans ce cas le mouvement n'est pas orienté par une projection native : c'est la projection qui naît de la conscience du mouvement effectué.

Comme on le comprendra, ce qui est dit plus haut s'applique de même aux projections olfactives. C'est la faculté de se mouvoir dans l'espace qui confère au sujet la faculté d'orienter les sensations jusqu'à leur lieu d'origine.

Ainsi, nous voyons que les animaux les mieux doués par la nature pour le mouvement, sont ceux chez lesquels la finesse des sens se trouve être la plus grande; et c'est seulement quand nous nous demandons comment il se fait qu'il en soit ainsi, que nous remarquons que cette finesse ne vient pas de l'acte réceptif, mais de *l'attention* que l'animal prête à l'impression reçue, c'est-à-dire de la connaissance motrice de la direction dans laquelle elle est donnée. Le ressort trophique maintient cette attention éveillée, de même que l'antécédent logique initial qui commence par prendre l'impression comme un signe de ce dont on a besoin, par cela même qu'il en a besoin, la considère ensuite comme déterminée ; et on continue de la considérer toujours ainsi, quand plus tard on la prédétermine dans l'espace à une distance qui, en apparence seulement, semble très loin du sens.

Les images gustatives, thermiques, doloriféres, qui apparaissent sur une région tactile, s'accusent sous une certaine forme *extensive*. Johannes Muller attribue au goût le sentiment de l'extension, qualité qu'on peut aussi attribuer à l'impression thermique et à l'impression de douleur ; mais si l'on examine bien le phénomène, il est naturel de croire que ces sensations sont purement *intensives*, comme les impressions acoustiques et olfactives, et l'espace dans lesquelles elles sont perçues naît dans l'entendement de la région tactile impressionnée. La clinique nous apprend que lorsque la sensibilité tactile est abolie, la sensibilité dolorifère et la sensibilité thermique sont d'une localisation très difficile, obscure, et aussi vague que peut l'être la sensibilité viscérale à l'état pathologique.

Par ces notes, nous prétendons seulement donner à entendre que l'élément qui nous porte à croire à l'existence de la cause extérieure ne provient jamais de la sensation même, mais bien de l'impulsion motrice qui la détermine. Une impression de chaleur ou de froid est considérée comme étant d'origine interne ou externe suivant que s'éveille ou non le souvenir d'un mouvement, en même temps que l'impression tactile ; un point douloureux éveillé par la pression est considéré comme externe, parce qu'à cette pression se joint dans le sensorium l'impulsion qui pris les points tactiles comme points mécaniques d'application du mouvement; mais si la douleur s'éveille spontanément ou détachée de toute impression motrice, on ne suppose pas, alors, qu'elle soit d'origine externe, car rien dans la conscience ne porte à croire qu'elle ait été déterminée.

En réalité, les vertébrés jugent qu'une impression est externe, seulement quand ils ont acquis la prévision motrice qu'elle n'apparaît pas ni ne réapparaîtra spontanément. Il y a un ensemble confus et vague de sensations qui s'accusent dans la conscience sans que l'on puisse savoir quand et comment elles se sont accusées; à l'état pathologique, elles sont toutes vives et projetées plus ou moins distinctement sur la région d'où elles proviennent. Dans l'état normal elles s'accusent comme une *euphorie* ou comme le sentiment de l'existence du sujet même, ainsi que disait Henle. Leurs variations et leurs modalités s'accusent à la manière d'une surprise, inopinément. Ainsi, on se trouve avoir faim, être excité par le désir sexuel, éprouver le besoin de vider la vessie par la miction, d'exercer le système musculaire, et toutes ces exigences organiques se formulent impérativement dans la conscience, sans que l'on sache pourquoi. Il y a cependant un ensemble d'impressions qui jamais ne nous viennent par surprise, parce qu'elles sont prévues; nous pourrons être surpris par la qualité de la sensation que nous allons éprouver, si elle nous est inconnue, mais non par l'apparition du phénomène. Enfonçons la main dans l'eau, l'impression de froid ou de chaleur ne nous surprend pas; enfonçons-la dans un vase plein de mercure, le contact que nous éprouvons ne nous surprend pas non plus : ce qui nous surprend, si nous ignorons le phénomène, c'est la résistance à la pénétration. Si ferme et si profonde est notre certitude que le tact doit éprouver un changement d'état, que nous serions très affectés si, par une subite anesthésie du sens, il ne l'éprouvait pas. Les gens cherchent dans le ciel la comète dont on parle, bien sûrs qu'ils doivent la trouver; cette prévision constitue le fondement logique de l'idée que cette impression rétinienne est extérieure. Nous sommes tous sûrs qu'en ouvrant les yeux nous verrons; à supposer qu'en ouvrant les yeux nous ne voyions pas, par suite d'une apoplexie rétinienne ou centrale dont nous n'avons pas connaissance, la première pensée qui nous viendra ne sera pas que nous sommes devenus aveugles, mais bien qu'il n'y a pas de lumière. Au contraire de ce qui arrive avec les sensations internes, lesquelles apparaissent inopinément, les sensations externes sont toujours prévues, et pour cela précisément nous les considérons comme externes. Pourquoi en est-il ainsi? Parce qu'elles ont été prédéterminées au moyen du mouvement. La conscience de son extériorité naît de l'acte interne qui a adapté la sensation à ce qui la détermine, et c'est ainsi que l'on sait *quand elle apparaît et comment elle apparaît*; savoir quand et comment elle apparaît est la même chose que de savoir qu'elle n'apparaît pas d'une manière spontanée ou imprévue, comme cela a lieu avec les sensations internes. Supprimons cette prévision motrice, et la lumière qui naît dans la rétine, comme le son qui pénètre dans l'oreille, seront des sensations aussi internes que peuvent l'être le prurit inattendu de la peau ou la contraction d'un muscle.

Depuis un temps immémorial, on dit que les images qui proviennent des sens sont externes et que celles qui procèdent d'autres excitations centripètes que le sensorium reçoit ne le sont pas; et, comme nous l'avons indiqué dans la première partie de ce chapitre, ce fait établit un problème très intéressant pour le physiologiste, car tous les nerfs centripètes, étant fonctionnellement identiques, reçoivent l'action dans des cavités fermées ou bien ouvertes à l'action du monde extérieur; et l'on ne comprend pas pourquoi les unes nous donnent la notion du milieu externe et les autres celle du milieu interne. Si nous demandons pourquoi cela se passe ainsi, ou en vertu de quel mécanisme on acquiert la connaissance de l'extériorité des premières, c'est quand nous remarquons que c'est en vertu de l'élément moteur. Au lieu donc d'admettre comme un article de foi que les sensations se divisent en externes et en internes, nous devons en nous inspirant des pratiques de la méthode expérimentale, rechercher comment il se fait que les sensations internes des sens peuvent être extériorisées; et c'est alors qu'en descendant jusqu'aux véritables racines de la connaissance, nous arrivons à découvrir que nous ne considérons pas ces sensations comme internes, car nous observons qu'elles sont déterminées par une cause; et nous l'observons parce que nous prédéterminons sa naissance en soumettant les sens, au moyen de l'expérience motrice, à l'action isolée d'un excitant choisi.

Par cette expérience nous n'influons ni peu ni beaucoup sur la qualité sensorielle. Le nerf et le centre récepteur réagissent de la même manière devant l'excitant qui les atteint, qu'elle ait été isolée ou non; mais en agissant ainsi, nous connaissons les conditions dans lesquelles la réaction apparaît; et c'est alors que nous formulons les jugements très simples que c'est tel objet qui paraît amer au goût, âpre au toucher, rouge à la vue : tous ces jugements ont une valeur incontestable, car nous attribuons la saveur, l'âpreté et la couleur de cet objet, et non celles d'un autre, en vertu de l'expérience motrice qui isole son action excitante d'entre toutes les autres. Si cette donnée interne qui prédétermine les conditions de réception du sens ne préexistait pas, il ne nous serait pas possible d'affirmer que c'est cet objet et non un autre qui cause ces sensations.

Quand nous nous occupons de réaliser une expérience, de n'importe quel ordre qu'elle soit, nous nous proposons de fixer les conditions du phénomène de façon que ses apparitions n'aient pas lieu par surprise. En cela la pure observation passive se distingue de l'expérience. Par là nous faisons constater ce qui apparaît aux sens sans que nous nous rendions compte de la façon dont cela réapparaîtra à nouveau. Des générations après des générations ont constaté la formation du vert-de-gris sur les ustensiles de cuivre, sans avoir une idée de la formation de ce sel cuprique et sans arriver à le créer à volonté, car elles ignoraient ce qu'elles devaient faire pour l'obtenir; mais le jour où l'on a connu ses composants et les conditions qui déterminent leur combinaison, on a pu prévoir l'apparition de ce sel. Cette manière de procéder, dont l'usage semble être réservé seulement aux questions les plus secrètes de la science, est, dans le fond, identique à celle que, comme tous les vertébrés, nous employons pour l'extériorisation de nos impressions sensorielles. L'enfant dont nous avons parlé tant de fois, qui commençait à ouvrir les yeux *et qui ne savait pas encore s'en servir*, comme disait l'aveugle de Wardrop qui, après une intervention chirurgicale, avait reçu les impressions d'une couleur blanche et d'une couleur rouge, avait considéré l'une et l'autre comme signes de deux effets distincts. Mais pour que cela ait pu arriver, il avait été indispensable qu'au moins il pût fixer les yeux sur elles, car tant qu'ils s'agitent et tremblotent, l'une et l'autre image ne peuvent se fixer sur la rétine parce qu'elles se confondent avec d'autres images accidentelles simultanées ou successives. Pour notre visuel ignorant, fixer les yeux équivaut à pouvoir obtenir une image plus distincte que celles qui apparaissent quand ils ne se fixent pas, possibilité qui dépend d'une condition interne, ou que le sujet même doit préétablir pour que l'image soit visible. Cela supposé, admettons maintenant que la rétine ne réagisse pas distinctement ni indistinctement si son excitant naturel n'agit pas sur elle; cela étant, en nous demandant sur quoi les yeux se fixent par l'innervation psychomotrice, nous verrons que fixer les yeux pour que l'image persiste plus claire et mieux détachée, ainsi, de toutes les images accidentelles superposées ou successives qui la brouillent, équivaut à préfixer les conditions de réception du sens pour que la cause impressionnante détermine cette image et non une autre. La conscience de cette manœuvre interne n'est-elle que la connaissance anticipée de ce que l'on doit faire pour qu'apparaisse dans l'organe sensoriel une couleur déterminée ? N'est-elle dans le fond qu'une expérience identique à celle du chimiste, quand il crée artificiellement le corps que nous appelons sulfate de cuivre ?

Car, étant donnée la manière dont le sujet se comporte à l'égard de ces couleurs-signes, si simples et si rudimentaires, il se comporte de même à l'égard des perceptions les plus complexes que nous pouvons imaginer.

Comme nous appelons phénomène expérimental tout phénomène que nous pouvons provoquer chaque fois que cela nous convient, puisque nous connaissons les conditions qui déterminent son apparition, de même, dans cette sphère inférieure de l'intelligence, nous considérons comme externe toute sensation associée à *une forme de mouvement* qui nous a informés de la cause spéciale qui la détermine dans le sens, nous conférant avec elle l'aptitude de pouvoir la provoquer de nouveau. Une sensation dont on ignore la cause déterminante est de nature interne seulement parce que l'intelligence ne possède pas la forme du mouvement au moyen de laquelle nous nous sentons à même de la reproduire à notre gré.

C'est ainsi que s'établit de dedans en dehors, grâce à une initiative qui part toujours du sujet, une correspondance entre l'image du sens et la cause qui la détermine ; le processus au moyen duquel cette correspondance s'établit a des résultats si clairs et si indubitables qu'ils donnent la certitude logique de ces jugements élémentaires qui nous permettent d'affirmer que l'eau est froide, l'air lumineux, le pain odorant. Dans chacun de ces jugements nous affirmons que la réaction des sens est déterminée par une cause externe, et, de plus, que cette réaction lui correspond ; et nous sommes si sûrs que ces connaissances naissent de processus expérimentaux que, lorsque nous hésitons sur la validité de nos impressions tactiles ou que d'autres stéréagnosies sensorielles s'accentuent, il semble que toutes les constructions intellectives s'écroulent, et alors commence le grave bouleversement que nous appelons démence. Il doit exister dans le sensorium, dans les conditions normales, quelque chose de complexe qui nous pousse à attribuer au pain une certaine odeur, à l'eau une certaine impression de froid, à chaque chose, enfin, la qualité par laquelle elle nous est connue.

Par l'analyse introspective, nous ne pouvons examiner à nouveau, en les rappelant à la conscience, les processus profonds d'où émane cette certitude impérative, comme nous pouvons le faire pour un théorème en reproduisant mentalement la série de théorèmes précédents, de postulats et d'axiomes sur lesquels il est basé. Mais, de ce que l'analyse introspective est sur ce point, comme sur tant d'autres, si stérile, faut-il inférer que ces processus logiques n'existent pas et que la certitude de nos jugements élémentaires n'est pas aussi légitime que celle d'un théorème? Ainsi l'a toujours cru l'humanité, et elle continuera de le croire jusqu'à sa disparition de la surface du globe; ainsi le croient aussi tous les animaux de la création. Les processus d'où se détache cette certitude sont formés à une époque où les sens sont donnés comme de purs appareils de réception, et où il faut apprendre à les manier pour pouvoir les utiliser à nous mettre en communication avec le monde extérieur. On ne naît pas avec la vue, l'ouïe, le goût, l'odorat et le toucher; le plus parfait des sens commence par être comme le microscope entre les mains d'un observateur novice qui ne sait ni régler la lumière ni mettre au point. Ce qu'on apprend pendant cette période est véritablement prodigieux; et nous ne pouvons nous en rendre compte par l'introspection, parce qu'avec cette prétention dérisoire, ce que nous nous contraignons à chercher dans les solitudes de la conscience, c'est précisément *la chose d'où résulte la conscience*, ainsi que ses éléments génétiques. Ces données primitives, ces processus préconscients, devenus automatiques par l'exercice, ne peuvent être accusés par l'observation intérieure. S'il y a des processus pleinement conscients, comme l'apprentissage de l'écriture, du piano, etc., pour lesquels on ne peut se rappeler l'automatisme aveugle qui les enchaîne, comment allons-nous nous souvenir de l'apprentissage de l'accommodation visuelle ou de l'organisation du tact?

Comment peut-on demander au sujet qu'il se souvienne de cela, si ce sujet ou ce *moi* n'existait encore qu'à l'état fragmentaire, parce qu'en ce moment on donnait uniquement les éléments de composition d'où plus tard, il pourra surgir en se combinant entre eux et en formant la trame d'où naît la conscience d'un organisme, libre de se mouvoir dans le milieu externe où il vit? Mais de la même manière que le maître qui apprend à lire ou à jouer du piano, à la vue des difficultés que ses élèves surmontent péniblement et lentement, se représente nettement ce qui est arrivé à lui-même quand il se trouvait dans de semblables conditions; de même le physiologiste, à la vue de l'enfant, du poussin qui naît, ou du petit chien, peut deviner ce qu'il coûte d'apprendre à voir, à toucher, à sentir, à entendre ou à goûter, processus qui est la base du travail intellectif ultérieur, le point de départ de l'expérience extérieure, que l'introspection effacera par l'oubli.

En ne tenant pas compte de cette investigation, on admet que les fonctions perceptives nous sont données *a priori*. Comme on ne remarque pas que la perception naît originellement d'une expérience interne, ou d'un essai où se préétablissent les conditions dans lesquelles l'image apparaît aux sens, on donne comme certain que cette image est par elle-même représentative, sans se préoccuper de rechercher comment elle est arrivée à l'être. Une fois ce point de vue adopté, avec l'ingénuité de l'enfant qui croit tout ce qu'on lui dit, sans chercher à examiner si c'est certain ou non, il nous semble naturel de croire tout ce que nous disent les sens, sans qu'il soit besoin d'aucune garantie.

Une odeur pénètre dans les narines, et cette odeur est rapportée à sa cause ; nous ne nous étonnons pas de cette mystérieuse référence, nous ne nous préoccupons pas non plus de nous interroger sur les fondements de la certitude qu'elle nous inspire ; nous la trouvons ainsi établie et nous l'admettons ainsi. A la vue d'un paysage, il ne nous vient pas à l'idée de nous demander comment nous savons que les coteaux sont plus près des montagnes et ces dernières plus près des nuages qui au loin ferment l'horizon ; nous le croyons parce que nous le voyons, et nous nous figurons que cette raison est par elle-même si puissante, qu'elle suffit à fermer la bouche aux plus exigeants.

Il semble que depuis un temps immémorial, nous ayons tacitement convenu de ne pas exiger de garanties logiques de ces perceptions immédiates (comme nous les exigeons d'autres, en prévision de tromperies ou d'erreurs possibles), admettant que nous n'en avons pas besoin parce qu'elles sont imposées par une cause qui impressionne ainsi le sens. En rapportant l'odeur à sa cause, la vision profonde des points situés dans des plans successifs de l'espace, nous ajoutons foi à la voix d'un oracle intérieur dont nous ne connaissons pas l'origine ni les précédents en vertu desquels il affirme ce qu'il affirme. Cette voix intérieure paraît répondre à des ressorts physiologiques, garantissant ce que le tact touche, ce que les yeux voient, ce que les oreilles entendent, ce que l'odorat sent, ce que le palais goûte, à la manière d'une imposition externe. C'est cette imposition externe qu'on appelle *expérience*. Dans cette imaginaire perception immédiate, les *expériences ne se font pas au moyen de l'expérience motrice* : elles sont déjà faites. Le vieux principe *nihil est in intellectu quod non prius fuerit in sensu* ne signifie pas que les sens accumulent dans les vestibules de l'intelligence la matière amorphe de la connaissance possible : ils accumulent des expériences vivantes d'une valeur inestimable, de véritables connaissances préformées, les choses extérieures qui impressionnent les sens, évoquent l'image représentative de ces choses. De prime abord on admet que cette image est confuse, mais à mesure que l'action extérieure la fixe, elle se précise et devient plus distincte; et, par un mystère impénétrable de l'*intellectus agens* ou par la *préhension de formes* préexistant dans le fond de l'esprit, cette image donne l'intuition de sa cause ou de la chose que par elle nous nous représentons. Cent fois on a dit : une chose externe que nous appelons miel se présente à nos yeux avec une couleur ambre-obscur, au tact sous une certaine forme pâteuse, au goût et à l'odorat avec une certaine odeur et une certaine saveur. Chacune de ces impressions est excentriquement rapportée à la condition externe qui la détermine d'autant plus distinctement qu'elle est mieux façonnée par l'action extérieure; et quand, par les liens de l'association, on s'aperçoit que ces qualités sensorielles sont toutes rapportées à une même chose, alors survient la représentation conjointe de cette chose. L'image s'impose aux sens de dehors en dedans; et, telle qu'elle est imposée, elle est rapportée à l'extérieur, soit nativement, soit par la réaction intuitive d'un *intellectus agens*, soit par des principes préétablis qui s'éveillent à l'action du monde extérieur et font la lumière sur ce qui, de soi-même, est obscur et inintelligible. Voilà ce qui constitue l'expérience du miel ou celles des impressions distinctes qui l'intègrent.

Les empiriques prennent l'expérience, ainsi formée à l'improviste dans l'esprit sous l'action de l'extérieur, comme le point de départ de l'induction de toute connaissance ultérieure; les spéculatifs tâchent de s'expliquer l'expérience même par des principes qui, suivant leur point de vue, la présupposent comme sa condition nécessaire. Devant les uns et les autres, on peut cependant formuler une question préalable : Qu'est-ce que l'expérience? qu'entendons-nous par ce mot?

Tout ce qui s'accuse par la perception immédiate, bien

qu'évoqué par une excitation centripète, n'a pas la valeur d'une expérience. Il ne suffit pas de voir pour qu'on puisse attribuer une valeur objective à ce que l'on voit. La vision stéréoscopique nous montre en relief des objets plans; dans le mouvement apparent nous voyons clairement des objets immobiles changer de lieu. Dans l'une et l'autre perception la fonction réagit comme physiologiquement elle doit réagir; ces images ne sont pas morbides, elles sont saines; si leur objectivité est illusoire, c'est parce que nous ne tenons pas compte de ce que la valeur objective de toute perception visuelle dépend de l'expérience motrice originelle qui a projeté l'image rétinienne sur le point externe auquel elle correspond. Dans le relief stéréoscopique s'éveille le souvenir de toutes les expériences motrices par lesquelles on a induit le relief naturel; dans la perception du mouvement apparent sont éveillés les souvenirs par lesquels a été induit le mouvement réel. Pourquoi ces perceptions ne doivent-elles pas être illusoires, si dans le cas présent nous faisons une mauvaise application d'inductions anciennes? Ces *expériences empiriques* sont fausses précisément parce qu'elles sont, non pas inductives, mais bien dues à un raisonnement visuel *a priori*.

Il semble que la perception tactile doive toujours être impeccable, car c'est le sens exact par excellence; et cependant nous observons que les amputés rapportent à la main ou au pied qui leur manque les impressions qu'ils reçoivent sur leur moignon.

Voilà de fausses perceptions du lieu qui, malgré tout, sont aussi naturelles que peut l'être la vision stéréoscopique. Tant que nous imaginons que l'excitation qui affecte la terminaison tactile meut un ressort qui provoque dans l'âme la perception du lieu, il faut reconnaître que chez les amputés l'âme se trompe; mais si, laissant de côté ces fantaisies, nous prenons les faits tels qu'ils sont, nous constatons que la terminaison tactile est un point d'application du mouvement volontaire tactile et que ce point périphérique correspond à un point central qui s'est marqué comme un souvenir par la répétition des actes ; il existe une connexion si intime entre l'un et l'autre qu'au moyen de ce souvenir nous savons quel point ou quel endroit du tégument externe sera affecté quand nous déplacerons le membre sur l'obstacle externe ; et par le moyen de ce souvenir nous savons aussi quel point ou quel endroit du tégument externe est impressionné quand un obstacle exerce sur lui une pression. Quel souvenir doit exciter la pression centripète exercée sur le moignon, si ce n'est celui de la main ou du pied qui manquent? Car elle n'est pas inductive parce qu'il manque l'expérience motrice qui a déterminé la pression réelle du lieu, et il reste seulement le souvenir tactile de la main ou du pied maintenant absents. Le sensorium tactile ne sait rien des accidents opératoires qui ont eu lieu dans les membres ; pour qu'il le sache il est indispensable qu'au préalable l'action périphérique grave dans les neurones tactiles la trace commémorative du point impressionné ; et de là vient que, si sur le moignon s'éveille le souvenir tel qu'il a été gravé quand la main et le pied existaient, ce sont ces régions qu'on percevra et non celles du moignon ; mais qu'on applique le mouvement volontaire sur les points tactiles du moignon jusqu'à graver dans le centre récepteur le souvenir de cette région créée par une opération chirurgicale : quand on aura, par le moyen d'expériences motrices répétées, acquis inductivement la connaissance de cette nouvelle région, l'image de la main ou du pied s'effacera et on acquerra la conscience tactile du moignon avec une telle acuité et une telle finesse que certains amputés jouent de la guitare avec le poignet. Quand donc la perception tactile est-elle une expérience réelle du lieu? Quand elle répond à l'expérience motrice qui prédétermine l'endroit où l'impression tactile doit être reçue, en se formant dans le centre respectif le souvenir de cet endroit et en s'y maintenant indissolublement unie ; quand cela n'a pas lieu, l'expérience est fausse, car l'amputé, victime de l'illusion, raisonne *a priori*, et non inductivement comme il l'a fait auparavant et comme il le fera de nouveau quand il réorganisera le tact du moignon comme il avait organisé celui de toutes les autres régions.

Ces notes, que nous ne devons pas développer maintenant pour ne pas perdre de vue notre but, suffisent pour nous démontrer que la valeur logique des perceptions immédiates ne se détache pas de la perception même, mais bien des antécédents génétiques qui l'ont préformulée dans l'intelligence.

Une action centripète peut éveiller une somme très complexe de souvenirs élémentaires d'où résulte une perception véritable si cette perception est une copie fidèle de ces souvenirs, ou fausse si elle n'est pas bien induite par ces derniers ; le plus ordinaire et le plus naturel est que cela se passe de la première manière et non de la seconde, et dans ce concept nous n'avons pas de motifs raisonnables pour douter de la véracité des sens, sous le vain prétexte qu'ils peuvent nous tromper, puisque ordinairement l'excitation ne fait qu'éveiller des souvenirs élémentaires organisés expérimentalement ; et il est logique que la somme d'où résulte la perception soit l'expression de chacun des termes de la somme. Il découle de tout cela que nous ne devons pas admettre comme une expérience tout ce que l'action centripète évoque dans la conscience ; cela peut l'être comme ne pas l'être ; tout dépend des conditions dans lesquelles le sens est affecté.

Le point de départ du processus intellectif est dans l'expérience externe, suivant la thèse fondamentale de l'empirisme de toutes les époques, qui a toujours abrité le bon sens. Mais où commence l'expérience externe ?

L'expérience n'est pas donnée initialement avec l'image intuitive ; dans l'image intuitive il peut y avoir illusion, et l'illusion ne trouve pas de place dans l'expérience. L'acception dans laquelle nous comprenons ce mot est si stricte que nous ne concevons pas que l'expérience puisse être rectifiée; si elle doit l'être, nous dirons qu'elle est fausse, c'est-à-dire que ce n'est pas une expérience. L'acte en vertu duquel une expérience externe se formule dans l'intelligence est impeccable; de même que tous les vertébrés, nous admettons qu'en rapportant les images de nos sens aux objets auxquels elles correspondent, nous procédons d'une manière telle que nous ne nous trompons pas. Certains supposent que cet acte est inné ou spontané à la façon d'une imposition primitive qui ne peut être franchie par l'analyse parce qu'elle n'a pas d'au-delà, parce qu'elle est irréductible à des éléments génétiques qui nous expliquent sa composition. Dans ce cas nous croyons à l'expérience par une foi intérieure, et non parce que nous savons que les intuitions que l'action des sens préformule correspondent logiquement à la cause réelle qui les détermine. Nous, nous ne le croyons pas; nous entendons que l'image intuitive n'est pas une expérience, mais bien le résultat ou la conséquence d'une expérience motrice qui nous a démontré que cette image a été déterminée par la cause à laquelle elle est rapportée. On suppose que les images intuitives ou les perceptions immédiates constituent le point de départ de toute induction possible; mais nous, au contraire, nous croyons que ces intuitions sont déjà le résultat d'une induction élémentaire; et, de même que nous établissons entre deux phénomènes une relation de cause à effet par l'intermédiaire de l'expérience qui nous démontre que l'effet ne survient jamais ni ne peut survenir tant qu'il n'est pas déterminé par la cause, de même nous entendons que la qualité sensorielle n'apparaît pas ni ne peut apparaître dans les sens tant que la cause n'agit pas sur elle au moyen d'une expérience vive qui nous l'apprend. De là vient que nous ne croyons pas à l'expérience intuitive par une foi intérieure, mais bien par une certitude logique, par l'effet d'un raisonnement qui découle de données préexistantes. Il est vrai que la conscience nous assure que l'image intuitive n'est pas illusoire, non pas comme un oracle, mais de la même manière qu'elle nous assure que la longueur de cinq mètres est plus grande que celle de trois mètres, c'est-à-dire en vertu de précédents logiques qui forcent à penser de cette manière et non d'une autre. L'expérience n'est pas donnée originellement dans l'esprit. Dans l'action de rapporter l'impression la plus élémentaire à sa cause, il s'induit que cet effet sensoriel a été déterminé par cette cause. Comment s'induit-il? Là est la question. Avec elle nous apprenons une relation entre l'impression du sens et la chose extérieure qui la détermine; si nous l'affirmons, c'est parce que nous la connaissons.

Ce qui nous importe donc, c'est d'examiner comment nous la connaissons et pourquoi nous donnons à cette connaissance la valeur d'une expérience externe.

Formulons une expérience et disons : le cinabre est rouge. En vertu de quoi la formulons-nous? On dit que maintes fois une certaine chose a impressionné la rétine, a marqué dans l'intelligence une trace représentative que nous appelons couleur de cette chose; et cela, ajoute-t-on, est ce qui constitue l'expérience de la couleur du cinabre. Pour nous, cela n'est pas une expérience. Pour nous, l'expérience de la couleur du cinabre ne consiste pas dans l'effet qu'elle détermine sur la fonction visuelle, mais bien dans la connaissance de l'effet que doit produire sur nous une certaine chose qui, lorsqu'elle sera mise au point par l'expérience motrice, déterminera une couleur rouge d'une nuance spéciale. Maintes fois, la rétine a été impressionnée par une certaine action se manifestant en elle et provenant d'elle; nous n'en avions pas connaissance parce que cette action exercée du dehors en dedans n'était pas une expérience qui nous annonçait la présence de sa cause; le cycle de cette expérience a commencé lorsque de dedans en dehors nous avons fixé, par l'accommodation visuelle, l'endroit où résidait la cause qui impressionnait ainsi le sens; et à partir de ce moment il s'est formé dans l'esprit la prévision que toutes les fois qu'elle se soumettrait à la rétine sous l'action de cette cause, il réapparaîtrait sur elle une couleur rouge d'une nuance spéciale. C'est cela que nous appelons expérience, puisque cela nous permet de prévoir ce qui arrivera dans la rétine chaque fois que cette action extérieure agira sur elle, de la même manière que l'expérience hydrostatique d'Archimède nous permet de prévoir ce qui arrivera au corps submergé dans un liquide. Il est clair que si l'effet sensoriel ne s'était pas produit, jamais il ne serait venu à l'esprit de faire la mise au point de la cause qui le détermine; mais une fois cette cause mise au point, il s'est préformulé dans l'esprit la prévision d'un effet possible, puisque nous avons pris cet effet comme un moyen de connaître ce qui le détermine. Cette connaissance acquise, si, quand nous nous y attendons le moins, une certaine couleur impressionne la rétine et l'éveille, nous disons : *cinabre*, comme le vif souvenir de sa cause. L'expérience consiste-t-elle donc dans la réception de cette qualité sensorielle, dans cette note impersonnelle qui s'impose au sens? Non : l'expérience consiste dans cet acte très personnel qui prévoit ce qui doit arriver dans le sens, et lorsque cela apparaît il le considère comme le signe de sa présence. De même que lorsqu'on découvre, en haute mer, le drapeau d'un navire, nous disons : *ce navire est espagnol*, de même, lorsque réapparaît une certaine couleur devant nos yeux, nous disons : *cela est du cinabre*. Avec la particule : *cela*, nous ne désignons pas l'image, mais bien ce qui l'a déterminée : la cause qui nous est déjà connue au moyen de ce signe. Peut-être dira-t-on qu'il n'y a pas identité entre l'un et l'autre cas, parce que les couleurs du drapeau sont conventionnelles tandis que celle du cinabre nous est imposée sans qu'il soit besoin d'un consensus préalable. L'observation est inadmissible. Nous ne connaissons pas ce corps par sa couleur rouge tant que nous n'avons pas considéré cette couleur comme le signe de cette réalité extérieure. Le daltonien, qui le voit d'une couleur jaune obscur, le connaît de la même manière que nous, bien que le signe soit qualitativement distinct du nôtre. Il suffit qu'il se rappelle que ce que nous voyons rouge, lui le voit jaune, pour qu'il nous apporte ce corps quand nous le lui demandons, sans hésiter ni se tromper; car la couleur est ce qui importe le moins; l'important est ce que cette couleur signifie pour lui et pour nous. Il est très possible que la couleur par laquelle nous nous représentons le cinabre, ne soit pas vue de la même manière par deux individus; il est très possible également que, si nous pouvions échanger notre rétine avec celle des autres, nous éprouverions de grandes surprises. Mais, en supposant qu'il en fût ainsi, qu'importerait que les couleurs déterminées par les choses extérieures sur la rétine fussent quelconques? tous nous reconnaîtrions la présence de ces mêmes choses au moyen de signes intellectivement identiques, bien que différents dans leur qualité. Que nous importe qu'en français *homme* se dise d'une manière, et en espagnol d'une autre, puisque le sens que nous voulons exprimer par ce mot est le même?

Lorsque nous avons supposé les origines de la connaissance du réel, nous avons décrit le mécanisme au moyen duquel les images sensorielles sont considérées comme le symbole de l'effet trophique qui devait survenir, la connaissance anticipée d'un événement futur étant ainsi acquise. Les fondements de cette prévision sont empiriques, étant donné que si le sensorium trophique rappelle que l'on satisfait le besoin d'eau en ingérant ce liquide, c'est parce que cela s'est passé un très grand nombre de fois; et si l'on sait que ce qui calme la soif est ce que sensoriellement nous nous représentons sous la forme d'eau, c'est parce que nous avons considéré ces formes sensorielles comme signes du liquide désiré. Dans l'expérience externe nous nous occupons de rechercher, au moyen de l'innervation psycho-motrice, ce qui détermine l'image; une fois que nous l'avons reconnue, nous savons quand elle apparaîtra; et si elle réapparaît inopinément nous savons aussi ce qui l'a déterminée. Ainsi donc, de même que les images au moyen desquelles nous est révélée la présence de l'aliment, ne sont pas l'aliment même mais son signe, de même, dans l'expérience externe, l'image n'est pas la représentation de la cause, mais le signe au moyen duquel nous sommes avisés de son absence ou de sa présence.

Ce sens n'est pas celui dans lequel on a l'habitude d'employer le mot *expérience*. Un certain nombre de fois le cinabre a impressionné la rétine, et on dit que cette action extérieure est ce qui préformule l'expérience de sa couleur; chaque fois que l'on subit une action semblable, la même expérience empirique se répète, et c'est cela qui nous induit à considérer toutes ces couleurs comme propres au cinabre. L'origine de l'expérience ainsi expliquée, celle-ci naît déjà préformulée dans l'intelligence et le sujet doit l'admettre comme un phénomène primaire imposé par une cause externe à ce dernier. La valeur logique de ces expériences ne concerne que les cas considérés; et si nous imaginons qu'elle peut s'étendre aux nouveaux cas qui peuvent se présenter, c'est uniquement parce que nous concevons que, devant nous impressionner de la même manière, nous induisons qu'ils préformuleront également les mêmes expériences. De cette manière naît la représentation dans l'esprit et cette représentation l'est de la chose représentée, car il existe une parfaite conformité entre l'une et l'autre. Pendant longtemps on a été dominé par l'obsession que cette conformité était identique à celle que présentent l'image et sa copie, l'écho et le son qu'il réfléchit, obsession qui persiste encore chez des esprits supérieurs; aujourd'hui cette conformité se présente habituellement comme une représentation préalable à la chose représentée, comme si à l'extérieur il existait autant de choses que d'*objets*, en donnant à ce dernier mot un sens purement représentatif.

Outre que l'observation nous apprend que l'image intuitive ne constitue pas une expérience effective (proposition à laquelle personne ne souscrirait, car s'il en était ainsi nous devrions attribuer une valeur objective à toutes les illusions des sens) et outre qu'elle nous apprend également que l'expérience ne *naît pas* mais *se fait*, quand on recherche la nature même de l'expérience externe, on reconnaît qu'il n'est pas certain qu'elle nous soit donnée comme la simple répétition des mêmes impressions. Quand on affirme que le cinabre impressionne toujours la rétine de la même manière et que pour cette raison nous le reconnaissons à sa couleur, on ne remarque pas que nous donnons à cette couleur une valeur très supérieure à celle que nous donnerions à une répétition purement empirique. Nous entendons tous que nous reconnaissons le cinabre non parce qu'un certain nombre de fois il a impressionné la rétine, mais parce qu'il doit l'impressionner ainsi; sa couleur a pour nous la valeur d'un mot, car de même que par le mot *homme* nous ne désignons pas celui-ci, celui-là ou tel autre, mais bien tous les hommes possibles dans le présent, dans le passé et dans le futur, de même avec cette couleur nous désignons non l'effet produit sur nous par ce cinabre-ci, ce cinabre-là, ou tel autre cinabre, mais bien par tous les cinabres possibles, puisqu'il préexiste dans l'esprit la prévision de l'effet que doit produire sur nous l'action qui le détermine; et cette prévision est générique car elle se manifeste comme la connaissance de cette action, c'est-à-dire comme son signe.

L'enfant qui a vu l'eau chez lui, la reconnaît dans la maison du voisin, à la fontaine, dans son pays aussi bien qu'en Chine. En plongeant la main dans l'eau il comprend sa pénétrabilité, en la regardant, son aspect visuel; et cette pénétrabilité et cet aspect visuel, de même que le son qu'elle fait entendre quand on la frappe, son état thermique, etc., ont été les signes au moyen desquels il a formulé l'expérience de l'eau, non de celle de chez lui en particulier, mais de toutes celles qui devaient produire les mêmes impressions. Ainsi donc, si nous nous demandons ce que cet enfant entend par eau, nous nous dirons que cette connaissance se compose de l'image tactile, de l'image thermique, de l'image visuelle, etc., c'est-à-dire non d'une représentation, mais de la connaissance de l'effet que doit produire sur lui une certaine chose qui présente à son toucher une certaine faiblesse de résistance, à sa vue un certain aspect, à sa sensibilité thermique une certaine impression de froid ; c'est la prévision vivante des effets qu'elle doit produire sur lui simultanément ou successivement dans les sens qu'il appelle eau ; pour cela il la reconnaît comme présente n'importe où il la trouve, parce qu'il sait déjà que chacune des images est le signe d'une action extérieure. Donc, ne disons pas que la connaissance de l'eau est une représentation interne qui correspond à une chose externe ; un pareil parallélisme entre l'interne et l'externe est formel autant que vague.

Entre l'interne et l'externe la connexion est plus intime et plus profonde ; la connaissance correspond au réel comme la parole à ce qu'elle exprime. Chacune des images représentatives de l'eau est le signe au moyen duquel nous traduisons intérieurement l'action extérieure ; et pour cette raison nous considérons cet objet comme la possibilité continuelle de déterminer toujours les mêmes effets sur les sens ; par là on voit que, pour nous, l'eau n'est pas un ensemble d'images, mais ce que nous concevons comme la cause qui les détermine, les termes de cette relation étant si étroitement liés que, si ces liens se rompent, la représentation reste comme une ombre.

Le chimiste qui expérimente sur un corps, comme le physicien qui détermine les conditions d'un phénomène, procèdent comme l'enfant quand il observe l'eau. Ni l'un ni l'autre n'entendent que ce qu'ils découvrent en décomposant le sel ou en réfractant la lumière se rapporte uniquement et exclusivement à ce sel ou à cette lumière sur lesquels ils se représentent un corps ou la déviation de la lumière ; ils ne leur donnent pas une valeur empirique, mais une valeur universelle, la valeur logique du signe d'une action extérieure. Ils n'entendent pas que le sel et la déviation de la lumière sont la simple représentation interne d'une réalité externe qui lui soit parallèle; ils possèdent au contraire l'intuition très claire que, si l'on agit sur cette réalité externe, les sens seront impressionnés d'une autre manière, et ils s'occupent de rechercher par quels nouveaux signes s'accuseront les composants du sel, ou par quels nouveaux signes s'accusera le passage de la lumière à travers de l'huile ordinaire, de l'huile de coton, etc..., parce qu'ils font consister leur idéal dans la prévision assurée des effets qui doivent apparaître dans les sens, enrichissant ainsi le vocabulaire de ce langage intérieur au moyen duquel nous connaissons les actions ou causes extérieures.

En vérité, nous tombons dans une illusion subjectiviste, quand nous nous figurons que nos représentations du monde extérieur forment une série parallèle aux causes que nous nous représentons par elles. L'objet tel que notre esprit le conçoit n'est que la prévision de l'effet sensoriel qu'il doit produire sur nous. On dit que le miel est la représentation collective d'une certaine couleur, d'une certaine odeur et d'une certaine saveur, et cela n'est pas exact. Le miel est, pour nous, la prévision ou la possibilité nécessaire de quelque chose qui dans les yeux, dans la bouche et dans l'organe de l'odorat, doit déterminer telles impressions et non telles autres; s'il ne les déterminait pas, nous dirions que ce n'est pas du miel. Sur quoi se fonde un raisonnement aussi strict et aussi absolu? Sur l'expérience motrice qui a prédéterminé, au moyen des directions visuelles, une impression de couleur et non une autre, une certaine saveur, une certaine odeur, au moyen d'autres mouvements dont nous sommes maîtres. Ces impressions ne seraient pas apparues si rien n'avait impressionné les sens; mais nous ignorerions que cette chose est celle qui a fourni ces effets si l'endroit où elle réside n'avait été préfixé par l'expé-

PROBLÈME DE LA CAUSALITÉ EXTERNE 231

rience. L'effet survient-il? Alors nous disons : voilà le signe de ce qui le détermine. Qu'est-ce donc, pour nous, que cette matière que nous appelons miel? Une pure possibilité. Au moyen de trois expériences, nous la connaissons. Supposons que l'une d'elles, l'expérience visuelle, nous informe de la présence de ce corps. Nous n'avons déjà pas besoin de le porter à la bouche ou de l'approcher des narines pour savoir quelle impression il doit produire sur nous, nous n'avons pas besoin non plus de nous le rappeler *in actu*; dans l'esprit persiste le souvenir fixe des expériences motrices qui nous annonce clairement ce qui arrivera dans ces sens, bien avant que réellement cela arrive, et ce souvenir qui existe dans la sensibilité motrice apparaît comme sa prévision.

De même, à la vue de la table, nous connaissons déjà sa résistance et sa température, sans avoir besoin de la palper, son timbre acoustique sans besoin de la frapper pour la faire résonner. Les poules dont nous avons parlé antérieurement, qui accourent vers l'endroit où l'on frappe sur la casserole, ne se représentent pas *in actu* les images qu'elles doivent voir dans cette partie limitée de l'espace; dans leur intelligence, comme dans la nôtre, l'objet existe comme la prévision de ces impressions possibles, et celles-ci réapparaissent quand, au moyen du signe, on reconnaît leur présence comme si le sens prononçait la parole attendue. C'est cette prévision qui quelquefois nous avise que ce qui détermine l'impression n'est plus au point ou à l'endroit de l'espace où est projetée l'image. Ainsi, l'étoile filante, ou la flèche qui passe devant les yeux, ne sont pas réellement à l'endroit où nous les voyons; nous savons au moyen de ces images qu'il a passé une étoile ou une flèche, et cette expérience est certaine. Si l'expérience consistait dans la représentation, nous devrions admettre que ces expériences sont fausses; mais comme ce n'est pas ce que nous voulons dire par ce mot, mais la pure prévision du phénomène sensoriel, ces expériences, non seulement nous informent qu'il a passé une cause devant les yeux, mais, de plus, que cette cause n'est pas à l'endroit où nous la voyions. Un grand nombre d'expériences astronomiques se trouvent dans le même cas. Calculer l'apparition d'un phénomène et le moment où il doit avoir lieu, ce n'est pas la même chose que de préfixer le moment où la représentation doit apparaître, car il peut arriver que cette représentation apparaisse lorsque la cause qui la détermine n'agit déjà plus sur les sens, bien qu'elle y ait laissé une trace.

L'objet ou le monde extérieur qui nous entoure est pour nos fonctions perceptives *la même chose que le sentiment du lieu*.

Imaginons un aveugle enfermé dans sa chambre. Il possède la conscience très claire de l'endroit où il se trouve et où il se meut librement et sans gêne, parce qu'il sait où se trouvent le lit, la table, le lavabo, les chaises, la fenêtre, les endroits vides et les espaces occupés. S'il lui vient à l'idée d'ouvrir la fenêtre pour aérer la chambre, il s'y dirigera avec la même précision que s'il la voyait, et s'il désire fumer, il se dirige sans hésitation vers la table où il a laissé son tabac. Comment a-t-il acquis la connaissance de ce petit monde? Quand, pour la première fois, on l'a conduit dans la chambre, cette dernière lui était inconnue : il lui a fallu la connaître au moyen de l'expérience. En se déplaçant, il se heurte au mur, par exemple, et le prenant pour point de départ, avançant de deux pas vers la droite, il est arrêté par un obstacle. Voilà une première connaissance. Pour y arriver, il lui a fallu établir un point de départ, et de ce dernier il a tiré la prévision que, pour recevoir une impression tactile dans le bas-ventre, il devait avancer de deux pas vers la droite. Cette prévision n'est que la conscience d'un mouvement et la mesure du temps qui s'écoule entre son exécution et l'apparition de l'impression tactile. Cette mesure interne se traduit extérieurement sous la forme d'une distance. D'où provient cette première connaissance? De l'expérience motrice. Acquérir la prévision de l'endroit extérieur où, dans la position verticale, le bas-ventre sera affecté, équivaut à savoir que pour que l'image tactile réapparaisse, il faut franchir, forcément, telle distance dans telle direction. Multiplions maintenant les expériences dans toutes les directions possibles; après ce pénible travail, notre aveugle arrivera à connaître l'endroit occupé par la table, la fenêtre, les chaises, etc., et cela avec une exactitude telle que, de n'importe quelle manière qu'il se déplace, il sait toujours où il est. Savoir où il se trouve équivaut à savoir dans quelle direction et en quel endroit sont situés les objets qui l'entourent; connaître la direction et l'endroit où ces objets sont placés, ce n'est pas posséder la représentation sensorielle de ces derniers, mais bien posséder la conscience exacte de la façon dont il doit se déplacer, pour que successivement ils apparaissent partiellement dans les sens. La fenêtre et le lavabo, les chaises et le lit, ne sont pas des représentations actuelles pour notre aveugle, ces objets sont simplement la possibilité continuelle de prédéterminer l'action tactile en cet endroit. Détachons cette impression de l'expérience motrice, et notre aveugle touche la fenêtre sans savoir où elle est située, car il lui manque la prévision de l'endroit; mais supposons que ce souvenir préexiste dans le sensorium, il suffit qu'il touche la fenêtre pour la reconnaître et reconnaître avec elle tous les autres objets dont se compose ce monde en réduction. Situé au centre de la chambre, notre sujet, malgré qu'il ne reçoive d'autre impression que celle qui se porte sur la plante des pieds, a parfaitement la notion du lieu qu'il occupe, car ce lieu est en relation avec tout ce qui l'entoure; supposant que, se tenant debout, il soit subitement atteint d'amnésie qui lui fait oublier la disposition des objets : il a conscience qu'il est quelque part, mais il ne sait où, car un point dans l'espace est toujours une inconnue à déterminer tant qu'il n'a pas été mis en relation avec d'autres points. Ainsi donc, quand nous nous demanderons pourquoi ces points nous sont inconnus, c'est, reconnaîtrons-nous, parce que nous ignorons ce que nous devons faire pour que l'impression sensorielle apparaisse sur eux; la faculté de la provoquer est ce qui constitue la connaissance de l'objet. On infère de tout cela que l'aveugle connaît l'étroite enceinte dans laquelle il a été confiné, non parce qu'il se la représente, mais parce qu'il se sent la faculté de se la représenter.

C'est par ces processus que la connaissance de l'objet est donnée à l'intelligence. L'image n'est pas donnée dans le sentiment des directions visuelles, acoustiques, olfactives : c'est au moyen de la condition motrice qui est donnée que nous savons qu'au point où apparaît l'image réside la cause qui l'a déterminée. Nous cherchons une étoile dans le ciel, et si nous désirons préciser ce que nous voulons signifier par ce mot, nous observons que *chercher* est comme *lever le plan de sa situation*; or, lever le plan de ce lieu, c'est préétablir une relation directe entre l'étoile et la rétine sur laquelle elle doit agir. Cette relation connue, nous ne disons pas que la connaissance de cette étoile naît de l'image représentative et qu'elle constitue l'expérience, car l'expérience naît évidemment de cet acte interne qui a préétabli une relation entre l'étoile et l'impression visuelle; supprimons cet acte, nous ne savons pas où est l'étoile, et ne pas savoir où elle est équivaut à ignorer que dans le firmament brille un corps que nous ne connaissons pas par différenciation. Mais, si nous donnons au mot *expérience* toute sa valeur logique, nous voulons évidemment signifier par là l'aptitude du sujet à prédéterminer une impression visuelle déjà connue. De même, le chien cherche en l'air la piste qu'il a perdue. S'il la trouve, il considère cette impression olfactive et préfixe la ligne suivant laquelle l'odeur est donnée, bien persuadé qu'il rencontrera le lapin qui a suivi ce parcours. Cette ligne, droite, brisée ou sinueuse, qu'il trace à travers l'espace, n'est-elle que la prévision motrice de l'endroit où l'impression est donnée? Le chien sait que l'impression olfactive apparaît sur cette ligne et non sur une autre, de même que nous savons où est l'étoile; c'est à force de tâtonnements moteurs qu'il a déterminé le plan de la piste, et c'est le souvenir de ces expériences vives qui l'oriente vers la cause, vers le lapin qui a laissé dans l'air et sur le sol la trace de son passage.

Préétablir une relation entre la cause capable d'impressionner les sens et l'impression reçue, c'est statuer l'expérience externe, et pour cette raison le chien ne sait pas que le lapin existe parce qu'il se le représente par cette odeur; bien au contraire, il utilise cette odeur comme un moyen pour préfixer dans le monde extérieur ce qui impressionne son odorat.

En somme, dès le moment où nous avons conçu l'expérience comme le résultat d'une réaction du sujet sur la cause qui impressionne le sens, préétablissant entre celle-ci et celle-là une relation de nature expérimentale, l'idée que nous nous formons de l'objet est très différente de celle que nous nous formons au moyen de l'expérience dite empirique, et est purement représentative.

D'après notre manière d'envisager la question, les sens ne nous instruisent de rien; leurs réactions sont comparables aux réactions photochimiques de la plaque sensible. Les fonctions des centres sensoriels resteraient éternellement ignorées si elles étaient isolées du domaine de l'innervation psycho-motrice; mais cet isolement n'existe pas; les deux fonctions s'articulent et se solidarisent, et à partir de cet instant on acquiert la faculté de provoquer certaines impressions déterminées. Ces impressions sont de la même nature que celles qui apparaissaient auparavant quand elles n'étaient pas provoquées, car on comprend que le fait de pouvoir adapter le sens à son excitant naturel ne change en rien les propriétés physiologiques des sensibilités externes; quand même il en serait ainsi, il suffirait qu'on adapte le sens à son excitant, pour qu'il apparaisse une impression ou une autre suivant la cause à laquelle il s'adapte, et c'est alors que se formule l'expérience. Lorsqu'il statue l'expérience, le sujet se comporte comme s'il raisonnait de la manière suivante : « Étant donné qu'un grand nombre de fois j'ai constaté une saveur sucrée en introduisant dans ma bouche un certain corps qui la déterminait, je désirerais pouvoir reproduire cette saveur; mais étant donné aussi que cette saveur ne réapparaît pas spontanément, et que pour satisfaire mon désir il faut faire la même chose que lorsque cette saveur s'est manifestée sans que je susse comment, je dis que pour que cette sensation réapparaisse il est nécessaire que je porte ce corps à la bouche. »

Le sujet se trouve, par la répétition des mêmes actes, avec une image différenciée de nature purement interne, puisque jusqu'à ce moment il ne lui est pas venu à l'idée de soupçonner qu'elle était déterminée par un agent extérieur; mais quand le désir de sa réapparition s'éveille (pour le moment ne cherchons pas les antécédents trophiques ou autres qui l'éveillent), il ne dispose pas d'autres moyens pour y arriver que ceux que lui fournissent le mouvement; et, à cet effet, dans les centres psycho-moteurs se forment les impulsions qui donneront pour résultat le transport à la bouche de ce qui doit la reproduire. C'est ce qui détermine cette réaction sensorielle que le sujet appelle objet; cette réaction qui lui dénonce la présence de cet objet, il l'appelle image. Par cette expérience (schématique ou représentative de toutes les expériences externes possibles), cet objet est considéré comme la cause de l'image, au point qu'on le conçoit comme existant indépendamment de l'image même; et par ce motif, chaque fois qu'on voudra la reproduire on n'aura d'autre ressource que de porter l'objet à la bouche; cet objet donc n'a d'autre valeur logique que celle de pouvoir reproduire un effet purement interne, c'est-à-dire celui d'une possibilité. Déterminons maintenant la valeur logique de l'effet sensoriel. Tant qu'il a été donné dans le sens, sans qu'au moyen du mouvement on fût arrivé à savoir que c'était ce qui le déterminait, le sujet ignorait que ce fût un effet; il apparaissait et disparaissait sans que le sujet sût comment; mais lorsqu'il a su que cet effet n'apparaissait pas spontanément, qu'au contraire son apparition impliquait la présence d'une action, il a compris que c'était le signe qui lui annonçait la présence de cette action. Ce signe, qui indique au sujet qu'il y a quelque chose qui agit sur les sens, possède la valeur logique d'un signe. De même que le timbre qui sonne à la porte nous annonce l'arrivée d'une visite, de même l'impression sensorielle nous annonce la présence d'une action extérieure; mais comme le timbre ne nous annonce rien tant qu'on n'a pas établi une relation entre le son et la personne qui sonne, de même aussi l'image sensorielle n'annonce rien tant qu'on n'a pas préétabli une relation entre elle et la cause externe qui la détermine. Un signe, comme le disait savamment Helmholtz, n'est pas un signe tant qu'on ne sait pas l'interpréter.

On voit par là quelle est la véritable nature de la connaissance perceptive. Nous vivons submergés dans le réel. Le réel nous impressionne et produit des effets sur notre organisme, et nous ne saurions rien de ces impressions s'il ne nous était pas possible de les prévoir; nous serions alors comme la pierre de la montagne que la pluie fouette et que la chaleur fendille, si cette pierre sentait la pression de cette pluie et les effets de la chaleur. Le mouvement se produit cependant de telle façon que nous pouvons prévoir les effets que la réalité ambiante doit déterminer sur les sens; et c'est cette prévision de ce qui doit nous arriver que nous appelons cause, et ce sont les effets prévus que nous appelons images externes. Il ne faut pas confondre la cause avec son effet; la cause subsiste comme la possibilité continuelle de l'effet sensoriel, et cette possibilité nous l'appelons objet, car elle nous est connue par un système de signes laborieusement organisés, à la façon d'un langage intérieur qui nous permet de savoir immédiatement ce qui nous affecte; et c'est ainsi que nous disons : cette sensation de douceur est celle du miel, cette couleur est celle du cinabre, ce son est celui de la clochette. En parlant ainsi, nous entendons que ces images sont les paroles intérieures qui nous traduisent l'action respective de ce qui les cause; et, comme chacune d'elles signifie cette action, le réel nous parle de vive voix quand il agit sur nos sens et évoque les signes au moyen desquels nous comprenons sa connaissance. De là vient que la connaissance perceptive, au lieu d'être formelle, est l'expression de l'action que le réel exerce sur les sens; et si, réflexivement ou irréflexivement, tous les animaux de la création le croient, c'est parce que l'expérimentation motrice n'admet pas le doute sur ce point. De cette expérimentation naît la voix intérieure (de même que le son naît de la vibration acoustique) qui nous garantit que l'image peut apparaître à notre volonté, pourvu que le sens soit adapté à la cause qui la détermine; et, comme cette prévision préexiste dans la conscience, de là vient que l'image est interprétée comme le signe de l'action qu'on attend.

Ce n'est pas ainsi qu'on comprend la nature de la connaissance perceptive préformée. On admet également, dans cette théorie, que l'action extérieure est celle qui détermine l'image; de plus, cette image se préformule dans la conscience d'une manière excentrique ou intuitive de sa cause. Le phénomène s'explique métaphysiquement par l'intervention de quelque chose qui n'est pas un phénomène ou une condition; mais l'empirisme, plus négligent ou plus prudent, ne cherche pas à se l'expliquer, et l'admet comme point de départ en qualité de fait irréductible. Le fait admis, nous ignorons, en pleine connaissance, quelle peut être la valeur logique de l'intuition sensible, c'est-à-dire que par elle nous ne savons pas ce que nous comprenons du monde extérieur, car nous nous séparons du processus inductif d'où se détache cette intellection. Nous nous figurons alors que l'image est la représentation de la chose externe; nous jugeons que le sujet répond parallèlement aux choses extérieures au moyen d'images et nous admettons, sans que nous réussissions à nous expliquer pourquoi, qu'elles correspondent à ces choses.

Si elles correspondent bien, nous disons qu'il y a conformité entre l'image et son objet (*adequatio rei*), et si elles ne correspondent pas bien, nous disons que l'expérience est fausse. De cette manière, on conçoit la fonction perceptive comme la faculté qui nous a été donnée pour pouvoir nous représenter ces choses extérieures.

Si l'on examine froidement la question, une fois qu'elle est posée en ces termes, il faut convenir que nous ne savons pas ce que nous voulons dire par le mot *représentation*; ce langage est vide et purement formel. Si je dessine ou peins une figure, je puis comparer la copie à l'original et vérifier s'il y a conformité ou discordance entre l'un et l'autre; dans ces conditions seulement, il m'est donné de pouvoir affirmer si l'original est bien ou mal représenté. De même je puis comparer la conformité ou la discordance qui existent entre deux tons, deux couleurs, ou deux saveurs. Mais quelle conformité ou quelle discordance peut-il exister entre l'image visuelle et sa cause, si cette cause n'est ni lumière ni forme? Quelle comparaison peut-on faire entre la saveur du sel et le sel même, si ce sel n'est pas sapide?

Personne ne s'est proposé de le définir, personne n'a prétendu éclairer ce concept. C'est par lui, cependant, que l'on constate un fait indubitable : l'existence d'une relation entre l'image et sa cause.

De quelle nature est cette relation? C'est le point qu'on ne cherche pas à éclaircir, et c'est précisément pour cela que nous sommes tentés de croire que nous pouvons connaître le monde extérieur au moyen des représentations que la force intellective éclaire parallèlement dans la conscience. Connaître le monde extérieur, c'est pouvoir se le représenter; et pour que nous puissions nous le représenter, l'intelligence nous a été donnée. Mais en retraçant le plan du problème dans ses véritables termes expérimentaux, nous prévoyons que cette manière d'entendre la connaissance est illusoire. L'intelligence ne nous a pas été donnée pour connaître les choses extérieures au moyen de représentations intérieures et parallèles; l'intelligence nous a été donnée uniquement comme un moyen de prévoir les actions que ces choses extérieures peuvent déterminer sur les sens. Nous rêvons quand nous nous imaginons connaître les choses extérieures au moyen des représentations que nous nous formons dans l'esprit; nous rêvons quand nous croyons que les choses du monde extérieur sont comme le décalque de nos représentations; nous rêvons quand nous concevons la nature de l'intelligence comme aussi différente de ce qu'elle est réellement. En nous abandonnant à ces rêves, nous nous figurons aussi que la cause peut être conçue comme quelque chose qui correspond à l'externe, et, parallèlement à l'idée que nous nous en formons; et dans l'histoire de la pensée humaine, ce mot semble imposant. On l'a conçue comme une action solitaire, créatrice des mondes, comme le principe de toute rénovation, comme l'activité qui fait tout ce qui apparaît, comme la force directrice qui enchaîne tout... Mais quand nous nous demandons ce que nous voulons manifester concrètement par le mot *cause*, nous ne tardons pas à découvrir que de l'expérience trophique naît la connaissance du réel qui nous manque, et que de l'expérience motrice naît la connaissance que le réel qui nous manque est connu au moyen de signes sensoriels; le réel extérieur est connu aussi par ces signes quand, au moyen du mouvement, nous remarquons que *la même chose qui calme la faim détermine ces signes*; et de là se formule originellement dans l'esprit la connaissance de quelque chose qui impressionne les sens; cette chose, nous l'appelons *cause*. Que voulons-nous signifier par ce mot? Une pure relation du réel avec les sens; en dehors de cette relation le mot n'a aucune signification. Comme un explosif qui n'éclate pas tant que rien ne trouble son équilibre moléculaire, ainsi les sensibilités externes restent inertes tant que rien ne les excite; car ce qui les excite et provoque l'apparition du phénomène est la prévision de ce qui le détermine : voilà ce que nous entendons par cause externe. Indépendamment de l'effet sensoriel, la cause est concevable seulement comme la possibilité de le déterminer, et si on la détache absolument de ce phénomène, si on la considère par elle-même, ce n'est plus une cause; c'est un mot qui ne désigne rien de concret. On ne peut même pas admettre que la cause soit par elle-même inconnaissable. Il est certain qu'au fond de l'esprit nous trouvons le concept du réel extérieur comme indépendant du concept de cause ou comme donné dans un moment antérieur à celui où le réel se présente déjà agissant, point sur lequel la métaphysique a développé des considérations véritablement sublimes; mais nous, qui n'attribuons une valeur objective qu'aux concepts induits de l'expérience, nous ne pouvons admettre que le réel extérieur induit de l'expérience trophique soit en lui-même actif ou inactif; cette vertu ou cette activité attribuée à l'être ou à la substance, en somme au réel, est une représentation arbitraire. Nous savons que le réel existe comme quelque chose parce qu'il nous nourrit; nous savons qu'il est extérieur parce que l'expérience motrice nous fait remarquer que c'est cela qui impressionne nos sens. Ces connaissances sont induites des effets déterminés dans l'organisme; de là résulte que le réel extérieur par lui-même n'est pas matière à connaissance, pas plus que la cause, puisqu'il ne produit aucun effet sur nous. Connaître, c'est préétablir une relation entre un effet organique, sensoriel ou trophique, et ce qui le détermine; c'est ainsi que nous savons que le réel existe et qu'il agit comme cause; mais lorsque, faisant abstraction de cette relation, nous nous demandons ce qu'est le réel, indépendamment des effets qu'il cause ou peut causer sur nous, nous ne posons pas une question qui dépasse les limites de la connaissance, mais une question qui est en contradiction avec la nature même de la connaissance. En supposant qu'on ne pourra jamais vérifier si la planète Mars est habitée ou non, nous posons une question insoluble, c'est-à-dire inconnaissable; de plus, à supposer que nous demandions ce que perçoivent les habitants de cette planète avec un sens qui à nous, nous fait défaut, nous formulons une question absurde ou incompréhensible : car cela revient à se proposer de constater *quel effet détermine sur nous ce qui ne peut produire aucun effet sur nous*. Tel est le cas du réel et de la cause extérieure considérée en elle-même; si on les détache de la relation qui les unit, ils ne sont plus matière à connaissance. Quand nous ne donnons pas au mot *connaissance* cette signification précise et claire, et que nous nous imaginons connaître les choses extérieures au moyen de la représentation parallèle qui survient dans l'esprit, nous concevons le réel comme une chose existante, la cause comme une activité en soi ou comme une énergie irreprésentable; et, en nous abandonnant à ces opérations intellectives, nous croyons que nous connaissons quelque chose de nouveau, sans remarquer que, constamment, nous tournons autour d'un même thème, sans jamais sortir de cette thèse fondamentale : le réel est la possibilité de déterminer des effets trophiques et sensoriels, et rien de plus.

Depuis longtemps on discute avec passion, pour savoir si la connaissance est antérieure à l'expérience ou si l'on peut induire la cause de l'expérience même. Étant donnés les termes en lesquels se pose la question, il faut reconnaître que la spéculation a, dans ce débat, un énorme avantage sur l'empirisme. Sincèrement nous croyons que cette question s'éternise parce qu'on l'a mal posée en donnant au mot *expérience* une signification que réellement il n'a pas. Tant que nous admettrons que l'expérience est donnée initialement dans l'intuition sensible, il sera impossible de connaître les origines inductives de la causalité parce que, lorsqu'on rapporte l'image à son objet, la conscience : « la causalité est déjà présupposée, de même que l'impulsion qui la meut excentriquement vers sa cause. La spéculation imagine que cette impulsion naît d'un principe ou d'une catégorie préexistante, que Kant concevait comme une fonction de l'intelligence. A ceux qui croient que le raisonnement *a priori* a par lui-même une force démonstrative, il semble qu'avec cela la question est définitivement résolue; pour les expérimentateurs endurcis, comme nous, qui n'admettent comme certain que ce qu'impose forcément la constatation, cette explication d'un fait ne sera une explication véritable que quand on aura démontré que cette fonction existe positivement dans l'esprit; tant que cela ne sera pas, nous la considérerons comme *une fonction supposée*, c'est-à-dire comme une hypothèse. La question ainsi considérée, le phénomène de l'excentricité sensorielle reste expérimentalement inexpliqué, puisqu'on n'a pas exposé les conditions qui la déterminent, et qu'en cela consiste ce que nous appelons explication.

La thèse développée par Stuart Mill se rapporte uniquement à l'enchaînement causal des phénomènes qui surviennent dans l'espace (dont nous parlerons bientôt), et non à cet acte primitif en vertu duquel nous rapportons les images sensorielles à la condition externe qui les détermine. Cette thèse ne nous explique pas quelle est la succession logique ou nécessaire, ni s'il est possible de l'expliquer par les lois purement empiriques de l'association. La critique que lui consacre Höffding est irréfutable. Hume, sur ce point, avait vu encore plus clair que son successeur. Actuellement plusieurs savants supposent que l'enchaînement empirique ou purement descriptif des phénomènes naturels est de même nature que leur enchaînement logique. Sans discuter ces tentatives, nous sommes sûr qu'elles ne feront admettre à aucun mathématicien ni à aucun physicien que les phénomènes dont ils déterminent et prévoient la succession comme nécessaire dans l'espace et dans le temps, sont liés entre eux par la même connexion casuelle que les séries phénoménales que nous décrivent les naturalistes quand ils nous montrent les phases évolutives du règne animal ou du règne végétal; les premiers sont d'une catégorie supérieure aux seconds; et cette vérité apparaît très clairement quand le physiologiste, au lieu de décrire le phénomène même, précise les conditions ou le mécanisme qui détermine son apparition.

En posant le problème de la causalité en ces termes, on ne le pose que partiellement, et on laisse dans l'ombre ce qu'il a de plus important. Il est certain que l'homme enchaîne les phénomènes les uns aux autres avec la connexion causale; mais avant de statuer ces processus, comme les autres animaux, il enchaîne ses impressions sensorielles de la cause externe, et il est clair que la connaissance de la cause doit commencer par là; car, à supposer qu'il fût possible d'expliquer la succession logique des séries phénoménales par l'induction empirique, ce grand problème resterait toujours sans solution. De la façon dont on entend cette induction empirique, il n'est pas possible de rechercher sa solution. Si l'image excentrique constitue déjà par elle-même l'expérience, la causalité ne peut évidemment pas être induite de l'expérience. Cette supposition est cependant fausse; ce que nous appelons expérience empirique naît de l'expérience; et, si nous nous demandons comment elle naît, c'est alors que nous remarquons que les effets sensoriels se produisent sur les sens, sans que nous sachions comment et sans que nous soupçonnions confusément que ce sont des phénomènes déterminés, c'est-à-dire des effets; nous remarquons alors que l'organisme se meut sous l'action de mobiles intérieurs, et que lorsqu'il se meut, avec l'inconscience d'une masse vive qui ne connaît rien du monde extérieur qui l'entoure, il provoque des impressions sur les sens, et que ce qui commence par être une impression éventuelle finit par être une impression intentionnelle, car le mouvement s'éveille comme le désir de la provoquer. Et voilà comment nous assistons à la naissance empirique de la cause extérieure. Auparavant on ignorait que les images fussent déterminées; plus tard on devine qu'elles le sont. Cette divination est profondément logique. Du sujet se détache l'impulsion qui désire la réapparition de l'image, et cette impulsion est impuissante tant qu'elle ne soumet pas les sens à l'action de quelque chose qui l'évoque; c'est ainsi que le sujet l'apprend par un tâtonnement incessant et c'est ainsi qu'il l'exécute quand il l'a appris. Cette opération psycho-physiologique, nous l'appelons expérience; et la première conclusion qui s'induit de cette expérience, c'est qu'il y a quelque chose qui impressionne les sens : voilà ce que nous appelons cause. La répétition des mêmes actes nous enseigne ensuite que ce qui est en dehors des sens comme une chose qui demeure indifférente et étrangère à nos désirs les plus vifs, peut toujours déterminer à nouveau les mêmes effets, quand, par une initiative personnelle, par un acte interne qui constitue le véritable fond de ce que nous appelons personnalité, nous soumettons les sens à la même action; et c'est de cette manière que nous arrivons à entendre que ce qui impressionne continue d'exister là où précédemment nous l'avons laissé comme la possibilité continuelle de déterminer les mêmes effets. Et voilà comment, au moyen de l'expérience, nous avons découvert la cause, et voilà comment, encore au moyen de l'expérience, nous savons aussi ce que nous voulons dire par le mot *cause*. Peu avant nous l'ignorions : maintenant non; *nous appelons cause la prévision motrice de l'effet sensoriel*. Dans l'hypothèse spéculative, quand nous la concevons comme une catégorie ou comme une fonction de l'esprit, nous n'avons pas une idée concrète de ce que nous voulons signifier par ce mot, et par cela même les uns la conçoivent comme une action créatrice *ex nihilo*, les autres comme la force qui engendre le mouvement, d'autres comme une énergie qui se renouvelle, d'autres encore comme une volonté qui fait les changements...; mais, au point de vue expérimental, la cause ne peut avoir d'autre signification que celle qui résulte des éléments d'où elle est induite, et pour cette raison il ne nous est pas possible de la concevoir autrement que comme la possibilité continuelle de nous impressionner. Toutes les connaissances que nous pouvons arriver à avoir de la cause sont réductibles au même problème : Quel effet peut-elle fournir sur nos sens dans telles ou telles autres conditions? En dehors de ces limites expérimentales, toutes les conceptions que nous formulons relativement à la nature du monde extérieur en lui-même, si grandes et si géniales qu'elles soient, seront toujours logiquement illégitimes, c'est-à-dire sujettes à rectifications, à changements et à transformations; au contraire, la vérité expérimentale, le fait dont les conditions avaient été préfixées, subsistera éternellement comme la prévision irréfutable du phénomène sensoriel.

La question étant posée en ces termes, à quoi se réduit la question de savoir si la connaissance de la cause se présuppose à l'expérience ou si elle peut s'induire de l'expérience même? A rien, car le problème ne peut se poser que lorsque nous ne donnons pas au mot *expérience* son véritable sens; ce point rectifié, la question ne subsiste pas.

En admettant que l'expérience est donnée dans l'intelligence comme une impression extérieure, on énonce un fait à moitié vrai. Rien n'est plus certain que le fait que les sensibilités externes seulement peuvent réagir devant l'agent extérieur; mais physiologiquement ces sensibilités ne sont pas des centres autonomes, isolés de la sensibilité psycho-motrice, qui peuvent fonctionner en évoquant dans la conscience le phénomène intellectif tout à fait indépendamment de la masse encéphalique. La sensibilité psycho-motrice ne forme pas non plus dans cette masse un coin à part; les impulsions du mouvement surgissent spontanément en elle : elles naissent des excitants organiques. On a conçu l'animal fragmentairement, en dissociant des éléments qui s'articulent entre eux fonctionnellement; et au lieu de considérer les centres sensoriels comme ils sont, comme des organes de réception, on a cru qu'il fallait chercher le point de départ des phénomènes perceptifs dans l'objet, dans ce qui excite ces centres et éveille leur activité. Mais les phénomènes perceptifs, malgré leur simplicité relative, ne peuvent tels qu'ils s'accusent dans la conscience s'expliquer tout bonnement par l'action du monde extérieur; et de là l'intervention d'hypothèses métaphysiques pour éclaircir des questions aussi obscures que celles de l'être, du réel et de la cause, et quelques autres dont nous ne faisons pas mention ici. Intuitivement on comprend qu'en procédant ainsi nous intervertissons les termes du problème que nous nous proposons de résoudre. Nous ne pouvons pas expliquer les phénomènes internes par des données externes; l'objet ne peut pas être un terme d'explication du sujet; au contraire, c'est par les fonctions inhérentes au sujet que nous devons nous expliquer l'objet. Nous ne rapportons pas nos impressions à leur cause parce que cette cause les détermine, mais lorsque nous examinons s'il y a quelque chose qui les détermine, nous procédons à cette référence ou à cette projection; nous ne projetons pas les points tactiles ou points spéciaux parce que nous savons qu'ils correspondent à ces points; car, comme l'indiquait Lodze, ce n'est pas *l'espace extérieur* qui doit nous expliquer l'espace intérieur, mais l'espace intérieur qui doit nous expliquer l'espace extérieur. Cette inversion des termes du problème dépend du point de vue où nous nous plaçons. Rien n'est plus indiscutable que ce fait, que l'extérieur exerce une action constante sur notre organisme et nos appareils sensoriels; mais la vie intellective ne commence pas avec cette action; elle commence à l'instant même ou l'on réagit sur ce milieu avec la clameur trophique et les impulsions aveugles au mouvement; il se forme alors des processus très compliqués d'adaptation à ce milieu; et c'est en vertu de ces adaptations que nous acquérons la conscience du réel, de la cause, de l'espace. Nous chercherons inutilement l'origine de ces connaissances fondamentales dans les centres isolés de la sensibilité externe; c'est tout le sensorium, mû par le ressort organique, qui prend part à l'élaboration des expériences d'où proviennent ces vastes et solides postulats sur lesquels repose tout le travail intellectif. Étudier l'intelligence de l'homme ou de l'animal à un point de vue purement externe, c'est la fragmenter, et se priver d'éléments de jugement absolument indispensables pour sa compréhension parfaite.

L'unité qui apparaît au fond du processus intellectif répond à l'unité structurale et physiologique des éléments nerveux qui le déterminent.

CHAPITRE IX

LA CAUSALITÉ DANS LA SUCCESSION DES PHÉNOMÈNES

La causalité dans la succession des phénomènes. — La succession empirique et la succession logique ou nécessaire. — Comment la succession en arrive à être logique. — Origines de la nécessité logique.

En objectivant nos images, nous sommes persuadés qu'elles ont été déterminées par l'objet que nous considérons comme la cause de ces mêmes images; et les processus sur lesquels s'appuie notre certitude sont si fermes et si bien fondés, que nous sommes même gênés que l'on mette en doute la validité de ces jugements élémentaires. Cependant, les fonctions perceptives une fois organisées, nous projetons clairement et distinctement à l'extérieur des images dont nous ne connaissons pas la cause déterminante, et qui *apparaissent comme des phénomènes arbitraires* ou comme des phénomènes sans cause. Cela arrive quand un phénomène succède à un autre phénomène de telle manière que le second nous apparaisse sans que le premier ait été donné, comme si cette succession, au lieu d'être liée à la cause externe qui la détermine, dépendait uniquement de la façon dont les phénomènes sont apparus au sujet.

Le jeune berger qui, élevant la voix, remarque pour la première fois de sa vie que l'écho lui répond, commence probablement par croire que cet écho est un son comme celui du torrent, celui de la forêt qui mugit, celui du rocher qu'il a frappé de sa houlette; mais lorsqu'il remarque que c'est sa propre voix qui résonne dans l'écho, il est fort étonné de ce fait insolite. Par l'expérience il sait que sa voix doit résonner, parce qu'elle est le signe d'une cause, à l'endroit où il se trouve; et, en observant que l'écho la lui renvoie de loin, il s'étonne, parce qu'il ne sait de quelle cause cette sensation inattendue est le signe. S'il réfléchit, peut-être soupçonnera-t-il que quelqu'un caché derrière un autre endroit imite sa voix, ou qu'une mystérieuse divinité lui répond; et dans ce cas il invente une cause, son expérience directe lui faisant défaut; s'il ne réfléchit pas, il répète le fait un certain nombre de fois, et lorsqu'il s'est habitué à cette succession, il ne s'en étonne plus, car il prévoit empiriquement ce qui va se passer, et il rit stupidement chaque fois qu'il constate que l'écho répond à nouveau. Il qualifie cette succession d'empirique parce que, ayant observé trois, quatre, huit fois, que cela se passe ainsi, il croit que le phénomène se répétera la neuvième ou la dixième fois; et dans le cas où il ne se répéterait pas, soit que le sujet ait changé de place, soit par suite de modifications survenues sur la surface de réflexion, il croirait que la divinité reste maintenant muette, ou que l'écho n'apparaît pas simplement parce qu'il n'apparaît pas. Cette prévision est d'une nature très distincte de celle qu'il a au sujet de sa propre voix, du bruit, du torrent, ou du mugissement de la forêt; car s'il élevait la voix et ne l'entendait pas, s'il voyait l'eau se précipiter dans le gouffre profond et n'entendait point le fracas, et si, frappant le rocher avec sa houlette, il ne l'entendait pas retentir, il se frotterait l'oreille, croyant être sourd; par contre, lorsque l'écho ne lui répond pas, il ne lui vient pas à l'idée de le penser. Il estime, sans s'en rendre compte, qu'entre l'impression auditive qu'il attend et la cause qui doit la déterminer, il y a une succession forcée, une relation préétablie qui n'existe pas, pour lui, entre l'écho et le son.

De même, habitués à localiser les images visuelles aux points objectifs où le rayon incident est réfléchi, nous sommes étonnés d'observer que cette image se déplace quand la lumière, au lieu de se réfléchir sur l'objet, le traverse et se réfracte. Tant que nous ne comprenons pas la constance de ce phénomène, nous nous figurons que le bâton que nous enfonçons dans l'eau doit nous montrer une image rectiligne de l'objet, tel que nous le voyons dans l'air; et en observant qu'il n'en est pas ainsi, nous retirons le bâton de l'eau, croyant qu'il est brisé. Quand nous nous sommes habitués à ces deux images successives, elles ne nous étonnent plus, car nous prévoyons déjà ce qui va arriver par la répétition du même phénomène; mais s'il ne se répétait pas ainsi, nous resterions aussi tranquilles que le jeune berger quand il n'entend pas l'écho; au contraire, si nous ne voyions pas le bâton, nous croirions qu'il a disparu à l'improviste, car quelque chose nous dit que forcément nous devons le voir.

Dans les deux cas décrits, nous distinguons deux jugements différents. Le premier fait considérer l'image comme le signe d'une action externe. De même que nous croyons que la couleur ambrée, la douceur, l'état pâteux, sont les images qu'un objet doit déterminer forcément dans les sens, de même nous croyons que l'image du bâton est l'effet que nécessairement il doit déterminer sur la vision, comme le jeune berger croit que la forêt agitée par le vent et le torrent qui se précipite doivent produire sur ses oreilles des impressions déterminées. Le second nous incline à croire qu'après une image nécessaire pour correspondre à une cause, il en surviendra une autre que nous ne considérons pas comme nécessaire, mais seulement comme subjectivement possible, parce qu'il est arrivé qu'un certain nombre de fois cela s'est passé ainsi. Nous disons que nous la considérons seulement comme *subjectivement possible* parce qu'elle ne provient pas d'une relation préétablie du sujet à l'objet, c'est-à-dire d'une expérience, mais d'une relation de succession préétablie seulement chez le sujet. Ainsi le jeune berger, en entendant sa propre voix, a nettement conscience que cet effet sensoriel est dû au son émis par son gosier; en entendant le fracas du torrent il a également conscience que ce fracas retentit à l'endroit fixe de l'espace où réside la cause qui le détermine; mais en entendant sa propre voix se répéter à une certaine distance, il ne sait pas ce qui la détermine; ce phénomène sensoriel dont il ignore la cause apparaissant un certain nombre de fois, il se forme ainsi en deux temps deux états unis par l'association; et il suffit que l'un apparaisse pour qu'on puisse croire que l'autre apparaîtra. Ainsi donc, si B apparaît après A, il apparaît tel qu'il s'est manifesté : *comme un phénomène sans cause*, puisque aucune expérience n'a démontré au sujet qu'il était déterminé par une cause; et comme il l'ignore, il est naturel qu'il n'ait pas conscience de sa nécessité comme il en a conscience pour le premier. Cette succession manque donc de valeur objective.

On peut dire la même chose de toutes les successions empiriques. L'animal et l'homme non civilisé (qui se trouve dans des conditions analogues à celle de l'animal) ont toujours vu le soleil se lever et sont persuadés qu'il continuera à se lever; s'il connaissaient les conditions dans lesquelles on peut prévoir le phénomène sensoriel que nous appelons aurore, il leur serait alors possible de prévoir les conditions qui doivent avoir lieu pour que le soleil ne se lève pas. Celui qui est atteint de fièvre tierce attend, deux jours après l'accès, une nouvelle attaque, qui peut ne pas survenir; il ne sera possible qu'à celui qui connaît ce qui provoque la fièvre et la manière de l'annuler de prévoir ce qui arrivera, et cela avec une précision d'autant plus grande qu'il connaîtra mieux les conditions complexes qui concourent à la détermination du phénomène.

Il n'est pas nécessaire, d'après ce que l'on voit, de s'élever jusqu'aux sphères supérieures de l'intelligence pour trouver des jugements logiques ou nécessaires et des jugements qui n'ont d'autre valeur que celle d'une pure succession empirique; nous les trouvons aussi dans les sphères inférieures de l'intelligence. En étudiant la nature de la prévision trophique, nous avons vu que la certitude qu'on a de l'effet que doit produire un aliment donné n'est pas fondée sur la nécessité logique, mais sur la mémoire de ce qui est arrivé un certain nombre de fois; en étudiant la nature de l'expérience externe, nous avons vu au contraire qu'elle n'est pas fondée, comme on dit, sur une pure répétition du phénomène sensoriel, mais sur l'acte interne qui préétablit une relation nécessaire entre l'objet que nous définissons comme prévision de l'effet sensoriel qui doit être la cause, et le signe sensoriel qui annonce cette cause ou cet objet. C'est pour cette raison que nous sommes aussi sûrs que la couleur ambrée et la douceur sont caractéristiques du miel que nous le sommes du poids que doit perdre le corps submergé dans un liquide; ces deux prévisions sont sans appel, non parce que nous nous bornerons à observer ce qui se passe, mais bien parce que nous avons préétabli expérimentalement ce qui doit toujours arriver dans les mêmes conditions. Cette différenciation est incompréhensible dans la théorie régnante de la perception préformée ou de l'image intuitive d'une cause, car on ne remarque pas, dans cette théorie, l'énorme différence qui existe entre l'image qui expérimentalement a été rapportée à sa cause et l'autre image qui, provenant de processus établis dans l'esprit, apparaît sans que l'on connaisse la cause qui la détermine; suivant cette théorie, les deux images sont de même nature et de même catégorie; elles surgissent ainsi, excentriques, se rapportant à leur cause ou à leur objet. Indubitablement le jeune berger garde, de la cause à laquelle il attribue sa voix et le son émis par les corps qui l'entourent, une certitude logique qu'il n'a pas de la cause qui détermine l'écho; devant cette image se présente une question à résoudre, question qui devant les autres ne se présente pas. A quoi tient cette question? A ce qu'il ignore la condition externe qui détermine l'écho, ignorance qu'il n'a certainement pas relativement à sa voix et aux objets sonores qui l'entourent. Il lui semble évident que cette image lui apparaisse tout autrement que les autres ; et pour cette raison il se figure qu'elle a quelque chose d'arbitraire qu'il ne peut attribuer aux autres ; mais le jour où il arrive à connaître physiquement la condition qui détermine l'écho, il la considère comme aussi naturelle et aussi logique que les autres.

Il en est de même pour l'image réfractée. Par des expériences très personnelles on a acquis la connaissance des directions visuelles ; et si chaque signe rétinien affecté s'est projeté au point externe de référence, c'est parce qu'on est logiquement très sûr que ce point est là-bas et non autre part ; mais maintenant le sujet se trouve avec une étrange perception visuelle, puisqu'il projette l'image sur un endroit où réellement l'objet qui la détermine ne se trouve pas. On ne peut pas la qualifier d'illusoire puisque l'image *est là-bas*, comme l'écho qui retentit, et cependant du fond de la conscience une voix nous dit que l'écho, ainsi que l'image déplacée, répond à une cause réelle qui nous est inconnue, de sorte que nous ne la projetons pas erronément : ce qu'il y a, c'est que nous ne savons pas pourquoi nous la projetons ainsi ; le jour où nous connaîtrons la cause externe qui dévie la lumière ou déplace l'image, il nous paraîtra naturel qu'elle soit vue ainsi.

Le physicien, en étudiant le cas nouveau dans lequel la lumière se réfracte, au lieu de se réfléchir sur l'objet qu'elle frappe, trouve que cet objet se laisse traverser par la lumière, et offre à son passage une certaine résistance suivant sa densité. Il comprend clairement que ce qu'il conçoit sous la forme d'un milieu plus ou moins dense répond à quelque chose de réel qui détermine dans l'œil ce qui se présente à lui sous la forme de lumière brisée : il cherche la condition déterminante de ce phénomène interne, pour pouvoir prédire quand et comment ce phénomène se reproduira; et il ne s'arrêtera que lorsqu'il aura réussi à trouver l'action qui le détermine, car en la connaissant il formulera la prévision de ce qui affectera toujours les sens. Pour pouvoir formuler cette prévision il a besoin de connaître la densité de cet objet que la lumière traverse; et il ne peut la connaître au moyen de la vue, mais bien au moyen de l'effort musculaire qui soumet les terminaisons tactiles à un certain degré de pression. Ainsi il trouve qu'il y a des corps, comme l'air, qui se laissent pénétrer avec facilité, d'autres, comme l'eau, qui lui offrent une plus grande résistance, et d'autres enfin, comme les corps solides, qui s'opposent à la pénétration. Grâce à ces expériences, l'idée de la densité s'élabore génétiquement dans son esprit; comme on le voit, elle n'est autre chose que la prévision de la pression que doivent éprouver les terminaisons tactiles lorsqu'on les soumet, au moyen de l'effort, à l'action de l'extérieur, action que nous appelons *résistance*.

En possession des signes qui lui permettent d'apprécier à leur juste valeur les divers degrés de pénétrabilité que lui offrent les diverses substances qu'il désigne ou fixe dans le monde extérieur, en les appelant milieux plus denses ou milieux moins denses, il remarque que ce sont précisément elles qui dévient la lumière; alors il formule le raisonnement suivant expérimental : *ce qui, dans la perception tacto-motrice, se montre sous la forme d'une résistance, fait dévier la lumière qui les traverse.* A partir de ce moment la réfraction que les yeux observent n'est plus un phénomène sans cause, puisqu'on connaît ce qui le détermine; et elle est considérée comme le signe d'une action qu'on ne percevait pas auparavant, bien que l'on perçût l'effet; cela est si certain qu'il suffira d'observer que la lumière dévie pour pouvoir prédire qu'elle traverse un milieu plus dense, ou moins dense, que celui qu'elle traversait un moment auparavant; et il suffira aussi d'observer que la densité du milieu s'est modifiée pour prévoir que, s'il est perméable à la lumière, cette dernière sera réfractée. Au moyen de l'expérience il s'est préétabli *une relation intérieure* entre les signes qui accusent dans le tact dynamique la présence d'une cause extérieure spéciale et les signes qui l'accusent entre les objets; on a reconnu que c'était une même action qui s'accusait au tact sous la forme de densité et aux yeux sous la forme de réfraction; et comme le physicien ne se préoccupe pas de la forme sensorielle sous laquelle se présente l'extérieur, mais de la cause dont cette forme est le signe, il assure que ce qu'il reconnaît au moyen de la lumière réfractée est la même chose que ce qu'il reconnaît au moyen de la densité, de même que deux phénomènes internes qui lui accusent la présence d'une même cause.

Au contraire, comment le psychologue qui ne croit pas, comme le physicien, que les images soient un système de signes permettant de prévoir les actions qui doivent produire tel ou tel autre effet sur le sens, mais qui se figure que l'esprit nous suggère ces images parallèlement aux choses extérieures dont elles sont la représentation, pourra-t-il soupçonner que ce qu'il se représente au moyen de l'image visuelle et ce qu'il se représente par le tact dynamique est la même chose? Les deux points de vue sont si opposés que nous ne devons pas nous étonner si le premier simplifie tout, à mesure qu'il progresse, réduisant la pluralité sensorielle *à la même chose*, c'est-à-dire à une seule cause, tandis que le second se consacre à annoter des différences, à marquer les formes empiriques sous lesquelles les phénomènes se manifestent, de même que les assemblages internes qui correspondent aux choses extérieures. Le physicien formule les lois de la réfraction de la lumière quand il réussit à découvrir que c'est une qualité du milieu qui détermine le phénomène; mais le psychologue croit que celle-ci est préformulée par le sens même, quand il montre l'image qui s'exécute de la ligne droite. Cette image cependant s'accuse devant le sujet comme un phénomène sans cause ou arbitraire, bien qu'il lui manque le fondement externe de cette référence. Tandis que le premier comprend que l'expérience naît de l'expérimentation active qui lui montre où réside extérieurement ce qui détermine le phénomène sensoriel, le second comprend que l'expérience naît de la projection interne qui indique à l'extérieur où réside la cause; de sorte que, suivant cette théorie, *la lumière dévie, seulement parce que les yeux la montrent déviée*, de même que le miel est sucré, seulement parce que nous projetons cette sapidité sur un corps donné par une impulsion interne. Comme le physicien, nous entendons que cette projection interne ne constitue pas une expérience. Les yeux peuvent nous montrer la lumière déviée, de cette seule donnée on ne peut inférer que la lumière se réfracte réellement, de même que de la vision stéréoscopique on ne peut inférer que l'objet ait du relief. Pour que cette induction soit valable il est nécessaire qu'on établisse une relation de déterminant à déterminé entre la cause qui agit sur le sens et l'effet produit, comme le fait le physicien; et tant qu'on ne procédera pas ainsi, la réfraction de la lumière sera un phénomène que les yeux accuseront sans qu'on arrive à savoir si ce que les yeux accusent répond à une action externe ou à une pure modalité des sens. Le physicien procède de la même manière que l'enfant qui objective ses impressions visuelles; car, de même que celui-ci sait que c'est le milieu qui dévie la lumière, celui-là sait, au moyen de l'expérience motrice, que c'est tel objet et non tel autre qui impressionne sa rétine; si maintenant, lorsqu'on enfonce le bâton dans l'eau, il se trouve, contrairement à ce que jusqu'alors on avait prévu, que son image dévie de la direction primitive, c'est parce qu'on n'a pas procédé avec cette image comme avec les autres. Ce que le sens accuse vraiment dans *cette anomalie*, ce n'est pas une expérience, mais l'absence d'une expérience qui permette d'apprendre que ce qui arrive doit nécessairement arriver.

De même, le jeune berger qui entend l'écho se trouve dans les mêmes conditions que le sauvage qui, à l'improviste, voit l'image du bâton en partie déplacée; jamais il ne pourra comprendre comment le son émis ici se répète là-bas. Par ses expériences motrices il s'est préoccupé de rapporter à chaque chose qui sonne sa manière de sonner ou son timbre, et maintenant il trouve un son qui n'est pas produit par une chose qui sonne, mais la simple répétition d'une chose qui a sonné. De quelle cause ce son est-il le signe? Il ne le sait pas, et de là naît son étonnement, car toute sa vie il s'était habitué à la façon dont les objets doivent sonner, et c'est ainsi qu'il les reconnaissait à leur timbre; il reste confus devant un son qui ne lui annonce pas la présence de ce qui cause cet effet.

Par la perception acoustique l'écho se présente à lui comme un phénomène sans cause; il pourra, par l'habitude empirique, s'attendre à ce qu'il se répète; mais, de même qu'il connaît avec une certitude logique l'effet qui doit frapper son oreille lorsqu'on frappe le cristal, il ne sait pas si l'écho répondra de la même manière ou non à sa voix, et il ne le sait pas parce qu'il ne connaît pas la cause de cette répétition. Il arrivera à cette connaissance quand, au moyen de perceptions non auditives, il découvrira ce qui arrive aux corps lorsqu'ils émettent le son. En observant que la corde tendue, de même que le vase de verre, vibre lorsqu'elle est frappée, comme le tact et la vision en témoignent; en observant que lorsque ces vibrations s'affaiblissent le son cesse, que plus elles sont amples plus il est intense, et qu'elles sont d'autant plus aiguës qu'elles sont plus rapides, il formule dans son esprit l'idée que ce qui s'accuse à l'oreille sous forme de son, s'accuse au toucher et à la vue sous forme de vibration. L'image acoustique n'est pas la représentation d'une cause, mais son signe; de même, la perception tactile ou visuelle de cette vibration n'est pas non plus autre chose que le signe d'un effet ou la prévision de sa cause ; mais lorsque le jeune berger réfléchit que ce qui apparaît à ses sens sous forme de vibration est la même chose qui s'accusait dans l'oreille comme un son, il lui suffit d'imaginer que ces ondes, propagées à travers un milieu élastique comme l'air, lui sont renvoyées après avoir frappé une surface réfléchissante, pour que cet écho qui, auparavant, lui apparaissait comme un phénomène sans cause, lui apparaisse maintenant comme un phénomène causé par la même chose qui impressionnait son tact et ses yeux sous la forme de vibration. La perception acoustique, isolément, ne pouvait trouver ce qui déterminait la sensation acoustique ; et pour cette raison l'écho apparaissait comme un phénomène indéterminé ou sans cause, de même que le visuel ne pouvait trouver expérimentalement ce qui réfractait la lumière ; mais il a suffi qu'au moyen d'une autre perception expérimentale cette cause ait été découverte pour que l'écho soit considéré comme le signe de la même chose qui déterminait celle-là. Il en est si bien ainsi que, si nous demandons au physicien de nous dire si la vibration est le son, il nous répondra résolument que non, la vibration étant seulement la condition qui le détermine ; ainsi, cette chose qui en elle-même n'est pas non plus une vibration, ne pourrait être découverte que par l'intermédiaire d'autres fonctions perceptives ; et une fois qu'elle est découverte, on sait de quoi l'écho est le signe.

Nous voyons donc, lorsqu'une image est rapportée à sa cause par l'expérience motrice, que l'on connaît le signe au moyen duquel nous reconnaissons sa présence ; mais quand une image apparaît et qu'il nous manque l'expérience de sa cause, il nous semble de prime abord qu'elle est arbitraire ou ne nous est pas donnée avec les mêmes garanties que celles que nous considérons comme véritables. Ainsi le jeune berger considère comme réelles les images acoustiques qui lui annoncent la présence des choses qui l'entourent ; et, se trouvant devant l'écho, il ne croit pas que cette image soit illusoire; il ne réussit pas à comprendre à quelle chose réelle elle répond, l'expérience de cette chose réelle lui faisant défaut. Cependant, comme le sens l'accuse maintes fois, il finit par se résigner à cette apparition en lui attribuant une valeur purement empirique, puisque, expérimentalement, il ignore sa cause; le problème de son investigation reste posé: et en entreprenant sa résolution il procède de la même manière qu'il a procédé en attribuant à chaque chose son timbre respectif; car, au fond, arriver à savoir que le timbre d'un objet nous indique que cet objet est en cristal, c'est préfixer par l'expérience motrice la chose qui sonne ainsi d'une façon différente de tout ce qui sonne alentour; et savoir que l'écho nous annonce la même chose qui se manifeste au toucher et à la vue comme vibrant, c'est aussi préfixer ce qui détermine cet écho. A partir de ce moment l'écho n'est pas considéré comme un phénomène arbitraire, car l'esprit a la prévision de ce qui doit se passer dans l'oreille quand des vibrations d'un certain genre se succèdent dans l'air.

Le problème de la causalité est toujours posé de la même manière devant le sujet : l'image sensorielle n'apparaît jamais spontanément, mais on ne sait pas à quelle action externe elle est liée, et il faut le rechercher; pour cela il est nécessaire d'adapter le sens à ce qui l'impressionne; et, en préétablissant cette relation du sujet à l'objet, nous observons que l'objet nous impressionne toujours de la même manière. Nous appelons *cause* la prévision de ce qui doit nous impressionner, *effet* l'impression reçue, et *expérience* l'acte interne au moyen duquel il s'est préétabli une relation entre la cause et l'effet. Cette relation, nous la considérons comme logique ou nécessaire, parce que, telle qu'on l'a préétablie, elle ne peut empêcher l'événement qui doit arriver. Localisons dans un endroit de l'espace un corps dont le son fondamental s'accompagne de certaines notes harmoniques, et qui, en nous impressionnant, sonne comme le cristal; nous disons que ce son est distinctif ou propre de ce corps. Cette expérience résulte de l'association de deux éléments. Si nous ne savions pas, pour n'avoir pas isolé son lieu d'origine au moyen de l'expérience motrice, que ce timbre procède de ce corps, le timbre sonnerait pour nous de la même manière; mais nous ne saurions pas ce qui l'a déterminé dans le sens, et par cela même il ne nous servirait pas à connaître ce qui de l'extérieur sonne à l'oreille; mais par le fait d'avoir préétabli une relation entre ce corps sonore et son effet sensoriel, nous sommes arrivés à la prévision de l'effet qu'il doit produire sur nous, ayant observé que ce corps produit toujours le même effet. De même, le son qui détermine l'écho produit sur nous deux effets successifs, mais nous ne savons pas quel est celui qui détermine le second, n'ayant pas préétabli, entre cette cause et l'effet sensoriel qui suit, la même relation qu'entre le premier et le second; nous le connaîtrons quand l'oreille recevra l'action des ondes acoustiques de retour; avec elle nous serons arrivés à la prévision de l'écho, car maintenant comme auparavant nous localisons à l'extérieur ce qui doit impressionner l'oreille. Ainsi, dans un cas comme dans l'autre, nous admettons que l'effet succède nécessairement à l'action. Cette nécessité est de la même nature que la nécessité d'une vérité mathématique. Quand nous disons : deux quantités égales à une troisième sont égales entre elles, nous voulons dire en toute rigueur logique : étant donné qu'il y a deux choses égales et une troisième égale à ces deux, on ne peut pas concevoir une inégalité entre elles. De même, quand nous disons qu'*une même cause* doit toujours produire *un même effet*, nous admettons aussi que cette cause demeurera éternellement invariable, comme une chose stable non susceptible de changement, et que les sens réagiront sur elle d'une manière uniforme. S'il arrivait que l'extérieur au moment a ne fût pas le même qu'au moment b, ou que le sens au moment b ne réagisse pas de la même manière qu'au moment a, il ne serait pas possible de prévoir les effets ni de statuer des expériences; mais ce qui impressionne demeure aussi uniforme maintenant qu'avant ou qu'après; l'identité du phénomène sensoriel nous montre que le sens ne réagit pas arbitrairement ou capricieusement, et c'est précisément parce que les éléments de composition de cette intellection sont donnés ainsi, que l'expérience se formule. En supposant la stabilité de la fonction, l'expérience motrice nous démontre que les mêmes effets sont toujours déterminés quand nous mettons le sens dans les mêmes conditions, et de là nous inférons que la cause est la même; une fois cette induction formulée, la connaissance de cette cause s'éclaire comme la prévision de ce qui doit arriver dans le sens. La possibilité de l'expérience est donc fondée sur la supposition que ses éléments composants sont toujours donnés de la même manière; le jour où il n'en serait pas ainsi, où le cristal n'impressionnerait pas l'oreille comme jusqu'à présent, où le miel ne déterminerait pas la même saveur, ce jour-là, l'expérience ne serait pas possible; mais tant que ces variations ne surviendront pas, l'expérience sera toujours donnée comme la prévision d'un effet sensoriel déterminé. De même que l'on ne peut pas prouver au mathématicien que son axiome est inadmissible parce qu'il n'existe pas deux choses égales, de même l'on ne peut pas prouver au physicien que de l'expérimentation on ne puisse conclure la vérité nécessaire, seulement parce qu'on peut concevoir la possibilité qu'un phénomène sensoriel ne découle pas d'une même cause, la cause ou la fonction ayant varié. A l'ergoteur qui n'admettrait pas l'égalité entre deux choses seulement parce que c'est une supposition, le mathématicien répondrait : être mathématicien consiste précisément à faire cette supposition; le jour où il penserait pouvoir se passer de ces vérités supposées, il ne le serait plus. Le physicien répondrait de même, à celui qui lui montrerait la possibilité métaphysique que les ondes de retour ne déterminent pas l'écho, que le jour où cela arriverait, la physique n'existerait plus, de même que la science expérimentale, et jusqu'à ce qu'on puisse prévoir un effet extérieur sur les sens; mais tant que les phénomènes se produiront comme ils le font, la naissance de l'intelligence sera possible, et avec elle la prévision du phénomène sensoriel.

De tout cela il s'ensuit que le besoin de la réapparition du phénomène sensoriel conformément à ce qui est prévu par l'expérience, résulte de la nature même de cette intellection; au point que, si ce phénomène variait pour une même cause, on ignorerait de quoi il est le signe, et par conséquent il serait inintelligible.

Nous fondons, donc, la nécessité logique sur *la supposition* que l'action externe continuera d'agir sur les sens de la même manière que lorsque l'expérience a été statuée, et sur *la supposition* que la fonction sensorielle continuera de réagir uniformément; c'est-à-dire que nous la fondons sur les mêmes éléments qui rendent possible la fonction intellective. Ce que nous appelons intelligence, n'est ni une force, ni une faculté, ni une chose efficiente qui crée l'intellection; l'intelligence est un phénomène, et, comme tout phénomène, elle résulte des conditions qui la déterminent. De même que la lumière n'est pas réfractée si elle ne traverse pas un milieu qui la dévie, de même il serait impossible de rapporter les impressions *a*, *b*, *c*, à leur cause respective si on n'adaptait pas le sens à ces impressions au moyen de l'expérience motrice, phénomène que nous appelons intellection; mais cette intellection est de nature telle, que par elle nous savons que le sens recevra de nouveau la même impression toutes les fois qu'on le mettra dans les mêmes conditions; et c'est ce qui nous incline à croire que pour que cela se passe, il faut d'une part la stabilité de la cause, d'autre part l'uniformité de la fonction; car, si l'on suppose le contraire, il ne pourrait pas arriver ce qui, comme l'expérience nous l'apprend, arrive toujours; en ce cas on ne concevrait pas non plus la possibilité de l'acte intellectif, de même qu'on ne conçoit pas la possibilité de la réfraction sans l'existence du milieu plus ou moins dense que doit traverser la lumière.

La nécessité que ce que nous appelons miel fournisse au toucher, à la vue et au goût telles impressions et non telles autres, se fonde sur la même nécessité qui nous oblige à reconnaître le triangle comme l'espace circonscrit par trois lignes droites. De même que nous considérons cet espace comme triangulaire, de même nous considérons comme miel ce que les sens nous accusent sous la forme de certaines impressions que nous avons considérées intellectivement comme les signes révélateurs de sa présence. Le cristal sonne comme cristal, le bronze comme bronze, non parce qu'on se le répète ainsi empiriquement, comme nous l'avons dit antérieurement, mais parce qu'ils doivent nécessairement sonner ainsi, puisque, en considérant ces timbres comme le signe d'actions externes qui les déterminent, nous avons préétabli logiquement qu'ils doivent sonner ainsi ; et s'ils ne le faisaient pas, nous dirions que ce qui sonne n'est ni cristal ni bronze. Pour l'objectivation de toutes ces impressions élémentaires, il nous suffit de préfixer, par l'expérience motrice, ce qui les détermine ; et c'est alors que nous acquérons la prévision de l'effet qu'elles doivent produire sur nous et que nous considérons ces effets comme nécessaires ; et nous répétons que sur ce point nos jugements sont si rigoureux, que si ces effets ne survenaient pas comme il a été prévu, il ne viendrait pas à l'idée de croire que la cause n'opère pas maintenant comme précédemment ou que le sens réagit d'une autre manière : ce que nous affirmons résolument, c'est que ce qui nous affecte maintenant n'est pas le même objet qu'auparavant. Étant données les conditions déterminantes du phénomène intellectif, cet arbitraire est incompréhensible, car il est détruit par les éléments dont il résulte.

Hume disait que le problème des sensations (que nous

appelons perceptions) était très obscur, et il le négligeait, croyant qu'il n'en avait pas besoin pour étudier l'enchaînement des phénomènes. La vérité est que jamais on ne pourra savoir comment un phénomène est déterminé par un autre, tant qu'on ne commencera pas par rechercher comment un phénomène simple est rapporté à sa cause. Il n'y a pas ici deux problèmes; il n'y en a qu'un seul sous un nouvel aspect. Le procédé par lequel le physicien rapporte, par exemple, l'écho à sa cause, est au fond de la même nature que celui par lequel le jeune berger rapporte les sons variés qu'il perçoit aux objets qui l'entourent ; ils diffèrent uniquement dans la façon de découvrir la cause de l'écho, façon que le jeune berger ignore.

En effet, pour que le jeune berger puisse projeter les sons émis par les objets qui l'entourent, il lui suffit d'avoir acquis la notion du lieu qu'ils occupent. Il est arrivé à se rendre compte que chaque objet sonne d'une manière spéciale ; et comme il connaît la situation de ces objets, il projette les images acoustiques dans la direction de ces objets. Il ne sait que cela ; et lorsque l'écho se fait entendre, comme il a nettement la notion du lieu qui le renvoie, il le projette dans cette direction, et il se fixe même une distance ; mais il ignore l'objet ou la cause qui le renvoie. Ce que le jeune berger ignore, le physicien le sait ; ce qui pour le premier est seulement un moyen de distinguer les objets les uns des autres, est pour le second un moyen de savoir comment vibrent ces objets. Cette connaissance est visuelle, et lui a permis de découvrir que ce qui affecte la vision sous une certaine forme de mouvement vibratoire affecte l'oreille sous la forme de son ; dès lors, il établit entre la forme des vibrations visuelles et les modalités de la sensation acoustique une correspondance si étroite qu'elle lui permet de prévoir ce qu'éprouvera l'oreille, même d'avance. Qu'a découvert le physicien de plus que le jeune berger? La cause du son au moyen d'un signe visuel. Le jeune berger savait que tel objet sonnait de telle manière différente de celle dont sonnait tel autre, et il se bornait à considérer les sons comme signes distinctifs des objets; mais le physicien a vu que les objets qui sonnaient vibraient, et a, avec raison, considéré cette vibration comme le signe de l'action spéciale qui s'exerce sur l'oreille. Le jeune berger connaissait la cause du son quand il l'attribuait aux objets; et si ces derniers faisaient défaut, comme cela arrivait avec l'écho, il lui semblait que ce son n'était pas déterminé par une cause; le jour où l'on découvrit visuellement que ce qui agissait sur l'oreille était une vibration émise et propagée à travers l'espace, on comprit clairement que ce qui déterminait l'image d'un certain mouvement vibratoire sur la rétine, déterminait en même temps le son dans l'oreille. On voit donc comment le son devient le signe d'une cause quand on découvre son existence.

Hume, en posant qu'il n'était pas nécessaire de résoudre le problème de l'objectivation sensorielle pour aborder l'étude de la causalité, se retirait la possibilité de découvrir les origines de la nécessité logique. Indubitablement la perception visuelle du mouvement vibratoire répond à une action réelle; nous ne croyons pas que les corps vibrent parce que la vision nous le montre, mais parce que nous savons que ce phénomène est déterminé par une action extérieure; nous ne croyons pas non plus que les corps sonnent, seulement parce que l'oreille sonne, mais parce que quelque chose l'excite. Les fondements de ces certitudes ne sont pas subjectifs, ils ne dépendent pas de l'habitude ou d'impulsions instinctives de la raison inférieure; ces fondements sont objectifs parce que l'expérience les impose. Ainsi donc, quand deux phénomènes se succèdent, quand on sait que l'un d'eux est déterminé par une cause externe, et qu'on ignore la cause qui détermine l'autre, ils auront beau se répéter invariablement à travers les générations, jamais les habitudes contractées, ni l'instinct, ni aucune condition, subjective, inductive ou *a priori*, ne nous permettront d'établir entre eux une relation, tant qu'on ne découvrira pas la condition objective qui détermine le second. Dans l'exemple cité, la cause de l'écho est suggérée par le tact ou la vision, sens desquels provient originellement la conception du mouvement vibratoire acoustique.

Nous avons défini la cause comme la prévision du phénomène sensoriel; par là nous entendons que ce qui nous permet de prévoir toutes les modalités sensorielles que doit accuser l'audition nous permettra de comprendre en même temps le mécanisme qui enchaîne les phénomènes de cette fonction. Par un système de signes visuels savamment élaborés, nous sommes arrivés à savoir qu'à mesure que la forme du mouvement vibratoire se modifie, le son se modifie, et c'est ainsi que nous avons formulé d'avance un langage visuel qui nous permet de connaître *a priori* ce qui se passera dans l'oreille bien avant que cela ait lieu. Nous disons, par exemple, que l'acuité du ton dépend du nombre de vibrations que le corps émet dans l'unité de temps; cette prévision est logique ou nécessaire, parce que l'expérience nous a démontré que la même cause qui a déterminé ce nombre de vibrations sur la rétine est celle qui en agissant sur l'oreille donne l'acuité au ton. Le fondement de cette nécessité est objectif, il nous est imposé, et pour cela nous le considérons comme nécessaire. Nous ignorions que les corps de tonalité plus aiguë vibraient plus rapidement, mais nous les percevions, et c'est ainsi que nous distinguions le son d'une corde épaisse de celui émis par une corde fine (toutes choses égales d'ailleurs : longueur, tension) sans qu'il fût besoin de les voir; visuellement, nous vérifions aussi, en employant certains artifices d'expérience, que l'une et l'autre vibrent d'une façon différente, bien loin de soupçonner que cela peut influer sur leur tonalité; mais quand nous arrivons à découvrir que ce qui déterminait cette impression visuelle déterminait aussi cette qualité acoustique, nous établissons *une relation inté-*

rieure entre ces deux effets, une connexion psycho-physiologique entre le phénomène visuel et le phénomène acoustique; à partir de ce moment nous affirmons que les signes visuels qui accusent la rapidité vibratoire sont aussi les signes de la tonalité acoustique, et par là nous leur avons conféré une signification plus large que celle qu'ils avaient peu auparavant. Apparemment, au point de vue empirique, il semble qu'il ne puisse y avoir rien de commun entre la forme de la vibration et l'acuité de la sensation auditive ; cependant, quand nous songeons que nos images ne sont pas, comme on le dit, des représentations de choses, mais des signes d'actions extérieures, nous conjecturons que le signe visuel d'une action peut être compréhensif de cette même action quand il retombe sur l'oreille, en vérifiant seulement que c'est la même chose qui détermine l'un et l'autre effet; et c'est ainsi que se fonde la prévision des deux effets, simplifiant ce langage intérieur au moyen duquel nous connaissons les effets que nous devons constater.

On voit donc comment le fondement de la nécessité logique est toujours objectif. Qui dit nécessité logique dit imposition externe, c'est-à-dire, ce qui ne dépend pas du sujet, ce qui demeure et subsiste comme la condition éternelle du phénomène sensoriel.

Au contraire, tous les états qu'éprouve le sujet sans qu'ils aient été liés par la condition externe qui les détermine, se succèdent dans la conscience comme s'ils étaient fixés par la relation causale; mais nous ne considérons pas leur succession comme plus nécessaire que si rien ne nous obligeait à croire qu'ils doivent toujours se succéder de la même manière. Ainsi, les corps qui sonnent à l'oreille vibrent à la vue; cette simultanéité empirique, telle que l'accusent les deux sens, ne nous force pas à croire que ces corps sonnent parce qu'ils vibrent; pour pouvoir formuler ce jugement nécessaire il nous manque l'expérience qui doit nous imposer la relation causale existant entre cette vibration et le son qu'elle détermine, bien qu'isolément les deux phénomènes nous soient imposés. De même, les phases de la lune, la succession des saisons, ces vérités d'ordre purement empirique nous sont données de la même manière que le son et la vibration : sans que l'intelligence ait établi dans la série l'action causale qui l'enchaîne. Dans ces conditions nous croyons que la série réapparaîtra à l'avenir de la même manière que dans le passé; et jusqu'à ce que nous réussissions à découvrir la déterminante objective de ce défilé série de phénomènes, nous ne considérerons pas que leur succession doive être forcée. Nous prévoyons aussi empiriquement ce qui arrivera, et cela ne doit pas nous étonner, parce que, quand nous pensons empiriquement, l'intelligence fonctionne de la même manière que quand nous pensons *a priori*; penser c'est toujours prévoir; mais, si l'on s'en tient aux résultats de cette prévision il y a pratiquement une énorme différence entre la prévision nécessaire et la prévision empirique, puisque la première prédit quelque chose de certain, tandis que la seconde peut se tromper. Le trésor scientifique édifié sur la connexion causale des phénomènes est légué à la postérité à perpétuité, tandis que le trésor purement empirique, tout en étant d'une valeur inestimable, ne peut être légué qu'à titre provisoire. Il manque à la vérité empirique l'expérience externe qui doit l'élever au rang de vérité nécessaire, en s'inspirant sur les indices préétablis dans le sujet sans qu'il ait pris conscience de la façon dont ils ont été donnés; le jour où l'on réussit à découvrir les conditions dans lesquelles ces indices sont donnés, on prend conscience très clairement de la façon dont ils doivent toujours se répéter, et c'est alors qu'elle devient nécessaire.

L'observation empirique n'est autre chose que la vérité antérieure à la vérité logique, de sorte qu'il est toujours très difficile de délimiter où finit la première et où commence la seconde.

TABLE DES MATIÈRES

CHAPITRE PREMIER
ORIGINE PHYSIOLOGIQUE DE LA FAIM

Définition de la faim. L'excitation qui la détermine ne vient pas de l'estomac. La cause déterminante de la faim, c'est l'appauvrissement du milieu interne, effet de la nutrition cellulaire. — Constitution du milieu interne. Proportion que ses éléments constitutifs gardent entre eux. — Nature du réflexe trophique. L'autorégulation des processus nutritifs montre que le réflexe trophique s'adapte qualitativement et quantitativement à l'appauvrissement du milieu interne. — Spécificité de la sensibilité trophique. Rapport de cette sensibilité avec la sensibilité sécrétoire. — Conditions physiologiques faisant naître la sensation de faim. Hypothèse de Léopold Lévi sur l'origine de la faim. a faim et le réflexe trophique 1

CHAPITRE II
NATURE DE LA SENSATION DE FAIM

Faim globale. — Sa décomposition en sensations élémentaires. — La soif. — La soif dans la chlorurémie et l'hyperglycémie. — Régulation de l'eau dans le milieu interne. — La soif est une sensation élémentaire *sui generis*. — Effet de la déchloruration du milieu interne. — Spécificité de la faim du sel, de la chaux autres minéraux. — Pourquoi les enfants aiment-ils tant les douceurs? — Théorie physiologique de l'appétit pour les graisses — L'appétit pour les substances protéiques est une faim spécifique. — De même pour l'appétit des hydrates de carbones. — La faim, dans son acception générale, est une somme de tendances trophiques électives. — La balance nutritive et la spécificité des sensations trophiques. — L'instinct trophique considéré expérimentalement. 15

CHAPITRE III

AUTORÉGULATION QUANTITATIVE DES SENSATIONS TROPHIQUES

Fixation de la ration alimentaire. — Cette ration varie selon la nature chimique de l'aliment. — Causes qui troublent la fixation des rations alimentaires. — Ration alimentaire et ration d'ingestion. — Régulation quantitative de la faim chez les herbivores, les carnivores et les omnivores. — La fixation d'une ration correspondant à la valeur nutritive des aliments dépend du souvenir d'expériences passées. — Comment ces souvenirs se modifient quand le mouvement nutritif se modifie. — Adaptation de la nutrition à la pauvreté du milieu interne. — Autorégulation des sensations trophiques quand l'énergie du mouvement nutritif augmente. — Résumé et conclusion 35

CHAPITRE IV

L'EXPÉRIENCE TROPHIQUE

Préhension des aliments. — La préhension et l'expérience dans les actes dits instinctifs. — La préhension primitive ou aveugle. — D'où résulte l'expérience trophique. — Nature de cette expérience. — Étude expérimentale du facteur interne. — Rythme de la faim. — Facteur externe de l'expérience trophique. — Différenciations externes consécutives à des différenciations trophiques préexistantes. — Recherche de la *présence de l'aliment*. — Comment se reforment les expériences trophiques. — Organisation de l'appétit. — La faim cellulaire et l'*appétit*. — Action que l'appétit exerce sur la sécrétion salivaire et gastrique. — Nature des « réflexes conditionnels ». — Réaction de défense de la sécrétion salivaire. — Le suc gastrique d'origine psychique. — Mécanisme de son adaptation aux aliments. — Fixation de la ration d'ingestion par la sensibilité gastrique. — L'extinction de la faim. — L'expérience trophique et l'unité fonctionnelle du sensorium . . . 45

CHAPITRE V

ORIGINE DE LA CONNAISSANCE DU RÉEL EXTÉRIEUR

La perception des aliments et la perception externe proprement dite. — La perception trophique précède chronologiquement la perception externe. — Passage de la perception trophique à la perception externe. — Ce qui différencie la perception trophique. — Comment on sait que cette différence n'est pas illusoire et correspond à quelque chose de réel. — Valeur objective des signes sensoriels. — Valeur réelle de la perception des objets. — Universalité de la certitude du réel. — Sceptiques et dogmatiques. —

Thèse nativiste. — Thèse génétique. — Le réel ne peut s'induire de l'expérience externe. — Thèse d'Helmholtz. — Thèse métaphysique du réel. — Réintégration du problème du réel dans le domaine des faits expérimentaux. — Comment il est possible de le résoudre au moyen de l'induction. 107

CHAPITRE VI

PROCESSUS LOGIQUE DE L'INDUCTION DU RÉEL EXTÉRIEUR

L'excentricité sensorielle. — Hypothèse sur laquelle elle se fonde. — Examen critique de cette hypothèse. — Passage de la sensation à la perception. — Conditions qui déterminent ce passage. — Éléments sensoriels desquels résulte l'intellection trophique. — L'image signe de l'effet trophique. — Sa valeur représentative. — Sa valeur logique. — Postulat qui se dégage de l'intellection trophique. — Condition physiologique qui détermine la conscience de l'identité d'un même phénomène psychique. — L'action périphérique et l'action latente centrale. — L'identité du phénomène psychique comme point de départ de l'intellection possible. 147

CHAPITRE VII

PERCEPTION DU RÉEL EMPIRIQUE

Conditions expérimentales qui déterminent la naissance de cette perception. — Connaître le réel, c'est prévoir l'effet trophique . . 181

CHAPITRE VIII

PROBLÈME DE LA CAUSALITÉ EXTERNE

Origines de la connaissance de la cause externe. — La prévision motrice de l'effet sensoriel et trophique est la prévision de la cause extérieure. — Réversion du réel interne au réel externe. — Nature du mouvement volontaire. — La prévision motrice dans l'image excentrique. — Expériences d'où elle naît. — Organisation dynamique des fonctions perceptives. — Processus en vertu desquels nous considérons comme externes les sensations initialement internes des sens. — A l'image nativement excentrique on ne peut attribuer la valeur d'une *expérience*. — La valeur logique de l'expérience naît de l'essai psycho-moteur qui prédétermine l'image dans le sens. — L'image n'est pas la représentation de la chose extérieure, mais le signe de l'action causale qui la détermine. — Valeur logique de ce signe. — La connaissance de l'objet ne consiste pas dans sa représentation : elle consiste dans la prévision des impressions qu'il doit produire sur les sens. — Le réel extérieur est connu au moyen des signes sensoriels par lesquels il nous parle à la façon d'un langage créé par l'expérience. — Examen critique de la théorie de la connaissance représentative. — L'expérience externe ne présuppose pas la connaissance de la causalité. — Impossibilité de l'induction de la causalité dans la théorie de la connaissance représentative. 191

CHAPITRE IX

LA CAUSALITÉ DANS LA SUCCESSION DES PHÉNOMÈNES

La causalité dans la succession des phénomènes. — La succession empirique et la succession logique ou nécessaire. — Comment la succession en arrive à être logique. — Origines de la nécessité logique 249

QUELQUES OPINIONS DE LA PRESSE
SUR « LES ORIGINES DE LA CONNAISSANCE »

Journal de Physiologie et de pathologie générale, n° 3, p. 653, mai 1912.

Cette étude psychologique vise à démontrer que c'est la faim, besoin primordial de l'organisme, qui a conduit l'esprit à la connaissance du réel. A l'origine la réalité est ignorée ; la satisfaction du besoin immédiat développe la sensibilité trophique, ou interne, et l'acquisition ultérieure des notions reste subordonnée, d'une part, à la sensibilité trophique, d'autre part, à la sensibilité externe. L'originalité des idées de M. Ramon Turró réside en ce que cet auteur, pourrait-on dire, tire de sa condition d'infériorité la sensibilité trophique, interne, cellulaire ; c'est grâce à la sensibilité trophique que l'être a acquis ces premières connaissances ; la sensibilité externe les a vérifiées et en a apporté de nouvelles. Le travail de la pensée, pour être en état de s'effectuer, avait besoin des unes comme des autres.
E. FEINDEL.

Deutsche medizinische Wochenschrift, n° 33, août 1910.

Si le manque de l'apport alimentaire est assez accusé, il arrive un moment où l'activité de certaines glandes et des processus nutritifs de régulation nutritive en général, ne suffisent plus à couvrir les besoins organiques. Il se produit, alors, une stimulation sur les centres nerveux, stimulation qui franchit le seuil de la conscience et fait naître la sensation de faim.

Mais cette sensation n'est pas unique et homogène : c'est une addition de sensations spécifiques, correspondant électivement aux substances manquantes au milieu interne.

Les sensations élémentaires qui composent la sensation globale de faim peuvent aussi varier quantitativement dans les différents états physiologiques ou pathologiques. L'auteur nous montre, avec une extraordinaire sagacité, comment la faim élémentaire est modifiée par le climat, par la maladie, etc.
E. OBERNDORFER.

Berliner klinische Wochenschrift, n° 25, juin 1912.

Les recherches du professeur Turró méritaient d'être publiées sous forme de livre. Cela est arrivé. [Ursprünge der Erkenntnis (*Die physiologische Psychologie des Hungers*), J.-A. Barth, Leipzig]. — Elles nous révèlent la psychologie physiologique de la faim et elles nous conduisent, par des chemins encore inexplorés, jusqu'aux origines de la connaissance humaine.

On trouve, dans la première partie du livre, l'étude de l'origine et de la nature du sentiment de faim, pour lesquels l'auteur s'est inspiré des récentes et pour la plupart originales observations biologiques. La conclusion de cette analyse c'est qu'il existe une auto-régulation qualitative et quantitative du métabolisme, qui est le résultat de la sensibilité trophique.

La vie est rapportée à sa fonction fondamentale : la nutrition, c'est-à-dire la décomposition et la recomposition de la matière vivante suivant des lois fixes. Dans ces processus, les réflexes trophiques et la sensibilité trophique des tissus jouent un rôle de tout premier ordre. Par eux il se forme une expérience trophique. La faim en est la répercussion sur la conscience, dès qu'il y a manque des substances nécessaires au maintien des fonctions nutritives. Cette faim n'est pas simple, elle est le résultat de l'addition de tendances trophiques électives, de tendances qui résultent du manque de substances nécessaires à la vie.

La deuxième partie traite spécialement de l'expérience trophique, de l'origine de la connaissance, du réel extérieur. C'est une application des résultats de la première partie du livre à la psychologie et à la philosophie, à la doctrine de la connaissance. La moisson philosophique rassemblée par l'auteur dans le terrain des sciences naturelles nous paraît tout à fait justifiée. On doit attendre avec impatience la suite que l'auteur nous promet de donner à ces études.

E. SEIFFER, professeur.

Revue philosophique, n° 8, août 1912.

Pour étudier les origines de la connaissance, Turró s'attache tout d'abord à déterminer avec précision les conditions de l' « expérience trophique ». L'origine de la connaissance ne doit pas, en effet, être recherchée, comme on l'a fait à tort, dans les premières impressions sensorielles. Le fait primordial, chez l'animal, c'est l'expérience qui lui permet de faire pénétrer dans son organisme les substances qui lui sont utiles. Cette « expérience » est d'abord un fait biologique, puis psycho-physiologique, enfin cognitif. On évite en général d'examiner ce problème en rapportant à l' « instinct » une sorte de connaissance innée de ce qui peut ou non satisfaire les besoins nutritifs de l'animal. Mais ce n'est pas une explication, et M. Turró a montré par ses belles recherches que le problème était susceptible de recevoir une solution positive.

. . . .

Telle est, dans les grandes lignes, la théorie de la faim qu'expose M. Turró. Elle lui sert de point de départ pour ébaucher une très intéressante théorie de la connaissance. Le problème, pour lui, doit être posé d'une manière tout à fait différente de celle sous laquelle il l'a été jusqu'à présent. On a jusqu'ici cherché l'origine de la connaissance dans les premières impressions sensorielles. Or, c'est au contraire l'expérience trophique qui établit, entre les données sensorielles encore obscures et confuses, les différenciations primordiales qui serviront à leur tour aux différenciations ultérieures par lesquelles s'établira la connaissance du monde extérieur. Nous avons vu que, de bonne heure, des associations s'établissent entre les impressions trophiques et les impressions sensorielles; or c'est là une connaissance inductive, l'induction « étant la découverte des relations qui peuvent s'établir entre deux processus auparavant isolés »; et cette induction deviendra le fondement de l'induction logique.

Ces intéressantes recherches de Turró forment la première partie d'un ouvrage à paraître ultérieurement sur les origines de la connaissance; on ne saurait trop encourager l'auteur à poursuivre des recherches si fécondes et qui ouvrent une voie nouvelle à la psycho-physiologie.

J. DAGNAN-BOUVERET.

Zeitschrift fur die ges. Neurologie und Psychiatrie.

Turró R. — *Ursprunge der Erkenntnis*. — I. Die physiologische Psychologie des Hungers (Deustch V. F. H. Lewy), 1911.

Ce livre est une ampliation du travail paru dans la *Zeitsch. f. Psychologie und Sinnesphysiologie* (44-45), dont la première partie a été déjà analysée dans notre Revue.

C'est une heureuse trouvaille, celle de rapporter les fonctions les plus élevées de l'intelligence à la tendance la plus primitive et la plus répandue : la poussée vers l'aliment. L'auteur expose cette thèse avec grand talent et en faisant preuve de connaissances très étendues.

. . . .

Le contenu, comme on voit, dépasse de beaucoup nos limites; néanmoins, le psychiatre et le neurologiste pourront lire le livre de Turró avec plaisir et avec un réel profit.

L'auteur nous montre que la connaissance de la valeur trophique des aliments et la somme de tous les processus qui constituent l'expérience trophique, font la base de toute la connaissance.

. . . .

R. ALLERS, Munich.

LIBRAIRIE FÉLIX ALCAN, 108, boulevard Saint-Germain, Paris, 6º.

Extrait du Catalogue

PSYCHOLOGIE EXPÉRIMENTALE

BECHTEREW (W.). — **La psychologie objective.** Traduit du russe par N. Kostyleff. 1 vol. in-8 . . . . 7 fr. 50

BINET (Alfred). — **La psychologie du raisonnement.** Recherches expérimentales par l'hypnotisme. 5ᵉ édit. 1 vol. in-16 . 2 fr. 50
— **Les révélations de l'écriture.** 1 vol. in-8 avec 67 grav. . . . . 5 fr.

BOHN (G.). — **La nouvelle psychologie animale.** (Couronné par l'Institut.) 1 vol. in-16. . . . . 2 fr. 50

BOIRAC (E.). — **La psychologie inconnue.** Introduction et contribution à l'étude expérimentale des sciences psychiques. 3ᵉ édit., revue. 1 vol. in-8. (Récompensé par l'Institut). . . . . 5 fr.

CRÉPIEUX-JAMIN (J.). — **L'écriture et le caractère.** 6ᵉ édit. 1 vol. in-8 . . 7 fr. 50

DUMAS (Dʳ G.). — **Le sourire** (Psychologie et physiologie). 1 v. in-16, avec 19 fig. 2 fr. 50

DUPRAT (G.-L.). — **Le mensonge.** Étude de psycho-sociologie pathologique et normale. 2ᵉ édit., revue. 1 vol. in-16 . . 2 fr. 50

FOUCAULT (M.). — **La psychophysique.** 1 vol. in-8 . . . . 7 fr. 50
— **Le rêve.** 1 vol. in-8 . . . . 5 fr.

GODFERNAUX (A.). — **Le sentiment et la pensée et leurs principaux aspects physiologiques.** 2ᵉ édit. 1 vol. in-16 . . 2 fr. 50

HARTENBERG (Dʳ P.). — **Physionomie et caractère.** Essai de physiognomonie scientifique. Avec figures, 2ᵉ édit. 1 vol. in-8. 5 fr.

HÖFFDING. — **Esquisse d'une psychologie fondée sur l'expérience.** Trad. Poitevin, préface de Pierre Janet. 4ᵉ édition. 1 vol. in-8 . . . . 7 fr. 50

IOTEYKO et STEFANOWSKA (Mᵐᵉˢ les Dʳˢ). — **Psycho-physiologie de la douleur.** 1 vol. in-8. (Couronné par l'Institut.) . . 5 fr.

JAELL (Mᵐᵉ Marie). — **L'intelligence et le rythme dans les mouvements artistiques.** 1 vol. in-16, avec figures . . 2 fr. 50

JAMES (W.). — **La théorie de l'émotion.** Traduction et introduction par G. Dumas, professeur à la Sorbonne. 4ᵉ édit. 1 vol. in-16 . . . . 2 fr. 50

JANET (Pierre). — **L'automatisme psychologique.** 7ᵉ édit. 1 vol. in-8 . . . 7 fr. 50

JAURÈS (Jean). — **De la réalité du monde sensible.** 2ᵉ édit. 1 vol. in-8 . . . 7 fr. 50

KOSTYLEFF (N.). — **La crise de la psychologie expérimentale.** 1 vol. in-16. 2 fr. 50

LANGE (Dʳ). — **Les émotions.** Étude psycho-physiologique. Traduit par le Dʳ G. Dumas, professeur à la Sorbonne. 4ᵉ édit. 1 vol. in-16. . . . . 2 fr. 50

MAXWELL (J.). — **Les phénomènes psychiques.** Recherches, observations, méthodes. Préface de Ch. Richet. 4ᵉ éd. 1 v. in-8. 5 fr.

MOSSO. — **La peur.** Étude psycho-physiologique. Traduit de l'italien par F. Hément. 4ᵉ édit., revue. 1 vol. in-16 avec fig., dans le texte . . . . 2 fr. 50
— **La fatigue intellectuelle et physique.** Traduit de l'italien par P. Langlois. 6ᵉ édit. 1 vol. in-16, avec grav. dans le texte. 2 fr. 50

MYERS (F. W. H.). — **La personnalité humaine.** Sa survivance. Ses manifestations supranormales. Trad. Jankélévitch. 3ᵉ édit. 1 vol. in-8 . . . . 7 fr. 50

NAYRAC (J.-P.). — **Physiologie et psychologie de l'attention.** Préface de Th. Ribot. (Récompensé par l'Institut.) 1 vol. in-8 . . . . 3 fr. 75

PHILIPPE (Dʳ Jean). — **L'image mentale.** 1 vol. in-16, avec gravures . . . 2 fr. 50

PIDERIT. — **La mimique et la physiognomonie.** Traduit de l'allemand par M. Girot. 1 vol. in-8 avec 100 grav. . . . . 5 fr.

REVAULT D'ALLONNES (G.). — **Les inclinations.** Leur rôle dans la psychologie des sentiments. 1 vol. in-8 . . . . . . 3 fr. 75

RIBOT (Th.). — **La psychologie de l'attention.** 11ᵉ édit. 1 vol. in-16 . . 2 fr. 50
— **L'hérédité psychologique.** 9ᵉ édit. 1 vol. in-8 . . . . 7 fr. 50

ROEHRICH (E.). — **L'attention spontanée et volontaire.** Son fonctionnement, ses lois, son emploi dans la vie pratique. (Récompensé par l'Institut.) 1 vol. in-16 . . 2 fr. 50

SOLLIER (Dʳ P.). — **Le problème de la mémoire.** Essai de psycho-mécanique. 1 vol. in-8 . . . . 3 fr. 75
— **Les phénomènes d'autoscopie.** 1 vol. in-16, avec fig. . . . . 2 fr. 50
— **Le mécanisme des émotions.** 1 v. in-8. 5 fr.

WAYNBAUM (Dʳ L.). — **La physionomie humaine.** 1 vol. in-8 . . . . 5 fr.

WUNDT. — **Hypnotisme et suggestion.** Étude critique. Traduit de l'allemand par E. Keller. 5ᵉ édit. 1 vol. in-16 . . . . . 2 fr. 50

JOURNAL DE PSYCHOLOGIE NORMALE ET PATHOLOGIQUE

DIRIGÉ PAR LES DOCTEURS

Pierre **JANET**, de l'Institut,   et   Georges **DUMAS**
Professeur au Collège de France.   Professeur à la Sorbonne.

(10ᵉ année, 1913). — Paraît tous les deux mois.

Abonnement (du 1ᵉʳ janvier). Un an : France et Étranger, **14 fr.** — La livraison, **2 fr. 60**
Le prix d'abonnement est de 12 fr. pour les abonnés de la Revue Philosophique.

1110-13. — Coulommiers. Imp. Paul BRODARD. — 10-13.

www.ingramcontent.com/pod-product-compliance
Lightning Source LLC
Chambersburg PA
CBHW050632170426
43200CB00008B/977